복 있는 사람

오직 여호와의 율법을 즐거워하여 그 율법을 주야로 묵상하는 자로다.
저는 시냇가에 심은 나무가 시절을 좇아 과실을 맺으며 그 잎사귀가 마르지 아니함 같으니
그 행사가 다 형통하리로다. (시편 1:2-3)

1517년 10월 31일 면죄부 판매를 반대하는 마르틴 루터의 '95개조 논제' 게시는 종교개혁을 가져왔고, 개신교라는 새로운 기독교 영성을 탄생시켰다. 우리는 개신교 신앙을 단지 기독교 교파적 울타리에 제한시킬 수 없다. 개신교 신앙은 교회의 울타리를 넘어 교육, 문화, 사회, 정치 등의 모든 영역에 지대한 영향을 미쳤다. 루터·이후 많은 종교개혁자들이 주도한 다양한 개혁운동들이 전개되었지만, 개혁의 동력의 시작과 중심에는 루터와 그의 가르침이 자리 잡고 있음을 부인할 수 없다.

그러나 그동안 루터의 중요성은 여러 가지 요인으로 희석되어 왔고, 특별히 한국교회 현실에서는 더욱 그러하였다. 루터 개인을 영웅시하거나, 혹은 다른 종교개혁자들과의 비교에서 우월성을 주장하는 것도 잘못된 태도이지만, 동시에 교파적 경쟁 구도 안에서 루터의 종교개혁 정신의 역동성을 해체시키는 것 또한 잘못이다. 특별히 요즈음 교회 안팎으로 개혁을 요구하는 목소리가 높은 이때에 한국교회는 신학과 교리적 논의의 틀에서가 아니라, 역사를 바꿀 수 있었던 루터의 역동적인 종교개혁 정신을 재조명해 볼 필요가 있다. 무엇보다 루터는 신학자나 개혁가라기보다는 설교자요 목회자였다. 그리고 이 관점에서 우리는 루터와 그의 가르침의 가치를 가장 공정하게 판단할 수 있다.

이런 측면에서 루터의 『대교리문답』은 그 무엇보다 귀중한 책이다. 단지 루터교회 교리의 요약이 아니라, 종교개혁을 가능하게 했던 기독교 신앙의 본질, 특히 평신도들이 알아야 할 근본적 가르침이 무엇인지를 밝혀 준다. 종교개혁은 교육을 통한 평신도들의 신앙적 각성과 성장을 바탕으로 성공할 수 있었는데, 루터의 『대교리문답』은 칼뱅의 『기독교강요』의 기본틀을 제공한 것을 비롯해, '개신교 교인들의 신앙은 건전한 교리 교육 위에 서야 한다'는 원칙과 관습을 세워 주었다. 부흥 운동에 의존하여 교회 성장에만 치우쳐 온 한국교회는, 최소한 루터의 교회 개혁 열정의 꽃이라 할 수 있는 『대교리문답』의 정신을 배우는 것이 필요하다.

『대교리문답』은 그동안 다양한 형태로 번역되어 왔지만, 이번에 번역된 이 책은 여러 가지 면에서 의미가 크다. 우선 옮긴이의 세심한 해설과 각주는 구체적인 사항들에 대한 다양하고 흥미로운 지식들을 제공하며, 아울러 개신교 신앙과 신학의 필수 조항들을 루터 신학의 전체 틀에서 살펴볼 수 있는 기회를 제공한다. 무엇보다 독일어 원문을 우리말로 생생하게 옮겨 마치 루터가 한국말로 우리에게 말하는 듯한 느낌을 갖게 한다. 현재 많은 종류의 성경 교재들이 있지만, 평신도들이 늘 곁에 두고 사용할 수 있는 성경 읽기 지침과 묵상 자료로서 루터의 『대교리문답』만큼 고전적이고 영속적인 가치를 가진 책은 드물다. 이 책이 루터의 신학을 쉽고도 균형 있는 시각으로 접근할 수 있는 자료이자 성경 읽기의 건전한 지침과 묵상의 자료로 폭넓게 사용되어서, 종교개혁 500주년을 맞이하는 한국교회에 귀한 공헌이 되기를 바란다.

박일영 전 루터대학교 총장

마르틴 루터를 모르고서는 종교개혁을 논하기 어렵고, 루터 신학에 대한 지식 없이는 개신교의 신학적 유산에 대한 온전한 이해에 도달하기 어렵다. 그런 의미에서 『대교리문답』은 기독교 신자라면 누구나 한 번쯤 섭렵해 보아야 할 루터 신학의 정수요, 루터교회의 교리서이며, 개신교 최초의 교리문답서다. 기독교 신앙의 다섯 기둥으로 불리는 주제들에 대해 쉽게 풀어 가면서도 깊이와 체계가 있는 내용, 단문의 설교적 구어체와 투박하고 직설적인 표현, 목회자 및 신자들의 변화와 성숙을 향한 루터의 뜨거운 열정이 씨줄과 날줄처럼 얽히며 고품격 신학서의 면모를 드러낸다. 종교개혁 500주년을 맞는 한국교회에 던지는 가장 좋은 선물 가운데 하나임이 분명하다.

전광식 고신대학교 총장

종교개혁 500주년을 맞이하는 시점에서 그 운동을 태동시킨 정신과 신학이 고스란히 녹아 있는 마르틴 루터의 『대교리문답』이 우리말로 소개된다는 것은 매우 뜻깊은 일이다. 종교개혁의 후예로 자처하는 한국교회에 사실상 루터의 사상과 신학은 제대로 전수되지 않았다. 장로교회가 주류를 이루는 한국교회에서 칼뱅과 개혁신학에 비해 루터의 신학은 홀대받아 온 셈이다. 그러나 종교개혁의 창시자라고 할 수 있는 루터의 신학을 바로 이해하지 않고는 개혁주의의 전통을 제대로 간파할 수 없다. 루터의 『대교리문답』은 그 후에 등장하는 루터파 교리문답뿐 아니라 칼뱅주의 교리문답의 모체라고 할 수 있을 정도로 개신교 교리사에서 중요한 작품이다. 기독교 신앙의 다섯 기초석이라 할 만한 주제들을 차례대로 해설함으로 기독교의 핵심 진리를 어린아이들도 이해할 수 있을 정도로 쉽게 전달한다. 그런 의미에서 루터의 『대교리문답』은 기독교 기본교리를 가장 용이하게 배울 수 있는 친절한 가이드가 될 것이다.

박영돈 고려신학대학원 교의학 교수

마르틴 루터의 『대교리문답』이 맛깔스런 번역으로 다시 새롭게 출간되어 매우 기쁘다. 가치와 사상이 부재한 곳에는 비본질이 본질을 결정하기 십상이다. 종교개혁 직후 새로운 개혁운동에 동참한 성직자와 교회들은 교육과 철학의 빈곤 속에 방황하였다. 루터의 『대교리문답』은 바로 이와 같은 상황을 바로잡기 위한 고육책이었다. 기독교 신앙의 요체들을 훌륭하게 풀이하고 있는 『대교리문답』은, 성경을 오늘의 신자들의 눈높이에서 설명하고자 할 때 훌륭한 교과서로 손색이 없다. 이 책이 주는 최고의 즐거움이 아닌가 싶다. 종교개혁 500주년을 맞이하여 이 책이 한국교회의 내면을 살찌우는 데 크게 사용되기를 희망한다.

김주한 한신대학교 신학부 역사신학 교수

인간은 자유를 선고받은 존재다. 그러나 무제한의 자유는 아스라한 두려움 속으로 우리를 끌어들인다. 우리를 구속하지는 않지만 존재를 든든히 뒷받침하는 테두리가 필요한 것은 그 때문이다. 신앙도 마찬가지다. 마르틴 루터의 『대교리문답』은 우리가 고백하는 신앙의 테두리를 정교하고도 친절하게 보여준다. 루터 신학의 정수를 담고 있는 이 책은, 감성과 의지는 충만하지만 지성적 성찰이 부족한 한국교회에 주어진 귀한 선물이다. 루터는 "모든 예언자와 성자들도 말씀 앞에 항상 학생이었다"고 말한다. 학생 정신이야말로 진리의 길을 걷는 이들에게 꼭 필요한 덕목이다. 이 책은 참 신앙의 길을 찾아 헤매는 이들에게 좋은 이정표가 될 것이다.

김기석 청파교회 담임목사

마르틴 루터의 교리문답서는 실로 작은 책이다. 동전 몇 개면 살 수 있지만 육천 개의 세상도 그 값에 견줄 수 없다. 루터와 그의 공동체가 세상에 아무 유익도 주지 않고 오직 이것만 알렸다고 할지라도, 지구상의 모든 대학과 신학교보다 더 큰 일을 한 것이나 다름없다.

유스투스 요나스 루터의 동료이자 16세기 종교개혁자

마르틴 루터의 교리문답서는 어떤 정치적 슬로건도, 루터교인들만의 전유물도 아니다. 이것은 모든 그리스도인의 심장을 드러내 보여준다. 십계명을 통해 자신의 질병을, 신조를 통해 위대한 의사를, 주기도에서는 치료제를 찾는 필사적인 외침을, 세례와 성만찬과 참회를 통해서는 그 약이 어떤 것인지 구체적으로 보여준다. 그리스도인의 삶에서 이것 이상 필요한 것은 없다.

티모시 웽거트 필라델피아 루터교신학교 명예교수

마르틴 루터
대교리문답

Martin Luther

Der Große Katechismus

마르틴 루터

대교리문답

마르틴 루터 지음 | 최주훈 옮김

복 있는 사람

마르틴 루터 대교리문답

2017년 1월 31일 초판 1쇄 발행
2023년 10월 27일 초판 8쇄 발행

지은이 마르틴 루터
옮긴이 최주훈
펴낸이 박종현

(주) 복 있는 사람
주소 서울특별시 마포구 연남동 246-21 (성미산로23길 26-6)
전화 02-723-7183 (편집), 7734 (영업·마케팅)
팩스 02-723-7184
이메일 hismessage@naver.com
등록 1998년 1월 19일 제1-2280호

ISBN 979-11-7083-043-6 03230

이 도서의 국립중앙도서관 출판예정도서목록(CIP)은
서지정보유통지원시스템 홈페이지(http://seoji.nl.go.kr)와 국가자료공동목록시스템
(http://www.nl.go.kr/kolisnet)에서 이용하실 수 있습니다. (CIP 제어번호: 2016028831)

Der Große Katechismus
by Martin Luther

Originally published in 1529 in German under the title
Deutscher Katechismus (Der Große Katechismus) by Martin Luther
All rights reserved.

차례 _____

해설의 글

"교회는 교회다워야 하며, 사제는 사제다워야 한다." 종교 개혁자 마르틴 루터Martin Luther, 1484-1546가 부패한 교회를 향해 목소리를 드높일 때 독일 사회는 환호했다. 속에 있던 응어리가 물꼬 터진 것처럼 거칠 것이 없었다. 여기저기서 자유와 해방의 노래가 울려 퍼지며 힘이 응집되기 시작했다.

　그런데 부패한 교회를 개혁하려고 일어선 종교개혁 진영은 엉뚱한 복병을 만나게 된다. 개혁의 목소리가 높아질수록 개신교 진영 내부에서는 밑도 끝도 없는 방종과 무식함이 난무하기 시작했다. 개혁자들의 구호인 '복음의 자유'를 빌미로 집 안에서 곰팡이가 피기 시작한 것이다. 그러나 이에 대해 조치를 취할 법적 근거는 거의 없어 보였다. 개혁자들은 복음의 자유, 해방, 모든 신자의 평등한 만인사제직을 핵심 가치로 주장했지만, 현장에서는 교리의 오해와 오용으로 이어졌고, 왜곡된 '복음의 자유'로 인해 율법 기능은 철폐되어 세상 권위와 질서는 무시해도 되는 것처럼 여겨졌다. 그로 인해 개신교 성직자들의 부패와 게으름, 교리에 대한 무지가 만연했고, 도저히 성직자라고 할 수 없을 만큼 도덕적 해이와 방종의 상태가 이만저만이 아니었다. 목사들의 사정이 이러한데 일반 신자들은 오죽했을까? 목회자든 일반 신자든 가릴 것 없이 신앙과 삶의 규칙은 엉망이 되어 가기 시작했다.

종교개혁 이전 같으면 주교의 고유 직무인 시찰과 권징을 통해 기강을 바로잡을 수 있겠지만, 로마 가톨릭을 반대하고 일어선 이상 그런 '권위적 주교권'은 통용될 수 없었다. 사태가 얼마나 심각했던지, 바이마르에 있던 영주 요한 프리드리히Johann Friedrich der Großmütige가 1524년 6월 루터에게 이 문제를 직접 눈으로 보고 해결해 달라는 편지를 쓰기에 이르렀다. 자기가 도와줄 테니 제발 각 교회를 돌아보고, 얼마나 형편없는 목사들이 목회 현장에서 성직자의 옷을 입고 있는지 직접 보고 평가해서, 목사로서 부적격한 자들은 제발 쫓아 버리든지 해임시켜 달라는 요청이었다.

편지를 받아든 루터는 1524년 8월부터 교회 방문을 시작하여, 1525년과 1527-28년에 걸쳐 집중적으로 교회 방문을 하게 된다. 일종의 암행 감찰 업무라고 할 수 있는데, 시찰 결과는 처참했다. 풍문으로만 듣던 상황을 직접 목격하고 참담한 마음을 금치 못했다. 종교개혁 이전에도 부패한 성직자들이 있었지만, 종교개혁사상의 잘못된 이해와 오용은 이런 성직자들에게 날개를 달아 준 꼴이 되어 버렸다. 성직자와 일반 신자들은 모든 제약에서 고삐 풀린 망아지 꼴이 되어 하나님을 두려워하지도 교회의 징계를 무서워하지도 않았고, 목회직에 대한 열정은 고사하고 수입이 일정하지 않아 목회 직무보다 권력자에게 붙어 아부나 하는 정치꾼들이 생겨났으며, 일부 목회자는 술집을 운영하거나 주정뱅이가 되거나 윤리적으로 문란한 생활을 하는 등 도저히 성직자라고 말할 수 없는 모습들이 도처에서 개신교 진영을 좀먹고 있었다. 목사들이 그 정도이니 일반 신자는 말할 것도 없었다.

시찰을 하고 나서 루터는 1529년 2월 친구 게오르그 슈팔라틴에게 이렇게 편지를 쓴다. "농민들은 (목회자에게서) 아무것도 배운 게 없으니 당연히 아는 것이 없고, 게다가 자신들이 선물로 받은 자유를 함부로 남용하고 있습니다. 이들은 마치 신앙 없는 사람처럼 기도도 하지 않고, 죄의 고백(참회)도 하지 않고, 성찬에 참례하지도 않습니다. 더 큰 문제는, 일반 신자들이 과거에 교황을 우습게 여겼지만 이제는 우리(목사)를 우습게 여긴다는 점입니다."

루터는 1528년까지 계속된 시찰 결과를 토대로 『작센 선제후국의 목사들에게 주는 시찰자의 교육』*Unterricht der Visitatoren an die Pfarrherrn im Kurfürstentum zu Sachsen, 1528*이라는 지침서를 작성하게 된다. 핵심을 요약하면 이렇다. 교회 내부의 부패를 뿌리 뽑고, 교리와 예배를 바르게 세우며, 일벌백계의 내부 징계를 통해 목사들의 해이해진 기강을 바로잡는 것이었다. 좀 더 세부적으로 언급하자면, 부패하고 게으른 목회자는 강력한 징계를 통해 해임하거나 추방하고, 비어 있는 교회와 수도원 재산은 청산하여 그 재산으로 가난한 자와 고아와 은퇴한 목회자들을 위해 사용하고, 누구나(특히 부녀자와 아이들이) 교육받을 수 있는 보편 교육을 위해 학교를 건립하는 데 사용하고, 마지막으로 교회의 미래인 목회자 후보생들의 교육을 위한 기금으로 사용해야 할 것을 강력히 주장했다. 특별히 루터에게 교육에 대한 투자는 선택사항이 아니라 반드시 해야 할 종교개혁의 당위에 속했다.

강력한 교회 시찰 업무의 효과는 즉시 나타났다. 일벌백계 징계를 통해 목사들의 기강은 바로잡혀 나갔고, 목사들을 신뢰하지 못하던 일반 신자들은 자연스레 신뢰 관계가 구축되기 시작했다. 그러니 당연히 개교회 공동체의 건강한 생명력도 자연스레 피어나기 시작했다. 시찰단 감찰 이후 고민거리가 생겼다. 쫓아내거나 징계하기는 그렇고, 조금만 도와주면 될 성 싶은 목사들과 설교자들에 대한 문제였다.

이것을 루터는 교육을 통해 바로잡기 시작했다. 그 교육은 우선 강단의 설교에서부터 출발했다. 대표적인 예가 1526년 이후부터 시작된 교리 설교였다. 루터가 교육에 대해 지대한 관심을 가지고 있었다는 것은 잘 알려져 있다. 교회 시찰을 하면서 그는 동료인 유스투스 요나스Justus Jonas der Ältere와 요하네스 아그리콜라Johannes Agricola와 심지어 필리프 멜란히톤Philipp Melanchthon에게까지 자녀들을 위한 문답식 교리 책자를 만들어 달라고 요청한 바 있다. 그러나 작업이 지지부진하자 루터는 자기 설교문을 토대로 직접 교리문답서를 만들기에 이르렀고, 마침내 1529년 성인과 목회자들을 위한 『대교리문답』Der Große Katechismus과 청소년을 위한 『소교리문답』Der Kleine Katechismus을 펴내게 된다. 특별히 1528년 행했던 교리 설교는 후에 보완 과정을 거쳐 『대교리문답』과 『소교리문답』의 기초가 된다.

『대교리문답』 서문을 보면 특이한 점을 발견할 수 있는

데, 순서상 1529년 초판 서문이 1530년 3판 서문 앞에 있어야 할 텐데 거꾸로 되어 있다. 여기에는 역사적 배경이 숨겨져 있다. 초판 서문은 '모든 이들을 위한' 성격이었는데, 출판된 지 1년이 지나도록 공동체의 모습이 변하지 않자 루터는 당황하게 된다. 변화되지 않는 공동체의 문제가 무엇인지 고민하던 그는 곧바로 그 원인을 찾게 된다. 루터가 발견한 문제의 시발점은 기독교 교리에 대한 기초가 없는 목사들이라는 것이다. 그리하여 나오게 된 것이 1530년 '목사와 설교자들을 위한' 두 번째 서문이다. 앞서 언급한 대로, 1530년 이후 초판 서문이 맨 앞에 오지 않고 두 번째 오는 이유는 목사들의 책임을 역설하는 대목이라고 할 수 있다. 교회 공동체에서 시작하는 대부분의 문제들은 목사들로부터 시작한다. 그리고 그 문제의 발단은 교육을 받지 못한 신학적 가벼움이라고 할 만하다. 그래서 우리가 들고 있는 『대교리문답』 3판 서문에는 당시 기독교 신앙의 교리적 기초가 없는 개신교 진영 목사와 설교자들에 대한 통렬한 비수가 곳곳에 숨어 있고, 이런 기초를 다시 쌓아야 한다는 강한 어조를 엿볼 수 있다.

여기 나오는 루터의 어법은 16세기 당시 수사법을 고려하더라도 확실히 강도가 세다. 게으르고 나태하며 직무에 열정이 없는 목사를 뚱땡이^{faule Wänste}라고 대놓고 말하기도 하고, 아예 사람 취급하지 않으면서 동물에게나 사용하는 용어를 감정 섞어 직설적으로 뱉어 내기도 한다. 오죽하면 토마스 만Thomas Mann 같은 학자는 1945년 워싱턴 연설에서 "성급하고 무지막지하고 욕하고 침 뱉고 화를 내고 소름 끼칠 정도로 강한 루터를 나는 좋아하지 않는다"며 자신은 루터의 손님이 되고 싶지 않다고 했을까? 예를 들면 이런 것이다. 3판 서문 중 한 구절이다. "우리는 하나님의 말씀에서 나오는 능력과 힘, 그 열매를 너무 가볍게 여깁니다. 특히 목사와 설교자인 우리는 더욱 심각합니다. 그렇지 않습니까? 이런 자들에게는 처먹을 것도 내줘서는 안 됩니다.nichts zu fressen geben 개 떼를 풀어서 쫓아 버리든지, 아니면 단단히 창피를 당하게 만들어 아예 발도 못 붙이게 만들어야 합니다. 왜냐하면 하나님의 말씀은 일용할 양식과 같아서 우리에게 매일 필요하기 때문입니다. 또한 말씀은 우리로 하여금 매일 끊임없이 닥치는 시련과, 천의 얼굴로 술수를 쓰는 악마에 대항할 수 있게 만들기 때문입니다." 일반적으로 'fressen'이라는 단어는 동물에게나 사용하지, 사람이 먹는 것을 가리켜 사용하지 않는다. 하지만 루터는 이런 용어를 과감히 사용한다. 루터의 언어 사용법은 당시 시대적 영향도 어느 정도 있겠지만, 그렇다고 해도 확실히 투박하고 직설적이다. 그런데 시원하다. 21세기 한국인들만 시원하게 여기는 게 아니다. 500년 전 이 글을 읽거나 듣던 독일인에게도 마찬가지였을 게다. 이 지점이 중요하다. 여기에는 일종의 루터가 글을 쓰는 원칙이 배어 있다.

루터에게는 독일어가 무기였다. 그는 스스로 "나는 박사로서 독일어 사용하는 것을 부끄럽게 여기지 않는다"고 했다. 이 말을 16세기 시대상에 적용해 보면, 박사 정도 되는 유식한 사람이 속어인 독일어를 사용하는 것은 수치스러운 일이라는 뜻이 된다. 실제로 로마 교회에서는 루터가 독일어를 사용하여 성경 교리를 가르치고 있을 때, "속어를 사용하는 촌놈"이라고 비아냥거렸다.

그러나 이미 언급했다시피, 루터의 말과 글에는 일종의 원칙이 있었다. 즉 청중이나 독자가 누구인지 분명하게 파악하고 그 눈높이에 맞추는 것이다. 그 때문에 학자들을 상대할 때는 라틴어로, 보편적인 일반인들을 상대할 때는 시장에서 사용하는 일상 언어를 사용하여 이해하기 쉽게 만들었다. 『대교리문답』도 예외가 아니다. 루터의 교리문답서는 다른 교파의 교리서나 교리문답서와 달리 쉽다. 그 대상이 지식인이 아닌 일반인인 데다가 원래 설교문을 바탕으로 저술되었기 때문에 머리를 쥐어뜯지 않고도 읽어 내려갈 수 있다.

이와 같이 독자들에게도 쉽고 특별하지만, 루터 자신에게도 『대교리문답』은 특별하다. 비텐베르크의 동료들이 루터의 『독일어 저술 모음집』^{Wittenberger Ausgabe der deutschen Schriften,} ¹⁵³⁹을 계획하고 출판을 종용할 때, 루터는 자신의 저작 모음집 출판에 대해 매우 비관적이었다. 그는 자신의 글들은 모두 불에 태워 버려도 될 정도로 쓸모없는 것이라고 하면서, 그동안의 저술 가운데 남길 만한 것은 단 세 권, 곧 『노예의지론』^{De servo arbitrio, 1525}과 『대교리문답』과 『소교리문답』 밖에 없다는 말을 남겼다. 그중 『대교리문답』은 루터의 전체 신학을 조망하는 가장 중요한 저술로 꼽히며, 루터 신학을 논할 때 가장 많이 인용될 정도로 가치가 있다.

　루터는 『대교리문답』을 통해 새로운 신학을 주창하거나 정치적 구호를 선전하지 않는다. 오히려 그의 저술 의도는 성경의 기본 개념과 가르침을 쉽게 전달하는 도구 이상이 아니었다. 그래서 루터는 『대교리문답』과 『소교리문답』이 "어린이 설교나 평신도 성경이라고 불릴 만하다"고 했고, 루터 자신도 "나 역시 박사이자 설교자이지만, 어린아이처럼 학생으로 머물러 교리문답을 배운다"고 했다.

　이 책에서 루터는 그리스도인에게 필요한 기독교적 기초를 다섯 기둥 곧 십계명, 신조, 주기도, 세례, 성만찬으로 나누어 가르친다. 그는 앞선 다섯 항목이야말로 그리스도인이 반드시 숙지하고 실천해야 할 가장 기본적인 교리임을 강조한다. 루터는 각각의 주제들을 다루면서 복음적 이해가 무엇인지 질문하고 그 답변이 무엇인지 문답 형식을 취해 설명한다. 그리고 답변에 해당하는 서술에서는 성경의 가르침이 무엇인지, 그리스도 중심적(기독교적) 해석은 무엇인지, 기존 교황주의자들과 다른 분파들의 교리적 오용이 무엇인지 비교하며 되도록 쉬운 언어로 가르친다.

통상 고대 교회에서 교리문답을 할 때는 신조와 주기도만 다루었지만, 13세기부터 십계명이 추가되었다고 알려져 있다. 그 때문에 루터 이전 교리서들의 배열 순서는 신조, 주기도, 그리고 다른 것이 없는 한 십계명이 뒤를 따랐다. 이 배열은 중세 후기까지 계속되었는데, 실제로 중세 묵주기도 순서가 이러했다. 신조의 믿음 없이 되뇌는 주기도는 가치가 없고, 십계명을 지키지 않고는 신조가 효력이 없다고 생각했던 것이다.

루터는 이 순서를 의도적으로 바꿔 놓았다. 십계명 다음에 신조를 배열한 이유는 '율법과 복음'의 변증적 관계로 설명된다. 배열 구조에 대한 설명을 짧게 요약하자면 이렇다. "계명은 우리가 반드시 해야 할 것을 가르친다. 그러나 우리의 힘으로는 불가능하다. 그 때문에 신앙의 선조들이 하나님으로부터 무엇을 받았는지 우리에게 보여주는 것이

신조다." 그런 다음 주기도는 주님이 우리를 도우시겠다고 약속하신 것이 무엇인지 구체적으로 보여준다. 그리고 세례와 성만찬은 그 도움을 실제로 수납하는 행위다.

이와 같은 다섯 단계의 배열 구조를 티모시 웽거트^{Timothy} ^{J. Wengert}는 이렇게 비유한다. "루터의 교리문답서는 어떤 정치적 슬로건이나 이와 유사한 대체물이 아니다.……이것은 모든 그리스도인들의 심장을 드러내 보여준다……십계명을 통해 자신의 질병을, 신조를 통해 위대한 의사를, 주기도에서는 치료제를 찾는 필사적인 외침을, 세례와 성만찬과 참회를 통해서는 그 약이 어떤 것인지 구체적으로 보여준다. 그리스도인의 삶에서 이것 이상 필요한 것은 없다."

이와 같은 내용을 담고 있는 교리문답은 대상이 누구인지에 따라 구체적인 전략 가운데 교육되었다.『소교리문답』의 경우, 부모가 아이에게 암송을 하도록 하여 위급시에 하나님의 말씀을 기억하여 그 가르침을 따르도록 훈련했고,『대교리문답』의 경우에는 내용을 분량에 맞게 구분하여 함께 큰소리로 읽고, 그 후 개념과 역사적 정황을 설명하고 토론하는 식으로 정기 교육을 했다. 루터 당시에는 보통 평일 중 하루를 정해서 교육을 했는데, 여기서 중요한 것은 반복 교육이다.

『대교리문답』에서 한 가지 더 주목할 점은 각 단위 항목마다 아이들에 대한 교육적 관심이 표명된다는 점이다. 당시만 해도 청소년에게 교육적 관심을 갖는다는 것은 혁명적인 일이었다. 부수적인 결과겠지만, 교육적 투자를 통해 생각지 못했던 부수적인 열매들이 결실을 맺기 시작했다. 전과 비교해서 월등히 높아진 교육 수준은 직업 선택의 기회를 대폭 늘렸고, 이는 곧 사회적 소통을 용이하게 만들었다. 교회 내부에서는 양질의 교육을 받은 목회자로 인해 건강한 신자들의 배출이 보다 용이해진 것은 틀림없는 사실이다.

오늘의 한국교회 상황으로 돌아가 보자. 여기저기 성경교육 교재들이 넘쳐난다. 그러나 선뜻 손에 잡을 만한 것은 별로 보이지 않는다. 『대교리문답』을 함께 읽어 보자. 개신교가 태동할 때 뜨겁게 달아올랐던 개혁자의 마음과 기독교 복음의 가치를 여기서 만끽할 수 있을 것이다.

다만 루터의 이 글을 읽고 숙고할 때 유의할 점이 있다. 루터 역시 분명한 '시대의 아들'이다. 그의 교리가 완벽하거나 진리는 아니다. 그 때문에 역사적 상황을 고려하며 읽어 내려가야 한다. 예를 들면, 루터가 공격하는 로마 가톨릭 교회, 수도원과 수도사, 재세례파, 급진주의자들은 모두 500년 전 역사적 맥락에서 이해해야 한다. 500년이라는 시간이 흐르면서 모두 변했다. 그 때문에 루터가 공격

하는 내용에서는 거기 담긴 '정신'이 무엇인지를 고려해야
지, 현실의 '교파'로 이해하면 곤란하다. 자칫 배타주의적
신앙관으로 빠질 위험이 있다.

이 시대에 개혁의 대상이 되어 버린 한국교회의 독자들
이 루터의 글을 통해 개혁의 정신을 다시 돌아보는 계기가
되기를 바란다. 끝으로, 일 년 이상 수요일 저녁과 주일 오
후예배 때마다 거칠게 번역된 원고를 함께 나누며 소통했
던 중앙루터교회 가족들에게 감사드린다. 이들의 사랑이
아니었다면 이 책은 세상에 나오지 못했을 것이다.

최주훈

일러두기

1. 번역에 사용된 원문

루터의 『대교리문답』 원문은 1883년부터 편집이 시작된 바이마르판에 있다(*Werke. Kritische Gesamte Ausgabe*[WA], Weimar 30/1, 1910, 123-238). 중세 독일어인 프락투어체로 실려 있기 때문에 독해에 어려움이 있지만, 1964년 칼버판(Calwer Luther-Ausgabe, 1964)이 나온 이래로 독일 루터교회는 '루터교회 신앙고백서'(Bekenntnisschriften der evangelisch-lutherischen Kirche, 이하 BSLK)가 개정판을 낼 때마다 현대 독일어에 맞도록 개정을 거듭하고 있다. 그 때문에 BSLK에 나오는 『대교리문답』은 가장 신뢰할 만한 독일어본으로 꼽는다. 본 역서도 BSLK("Der Große Katechismus", *Unser Glaube : Die Bekenntnisschriften der evangelich-lutherischen Kirche* [BSLK], 5. Aufl., Gütersloher Verlaghaus, 2004, 579-770)를 기본판으로 사용하였으며, 의미가 불분명한 경우 독어판은 레만판(*Großer Katechismus: in heutiges Deutsch übertragen von Detlef Lehmann*, Sola-Gratia-Verlag, 2014)과 바이마르판을 참조하고, 영어판으로는 테퍼트판(*The Book of Concord* [BC], tr. and ed. by T. G. Tappert, Fortress Press, 1959, 357-462)을 참조했다.

2. 번역 원칙

서문에서 밝혔다시피 루터의 말과 글에는 원칙이 있는데, 대상이 누구인지에 따라 그 색깔이 달라진다. 『대교리문답』의 경우, 신학적 지식이 부족한 성인과 목회자들을 위한 글이다. 그렇기 때문에서 신학적 개념들은 가능한 풀어 쓰려고 노력했다. 게다가 『대교리문답』의 기초가 되는 글이 1528년 교리 설교였기 때문에 설교문에 가깝게 뉘앙스를 다듬었다. 또한 독일어가 가진 어감을 살리기 위해 독일어 어순에 따라 번역했다. 이 책에 인용된 성경 구절, 십계명, 주기도는 개역개정 성경을 따랐다.

3. 기타

본문에서 '숫자', '요약', '괄호', '주'의 경우는 독일어 원문(바이마르판)에 없는 내용이다. 각 단락 시작 부분의 '숫자'는 오늘날 많은 판본이 사용하고 있고 찾아보기 용이하다는 점을 고려하여 표기했다. '요약'의 경우 내용 단위로 단락을 나누고 각 시작 부분에 짧게 요약해 놓은 BSLK판에 많은 빚을 지고 있는데, 그 방법을 차용하되 보다 짧은 문장으로 요약하려고 노력했다. 본문 속 '괄호' 표시는 독일어 원문이 생략하고 있는 내용을 부각시키고 독자들의 이해를 돕기 위해 옮긴이가 맥락에 맞게 보충한 삽입구를 뜻한다. 모든 주는 신학적 해설이 포함된 옮긴이의 주이다.

마르틴 루터 서문[1]

목사와 설교자들을 위하여

교리문답서가 나온 이유? 태만한 목사와 설교자들 때문!

1   우리가 교리문답서에 이리도 지난한 힘을 쏟고, 쓴소리까
     지 해가며 사람들을 강권하는 중요한 이유가 있습니다. 유
     감스럽게도, 우리는 지금 너무 많은 목사와 설교자들이 게

---

1   이 책의 1530년 3판 서문으로, 1529년 초판 서문('모든 이들을 위하여')은 바로 뒤에 실려 있
     다. 루터는 초판이 출간되고 일 년이 지난 시점에 개신교 진영의 반응을 보고서 격한 감정으로 또 하
     나의 서문을 쓰게 되는데, 그것이 바로 이 서문('목사와 설교자들을 위하여')이다. 여기에는 당시 개
     신교 진영의 목사와 설교자들, 성도들의 모습이 현장감 있게 드러나 있다. 1530년 이래로 『대교리문
     답』 서문은 항상 두 번째 서문이 앞에 오는데, 그것은 목사와 설교자들의 책임을 강조하기 위함이다.
     참고로 1529년 초판의 제목은 『독일어 교리문답』(Deutscher Katechismus)이었다. 『대교리문
     답』(Der Große Katechismus)이라는 제목은 1541년부터 붙여지기 시작했다. 『소교리문답』(Der
     Kleine Katechismus)이 가정에서 부모가 아이를 가르치기 위한 목적으로 출간된 데 반해, 『대교리
     문답』은 3판 서문의 소제목에서 밝히고 있듯이 '목사와 설교자'(für die Pfarrer und Prediger)까지
     포함한 지침서이다. 당시 바른 복음의 가르침이 현장에서 얼마나 왜곡되고 있었는지에 대한 방증으로
     도 볼 수 있다.

으르고 태만한 현실을 눈으로 목도하고 있기 때문입니다. 자기 직무가 무엇인지도 모르고, 가르쳐야 할 교리도 우습게 여깁니다.

어떤 이는 "기독교 교리는 너무 수준이 높아 어렵다"며 멀리하고, 어떤 이는 게을러서 멀리합니다. 또 어떤 이는 교리 가르치는 일을 그저 밥벌이 정도로만 여기고 있습니다. 이런 자들은 목사와 설교자의 직무를 자기 배나 채우는 것인 줄 알고 있습니다. 그저 "평생 먹고사는 일에 별 도움이 안 되니 신경 쓰지 않아도 된다"고 하며 그렇게 행동합니다. 이런 모습은 교황권 아래 있을 때의 습성과 별반 다르지 않습니다.

2 물론 이런 자들이 가르치고 설교할 만한 풍성한 교재가 있기는 합니다. 아주 간편하고 쉬워서 이런 사람들을 구원해 줄 만한 도구들입니다. (제목부터 남다릅니다.) "스스로 말하는 설교",[2] "걱정 없이 주무세요",[3] "준비 끝!",[4] "보물 상자".[5] 이런 설교집이나 설교를 위한 보조자료들은 예전부터 인기 있는 것들입니다.

---

2 Sermones per se loquentes, 즉석 설교집.
3 Dormi secure, 설교집.
4 Parati, 설교집.
5 Thesauri, 설교를 위한 보조자료.

그런데 문제는 이런 책들을 구입한다는 데 있지 않습니다. 태만한 목사와 설교자들이 신앙적 열정도 없고, 저 자료들을 바로 사용할 의도도 없다는 데 있습니다. 이런 책을 가지고 있으면서도 제대로 보지도 읽지도 않습니다. 이런 자들은 자기 배나 채우기 위해 사는 '폭식가'일[6] 뿐입니다. 그럴 바에야 '목회자'^{Seelsorger}인[7] '목사'^{Pfarrer}가 되지 말고, 돼지를 키우거나 개집이나 지키는 편이 낫습니다.

3   목사들은 이제 하루에 일곱 번씩 의미 없이 주절거리던 기도 시간에서 해방되었습니다.[8] 그러니 최소한 아침, 점심, 저녁 시간마다 짬을 낼 수 있을 것입니다. 그 시간에 교리문답서 한두 장과 기도서를[9] 읽든지, 아니면 신구약 성경을 읽고, 자기 자신과 교회에 속한 아이들을 위해 주기도로 기도하는 게 좋을 것입니다.

목사들은 여러 모로 짐과 부담을 벗었습니다. 그러니 앞서 말한 것을 행하며 복음으로 영광과 감사를 드러내는 삶을

---

6   원문은 'schändliche Fresser und Bauchdiener'이다.

7   원래의 뜻은 '영혼을 돌보는 자'다. 통상 이 용어는 교회 공동체로부터 공식적 직임을 부여받은 사람을 통칭한다. 협의적으로는 설교와 성례전 집례로 소명받은 목사직(*cura pastoralis*, 목사, 감독)에 사용되지만, 광의적으로는 이 직임을 돕기 위해 임명된 일반 신자도 포함된다(*cura animarum*, 교회의 모든 봉사자들).

8   루터 당시, 사제와 수도사들에게는 하루에 정해진 일곱 번의 의무적인 기도회가 있었다. 종교개혁 진영은 이 의무를 간소화시키거나 아예 없애 버렸다.

9   루터가 만든 작은 기도서(*Enchridion piarum precationum*, 1522)를 지칭한다.

살아야 하지 않을까요? 목사라면 복음으로 살아야 합니다. 그렇지 않고 개나 돼지처럼 게으르고 더럽고 비굴하게 제 맘대로 육체의 소욕대로 살고 있다면, 그런 목사는 수치스럽게 여겨야 합니다!

4   그런데 유감스럽게도 이 우매한 인간들은 복음을 너무 우습게 압니다. 우리가 온 힘을 다해 도왔지만, 이제 해줄 수 있는 게 아무것도 없어 보입니다. 이러다가 결국 우리에게 남게 될 것이 과연 무엇이란 말입니까? 우리는 지금 심각할 정도로 태만하고 게으릅니다. 도대체 교황권 아래 있을 때와 무엇이 다르단 말입니까?

교리문답서를 사용하라. 어린아이 같은 학생이 되어 평생 교리문답을 배우라!

5   게다가 우리 가운데 아주 악독한 패륜과 끔찍한 전염병이 돌고 있습니다. 그것은 다름 아니라 "태만하게 살아도 별 문제 없다"고 하는 병입니다. 그 때문에 많은 사람들이 교리문답서를 그저 보잘것없는 가르침으로 치부합니다. 대충 한 번 훑어보고서는 다 아는 것이라고 말합니다. 구석에 휙 던져 버리고는 책을 찾아 다시 꼼꼼히 읽는 것을 창피한 짓으로 여길 정도입니다.

6   다 아시다시피, 귀족들 가운데 이런 말을 하고 돌아다니는
자들도 있습니다. "이제 책만 있으면 혼자서도 잘 배울 수
있으니, 조금만 지나면 더 이상 목사나 설교자가 필요 없
는 시대가 올 것이다." 멍청이에다 꽉 막힌 구두쇠 같은 인
간들입니다. 교구를 박살내고 황폐하게 만드는 자들이 바
로 이런 인간들입니다. 게다가 목사와 설교자를 비참한 빈
궁에 빠뜨려 끼니를 걱정하게 만드는 장본인이기도 합니
다. 참 대단한 독일인입니다! 우리 가운데 이렇게 수치를
모르는 비루한 인간들이 있습니다. 그런데 거기에 손뼉을
치는 자들도 있습니다.

7   제가 진심으로 당부합니다. 저는 박사이자 설교자입니다.
배울 만큼 배웠고 산전수전 다 겪었습니다. 그러나 여전히
교리를 배울 때는 어린아이처럼 배웁니다. 매일 아침, 그
리고 시간 날 때마다 십계명, 신조, 주기도,[10] 시편을 또박
또박 입으로 소리 내어 읽습니다. 그럼에도 불구하고 여전
히 매일 조금씩 더 읽고 연구해야 할 필요를 느낍니다. 왜
냐하면 저는 만족할 만큼 배우지도 못했거니와 또 그렇게
될 수도 없다는 것을 알기 때문입니다. 교리문답 앞에서

---

10 루터는 그리스도인의 신앙을 구성하는 가장 기초적인 세 기둥으로 십계명, 신조, 주기도를 꼽는다.

저는 여전히 어린아이이고 학생입니다. 그러나 저는 이런 제 모습을 기꺼이 즐거워합니다.

8   그런데 저 까다롭고 독특한 군상들을 보십시오. 한 번 대충 훑어보고는 어떤 박사보다 더 잘난 박사인 줄 착각하고 있습니다. 모르는 것도 없고 못할 것도 없으니 더 배울 것도 없다고 말합니다. 이것이야말로 자기에게 맡겨진 직무와 사람들을 돌보는 사역을 우습게 여기고, 위로부터 오는 하나님과 그분의 말씀을 경멸하고 있다는 확실한 증거입니다. 이 사람들은 타락을 두려워할 필요가 없습니다. 이미 충분히 타락했기 때문입니다. 자기들은 그럴 필요 없다고 하겠지만, 실은 걸음마 단계인 알파벳부터 아이처럼 다시 배워 나가야 합니다.

매일 읽고 대화하고 생각하라. 그때마다 성령의 기쁨이 함께할 것이다

9   다시 말씀드립니다. 게으른 뚱땡이 목사^{faule Wänste}와 거만한 성도들이여, 제발 부탁합니다. 스스로를 돌이켜 보십시오. 당신들이 믿고 생각하는 것과 달리, 당신들의 지식 수준은 바닥입니다. 수준 높은 박사인 줄 착각하지 마십시오. 혹여 이전에 잘 알고 있었을지라도, '이건 내가 이미 통달한 거야', '이거 다 아는 거야'라고 생각하지 마십시오. 당신

생각에 교리문답서를 다 알고 있고 식은 죽 먹기처럼 쉽게 보여도, 사실 평생 배워도 그렇게 될 수 없으며 매일 읽고 숙고하고 함께 말할 때마다 거기서 새롭게 배울 것과 열매들을 계속 발견하게 될 것입니다. 읽고 대화하고 생각할 때 성령이 함께하실 것입니다. 그분은 항상 새롭고 큰 빛으로 인도하시고, 더욱 풍성하고 맛 좋은 기도로 들어가게 하실 것입니다. 이것을 그리스도께서 마태복음 18:20에 약속하셨습니다. "두세 사람이 내 이름으로 모인 곳에는 나도 그들 중에 있느니라."

10   하나님의 말씀을 곁에 두고, 암송하고, 그것으로 고민할 때 생기는 특별한 도우심이 있습니다. 그 도움은 악마와[11] 세상과 육에 대항할 수 있게 된다는 사실입니다. 이런 이유로 복 있는 사람은 "오직 여호와의 율법을 주야로 묵상하는" 자라고 시편 1:2이 찬송하는 것입니다. 하나님의 계명과 말씀을 외우고, 노래하고, 고민^{nachdenken}하십시오.[12] 그

---

11 루터는 여러 글에서 악마(Teufel)를 언급한다. '시대의 아들'이었던 루터가 중세의 흔적인 미신적 세계관을 가지고 있었던 것은 분명하다. 그러나 루터의 신학 전체로 보면, 우리가 상상하는 그런 신비한 형태의 대상물(예를 들어, 검은 그림자, 뿔 달린 도깨비 형상의 흉측한 괴물 등)이 아니다. 그에게 악마는 '악'(Böse)이다. 이 악은 하나님의 뜻을 가로막고 있는 모든 힘을 통칭한다(비교. 롬 7:15-20). 이는 인간의 본성적 '죄'와 관련되어 있다. 죄는 인간의 마음에서 시작할 뿐만 아니라 인간을 압도하는 방식으로 드러난다. 그래서 죄는 '악한 것'(das Böse)인 동시에 '악마'(der Böse)다. 그래서 루터를 이해할 때, 악은 인간과 상관없는 어떤 객관적 대상이 아니라 일종의 살아 있는 실체적 존재이며, 하나님의 뜻이 아닌 방향으로 사람을 구속하고 이용하는 모든 관계적 힘으로 설명된다.

12 일반적으로 '고민하다', '숙고하다'의 뜻이지만 '묵상'의 의미로도 사용된다.

것이야말로 의심할 여지 없이 악마를 쫓아 버릴 강력하고 거룩한 분향Weihrauch이며, 진실로 참된 성수Weihwasser요, (십자가) 표지Zeichen입니다.[13] 말씀이야말로 악마를 몰아내고 사냥합니다.

11 교리문답서가 별 쓸모도 없고 거기서 나올 혜택이 별로 없다고 가정하더라도, 악마와 악한 생각을 쫓아낼 수 있다는 사실 하나만으로도 당신이 이것을 읽고 암송하고 묵상할 충분한 이유가 됩니다. 하나님의 말씀이 들려오는 것을 악마는 참지 못합니다. 하나님의 말씀은 디트리히 폰 베른 같은 그런 허무맹랑한 전설이 아닙니다.[14] 바울을 보십시오. 그는 로마서 1:16에서 말씀을 '하나님의 능력'이라고 전합니다. 그 능력은 당연히 악마를 고통스럽게 만들 수 있습니다. 그러나 무엇보다 그 능력은 우리를 담대하게 만들고 위로하며 도움을 줍니다. 이것이 하나님의 말씀입니다.

12 여기에 제가 무얼 더 말해야겠습니까? 아무리 종이와 시

---

13 중세 교회에서 퇴마를 위해 향을 피우거나 축성된 물을 뿌리는 행위, 십자가로 악령을 퇴치하는 행위가 묘사되고 있다. 이것은 당시 교회의 보편적인 퇴마술이었다. 그러한 가운데 루터는 퇴마 행위가 아니라, 오직 하나님의 말씀만이 악마를 물리치는 힘이 있다는 것을 강조한다.

14 디트리히 폰 베른(Dietrich von Bern)은 독일 영웅 민담인 「힐데브란트 찬가」(Hildebrandslied)와 「니벨룽엔의 서사시」(Nibelungensage)의 주인공으로, 동코트 왕국의 초대 왕인 테오데리히(Theoderich)가 모델이다. 베른(Bern)이라는 이름은 북이탈리아의 도시 베로나(Verona)에서 유래한다.

간이 많다고 해도 하나님의 말씀이 만들어 내는 유익과 열매들을 모두 헤아릴 수 없습니다. 사람들은 악마를 보고 '천의 얼굴'^{Tausendkünstler}을 가졌다고 말합니다. 그렇다면, 온갖 술수를 다 가진 그 악마를 사냥하고 아무것도 아닌 것으로 만들어 버리는 하나님의 말씀은 도대체 뭐라고 불러야 할까요? 그런 악마를 제압하는 분이니 '십만 개 이상의 얼굴'^{Hunderttausendkünstler}을 가진 게 분명합니다.

13   그런데 우리는 이런 하나님의 말씀에서 나오는 능력과 힘, 그 열매를 너무 가볍게 여깁니다. 특히 목사와 설교자인 우리는 더욱 심각합니다. 그렇지 않습니까? 그런 자들에게는 처먹을 것도 내줘서는 안 됩니다.[15] 개 떼를 풀어서 쫓아 버리든지, 아니면 단단히 창피를 당하게 만들어 아예 발도 못 붙이게 만들어야 합니다. 왜냐하면 하나님의 말씀은 일용할 양식과 같아서 우리에게 매일 필요하기 때문입니다. 또한 말씀은 우리로 하여금 매일 끊임없이 닥치는 시련과, 천의 얼굴로 술수를 쓰는 악마에 대항할 수 있게 만들기 때문입니다.

---

15 원문은 'Dann sollte man uns doch lieber bloß nichts zu fressen geben'이다.

14   교리문답서를 매일 읽으라는 권고가 탐탁지 않다면, "무조
건 하라!"는 하나님의 명령이라면 충분할 것입니다. 신명
기 6:7-8은 아주 진지하게 명령하여, 앉아 있을 때나 길을
갈 때나, 누워 있을 때나 일어나 있을 때나, 언제든지 그의
계명을 명심하고 눈과 손에서 잠시도 떼지 말고 기호로 삼
으라고 합니다.

까닭 없이 하나님이 그렇게 명령하고 요구하는 게 아니란
것은 의심할 여지가 없습니다. 하나님은 우리의 위험과 곤
경을 알고 계십니다. 게다가 악마가 끊임없이 맹렬한 공격
을 퍼부으면서 시련을 만들어 내는 것도 아십니다. 그래서
하나님은 우리에게 말씀으로 이를 경고하시고 무장하여
지켜 주십니다. 말씀은 모든 위험과 시련으로 만든 불화살
을 막는 좋은 갑옷이자,[16] 악한 전염병과 독을 막는 해독제
입니다.

15   오, 우리는 얼마나 얼빠진 바보 같은지요? 힘센 악마는 우
리 가운데 자리 잡고, 우리를 둘러싸고 있습니다. 우리는
그 속에서 살아갈 수밖에 없습니다. 그런데 우리는 무기와

---

16 참조. 엡 6:11, 16.

갑옷을 우습게 여깁니다. 게다가 너무 게을러서 그것에 눈을 돌리기는커녕 생각조차 안 하려고 합니다.

16 매일 읽고 배워야 할 교리문답서를 가볍게 여기는 자들이 있습니다. 이 얼마나 짜증나게 건방진 성도들이란 말입니까? 이런 자들의 태도를 보면 스스로 너무 잘난 줄 압니다. 모든 천사와 예언자, 사도, 그리스도인들을 다 합쳐 놓은 것보다 뛰어나서 자기가 하나님인 줄 착각하고 있습니다. 스스로 하나님이 되어 버렸으니 더 이상 배울 것도 없고, 교리를 매일 연구할 필요도 없고, 그런 것쯤 부끄러워할 필요도 없는 것 같습니다.

그러다 보니 이 사람들은 매번 똑같은 것만 가르치면서 새롭게 내놓는 것은 전혀 없습니다. 당연히 성도들은 더 나은 것, 새로운 것을 배울 수 없고, 결국 거기서 헤어 나오지 못하게 됩니다. 그런데 지금 우리 역시 한통속 아닙니까? 우리도 한 번 정도 교리문답서를 읽거나 들은 적이 있습니다. 그런데 그런 다음 곧바로 "다 알고 있다", "더 이상 읽고 배울 필요가 없다"고 하지 않았나요?

하나님도 그렇게 하지 않으시는 일을 우리는 "한 시간이면 충분히 다 가르칠 수 있다"고 하지 않았나요? 하나님이야말로 태초로부터 세상 끝날까지 (그분의 뜻을) 가르치시는 분 아닙니까? 모든 예언자들도 그분의 가르침을 배웠고, 모든 성자들도 그렇게 했습니다. 그들 모두 (말씀 앞에) 항상 학생이었습니다. 그렇다면 우리 역시 그렇게 살아야 하지 않을까요?

교리문답서는 성경의 요약본이다

17   이것만큼은 분명한 사실입니다. 십계명을 바르고 완전하게 알려는 사람이라면 성경 전체를 이해할 수 있어야 합니다. 그것으로 각각의 개별 항목과 용례들을 파악하고, 권고, 도움, 위로, 판정, 판단을 할 수 있게 됩니다. 신앙적 문제건 세속적 문제건 모두 마찬가지입니다. 그렇게 하나님의 말씀에 정통한 사람이야말로 모든 교리와 계급, 정신사, 법과 공동체의 질서를 판단할 적임자입니다.

18   시편의 시인들이 끊임없이 붙잡고 고수했던 것이 무엇인지 아십니까? 다름 아니라 십계명의 첫째 계명입니다. 제가 확실히 알고 있는 사실이 하나 있습니다. 저 게으른 배불뚝이들과 거만한 성도들은 성경 전체는 고사하고 시편의 단 한 구절도 이해하지 못한다는 사실입니다. 그런데도 성경 전체의 요약이며 정수인 교리문답서를 다 아는 체하면서 오히려 우습게 여깁니다.

19   그러므로 다시 한 번 모든 그리스도인과 특별히 목사와 설
     교자들에게 부탁드립니다. 제발 속성으로 박사가 되려고
     하지도 말고, 만물박사인 양 모르는 것을 아는 체하지도
     마십시오. 과대망상입니다. 그런 것은 엉성한 옷감을 팽팽
     히 잡아당기면 다 보이듯 금방 탄로나게 되어 있습니다.
     모든 그리스도인은 이것을 매일 익히고 실천해야 합니다.
     아주 세심하고 부지런히 노력하되 자기만족에 전염되거
     나, 뭐든지 다 알고 있고 무엇이든지 할 수 있다는 자만과
     과대망상에 빠지지 마십시오. 그와 반대로 부단히 읽고,
     가르치고, 배우며, 고민하고 또 고민해야 합니다. 악마에게
     죽음을 선언하고 그 세력을 멸하시는 분은 하나님 자신이
     며 우리는 모두 그분의 거룩한 성도라는 사실을 깨닫고 확
     신할 때까지 이 일을 멈추지 말아야 합니다.

20   제가 자신 있게 약속합니다. 이런 열심을 낼 수만 있다면,
     하나님은 누구를 막론하고 그를 특별한 사람으로 세우실
     것입니다. 모두가 시간이 지나면서 이 사실을 경험하게 될
     것이고, 교리문답서를 배우면 배울수록 그동안 자신이 얼
     마나 무지했는지, 그리고 배워야 할 것은 또 얼마나 많은

지 고백하게 될 것입니다. 지금 당신 배가 터질 것같이 가득 차 있습니까? 그래서 음식 냄새조차 토악질 납니까? 그렇다면 배를 굶고 목말라 보십시오. 그때에야 비로소 참맛을 알게 될 것입니다. 그곳에 이르기까지 주님의 은총이 함께하시길! 아멘.

초판 서문[1]

모든 이들을 위하여

교리문답서는 그리스도인이 되고자 하는 모든 이들을 위한 가르침이다

1   이 설교는 아이들과 교육받지 못한 일반 신자들을 가르치
기 위해 준비된 것입니다. 오래전부터 이런 부류의 설교나
교재를 그리스어에서 유래한 '카테키스무스'[Katechismus, 교리문
답서]라고 불렀습니다.[2] '어린아이를 위한 가르침'[Kinderlehre]이
라는 뜻입니다. 즉 그리스도인이라면 누구나 이 내용을 반

---

1   앞선 서문(1530)이 '목사와 설교자들'을 위한 것이었다면, 이 1529년 초판 서문은 '모든 그리스
도인'을 위한 것으로, 1528년 5월18일 설교에 기초한 것이다(WA 30/1, 2).

2   '교리문답서'를 뜻하는 독일어 'Katechismus'는 라틴어 *catechismus*를 독일어로 표기한 것
이다. 그리스어 기원형은 접두어인 κατά(위에서 아래로)와 ἠχεῖν(소리)이 합쳐진 합성어 κατηχεῖν로,
그 뜻은 '위에서 아래로 내려오는 소리'인데, 여기서 '(백지 상태에 있는 사람에게) 가르친다'는 의미
로 굳어졌다.

드시 알아야 한다는 말입니다.

2　그렇지 않다면 그리스도인이라고 할 수도 없고, 어떤 성례 전도 허용할 수 없습니다. 마치 수공업 기술자가 작업에 필요한 규칙과 작업 방법을 모른다면, 동업자 조합에서 아무짝에도 쓸모없다는 이유로 쫓겨나는 것과 같습니다.

3　따라서 젊은이들은 교리문답서나 어린이 설교에 나온 내용들을 부지런히 배우고 열심히 익혀서 행동으로 나타나게 해야 합니다.

4　또한 집안의 어른들은 최소 일주일에 한 번은 아이들과 식솔들을 세워 놓고 이것들을 잘 배우고 익혔는지 문답해 보시기 바랍니다. 만일 답변이 시원치 않다면, 아비들은 진지하게 권고할 책임이 있습니다.

5　제가 고민하는 것은, 예나 지금이나 우리 가운데 아무것도 모르고 또 알려고도 하지 않는 무지하고 오래된 터줏대감들이 있다는 사실입니다. 그런데 문제는 이 사람들이 세례도 받고 성찬도 받으면서 그리스도인이 가질 모든 권리를 누리고 있다는 점입니다. 성례전에 나아오는 사람이라면 반드시 기독교의 가르침이 무엇인지 알아야 합니다. 최소한 어린아이나 알파벳 배우는 꼬맹이보다 더 많이 알아야 하지 않을까요?

6   적어도 그리스도인이라면 반드시 알아야 할 필수 항목 세
가지가 있습니다.[3] 이 세 가지는 예로부터 기독교 유산으
로 내려왔지만, 이제껏 제대로 가르친 적도, 배워 본 적도
거의 없던 주제입니다. 그리스도인이라고 불리고, 그리스
도인이 되고자 하는 사람이라면, 노인이나 젊은이 할 것
없이 완전히 통달할 때까지 익혀야 합니다.

교리문답서의 세 가지 필수 항목: 십계명, 신조, 주기도

I. 하나님의 십계명[4]

1   너는 나 외에는 다른 신들을 네게 두지 말라.

2   너는 네 하나님 여호와의 이름을 망령되게 부르지 말라.

3   안식일을 기억하여 거룩하게 지키라.

4   네 부모를 공경하라.

---

3   십계명, 신조, 주기도를 의미한다. 이는 반드시 배워야 할 필수 항목에 속한다. 여기에 루터는 세
례, 성만찬 항목을 덧붙였다. 구조와 순서 배열의 역사와 의미에 대해서는 다음을 참조하라. Gunther
Wenz, "Gottes Gebot und die Sünde des Menschen: Dekalog als erstes Hauptstück von
Luthers Katechismen im Kontext von Credo und Vaterunser", in: LuThK 23(1999), 169-
189.

4   출 20:2-17, 신 5:6-21. 십계명에 붙은 번호 구분은 원래 성경에 나오지 않는다. 루터는 당시
교회에서 보편적으로 사용되던 십계명의 목록을 따른다. 한국교회 십계명 목록 중 제2계명인 '우상
(표상)숭배 금지'(출 20:4) 계명은 루터의 십계명 목록에서는 제외되고, 마지막 계명(출 20:17)이
둘로 나뉘었다. 우상숭배 금지 계명을 제외한 이유는 앞서 설명했듯이 당시 교회의 분류법을 따랐기
때문이기도 하지만, 루터의 견해로는 구약의 표상금지 계명 자체가 신약에서 제거된 것으로 보았기
때문이기도 하다. 이와 같은 원리는 제1부 '십계명'의 '안식일 준수'(출 20:8-11) 계명을 설명하는
대목에서 명확하게 드러난다.

5   살인하지 말라.

6   간음하지 말라.

7   도둑질하지 말라.

8   네 이웃에 대하여 거짓 증거하지 말라.

9   네 이웃의 집을 탐내지 말라.

10   네 이웃의 아내나, 그의 남종이나 그의 여종이나, 그의 소
     나 그의 나귀나, 무릇 네 이웃의 소유를 탐내지 말라.

II. 우리 신앙의 주요 항목, 신조

11   전능하사 천지를 만드신 하나님 아버지를 내가 믿사오며,

12   그 외아들 우리 주 예수 그리스도를 믿사오니, 이는 성령
     으로 잉태하사 동정녀 마리아에게 나시고, 본디오 빌라도
     에게 고난을 받으사 십자가에 못 박혀 죽으시고, 장사하여
     음부에 내리신 지[5] 사흘 만에 죽은 자 가운데서 다시 살아

---

5 대다수 한국 개신교에서는 '음부에 내리시사'를 삭제하고 있지만, 사도신조(사도신경) 공인본
(6-7세기)에 나오는 이 구절은 전 세계 거의 모든 기독교가 공인하고 있다. 단순히 공인본에서 처음
등장한 것이 아니라 성경적 배경을 가지고 있는 신앙의 고백이기 때문이다(마 27:52-53, 눅 23:43,
벧전 3:18-20). 여기서 '음부'란 죽음의 세계를 뜻한다. 사도신조에 나오는 음부는 단순히 '죽은 자'
들이 가는 저승이나 불구덩이 지옥이 아니다. 인간이 볼 수도 없고, 경험하거나 상상할 수 없는 곳, 이
성이 도달할 수 없는 곳이라는 의미가 여기 포함되어 있다. 그리스도의 죽음과 부활 사이의 삼 일 동
안에 대해 성경은 침묵한다. 그러나 이 침묵의 시간은 공허한 시간이 아니라 그리스도께서 죽음을 제
압하고, 이성이 도달하지 못하는 모든 영역까지도 주님이 통치하신다는 소망과 신앙의 고백이며, 인
간 이성을 초월하여 '숨어 계신 하나님'이 승리의 부활을 준비하신다는 사상이 담겨 있기 때문에 신
학적으로 매우 중요하다. 즉 죽음의 세계마저도 하나님의 통치 가운데 있다는 것이 음부강하의 신
학적 핵심이다. 가톨릭 신학이나 루터뿐만 아니라 2세대 개혁가인 칼뱅 역시 자신의 『기독교강요』
(Institutio Christianae Religionis) 최종판에서 사도신조 '음부강하'의 신학적 중요성을 설파했다

나시며, 하늘에 오르사 전능하신 하나님 아버지 우편에 앉아 계시다가, 저리로서 산 자와 죽은 자를 심판하러 오시리라.

13 성령을 믿사오며, 거룩한 공회와, 성도가 서로 교통하는 것과, 죄를 사하여 주시는 것과, 몸이 다시 사는 것과, 영원히 사는 것을 믿사옵나이다. 아멘.

III. 그리스도께서 가르치신 기도, 주기도

14 하늘에 계신 우리 아버지여, 이름이 거룩히 여김을 받으시오며, 나라가 임하시오며, 뜻이 하늘에서 이루어진 것같이 땅에서도 이루어지이다. 오늘 우리에게 일용할 양식을 주시옵고, 우리가 우리에게 죄 지은 자를 사하여 준 것같이 우리 죄를 사하여 주시옵고, 우리를 시험에 들게 하지 마시옵고, 다만 악에서 구하시옵소서. 나라와 권세와 영광이 아버지께 영원히 있사옵나이다. 아멘.

(물론 신학적 강조점은 조금씩 다르다). 현대신학에서도 이 구절은 말할 것도 없이 중요하다. 그런데 앞서 언급했다시피 한국 개신교에서는 이 구절이 삭제되었다. 사도신조가 한국 개신교 역사에 처음 등장한 것은 장로교 선교사인 언더우드의 『찬양가』(1894)이다. 그러나 3년 후 감리교 선교사들이 펴낸 『찬미가』(1897)에 수록된 사도신조에는 이 구절이 빠져 있다. 감리교회 아버지인 존 웨슬리(1703-1791)의 "25개 조항"에 이 구절이 없다는 이유 때문이었다. 그 후로 한국 개신교는 찬송가 합본을 만들면서 이 구절이 빠진 채로 이제껏 지내 왔다. 한국교회에서 음부강하가 삭제된 역사적 경위는 다음을 참조하라. 손은실 편역, 『토마스 아퀴나스 사도신경 강해설교』, 새물결플러스, 2015, 264-280.

위의 세 항목은 성경의 요약이기 때문에 무조건 배워야 한다.

15   이상 세 항목은 무엇보다 중요합니다. 그러니 조건 달지
      말고, 단어 하나하나 공을 들여 배워야 합니다.

16   어른들은 아이들이 매일 아침 일어나서, 식사 때, 자리에
      누울 때마다 암송하는 습관을 들일 수 있도록 해주어야 합
      니다. 암송할 때까지 밥도 주지 말고, 마실 것도 주지 마십
      시오.

17   집안의 모든 가장들은 자기 가족에게 하는 것과 마찬가지
      로 식솔들에게도 똑같이 하십시오. 주인의 말을 따르지도
      않고 배우려고도 않는 종이라면 데리고 있을 이유가 없습
      니다. 내쫓으십시오.

18   어떤 교인이 아주 무식하고 야만적인 상태임에도 불구하
      고 이것을 배우려 하지 않는다면, 절대로 참지 마십시오.
      이 세 항목은 우리가 가지고 있는 성경 전체를 아주 짧고
      이해하기 쉬운 방법으로 요약한 것이기 때문입니다.

19   교부든 사도든 그 뿌리가 누구든 간에, 여기에는 이전부터
      내려온 모든 가르침이 요약되어 있습니다. 그리스도인이
      배워야 할 가르침, 삶, 지혜, 그리고 무엇을 말하고 어떻게
      행동해야 할지, 어떤 곳에서 살아가야 할지에 대한 문제가
      모두 담겨 있습니다.

20   이 세 항목을 습득하고 나면, 이제 우리는 그리스도께서 직접 제정하신 성례전, 곧 세례와 거룩한 몸과 피인 성만찬을 다룰 것입니다. 세례의 명령은 마태복음과 마가복음에 기록된 것인데, 그리스도께서 제자들과 작별하며 파송하는 장면에 등장합니다.

IV. 세례

21   "그러므로 너희는 가서 모든 민족을 제자로 삼아 아버지와 아들과 성령의 이름으로 세례를 베풀라." [마 28:19] "믿고 세례를 받은 사람은 구원을 얻을 것이요 믿지 않는 사람은 정죄를 받으리라." [막 16:16]

22   보통사람이라면 성경이 세례를 무엇이라고 하는지 이 정도만 말해도 충분할 것입니다. 마찬가지로 성만찬도 성경 말씀에 기반을 두고 있습니다. 바울은 자신의 편지에서 이를 아주 간결한 문장으로 표현합니다.

V. 거룩한 제단의 성례, 성만찬

23   "주 예수께서 잡히시던 밤에 떡을 가지사 축사하시고 떼

어 이르시되 이것은 너희를 위하는 내 몸이니 이것을 행하
여 나를 기념하라 하시고 식후에 또한 그와 같이 잔을 가
지시고 이르시되 이 잔은 내 피로 세운 새 언약이니 이것
을 행하여 마실 때마다 나를 기념하라 하셨으니."고전 11:23-25

위의 다섯 항목은 기독교 신앙에서 가장 중요하다. 여기에 시편, 찬송, 교
리 설교로 깊이를 더해야 한다

24   이 다섯 항목이 기독교 전체의 가르침입니다. 이것을 끊임
     없이 익히고 한 구절 한 구절 공부하여 지식을 넓혀 나가
     야 합니다. "젊은 사람들은 설교만[6] 들어도 충분히 다 배울
     수 있다"는 말을 신뢰하지 마십시오.

25   이것을 통달하게 되면, 그다음 시편과 찬송들을 배워야 합
     니다. 이것들은 교리문답서 항목에서 빠뜨렸지만 기독교
     의 가르침을 더욱 탄탄하게 만들고 젊은이들을 성경 속으
     로 인도하는 좋은 도구가 됩니다. 이것을 통해 우리 아이
     들은 매일 성장하게 될 것입니다.

26   물론 젊은이들에게 단순히 교리문답서의 문구만 가르치고

---

6   『대교리문답』을 뜻한다.

외우게 한다고 충분한 것은 아닙니다. 젊은이들은 설교를 들어야 합니다. 특별히 절기가[7] 되면 교리문답서에 나온 내용을 연결하여 그 의미를 풀어 들려주어야 합니다. 이렇게 하면 이전에 들었던 것을 떠올려 암기할 수 있고, 어떤 질문이든 더욱 정확한 답을 할 수 있게 됩니다. 설교는 이런 식으로 유익하고 풍성한 열매가 됩니다.

27 우리가 이토록 지겹게 교리문답에 힘을 쏟으면서도 어렵고 고상한 말로 하지 않고 간단하고 쉬운 말로 설교하는 이유가 있습니다. 우리의 아이들 때문입니다. 이렇게 해야 우리 아이들 마음속 깊이 새겨지고 기억 속에 남게 됩니다.

28 자, 이제 차근차근 앞서 언급했던 각각의 주제들을 최대한 선명하고 가장 적절한 방법으로 살펴보겠습니다.

---

7 금식을 하는 사순절을 뜻한다.

제1부

십계명

제1계명[1]

"너는 나 외에는 다른 신들을 네게 두지 말라."[2]

1 이 말은 곧 "오직 나만 너의 신으로 섬기라"는 뜻입니다.[3]

---

1 제1계명 해설 1-3까지는 일반적인 신(神) 개념에 대한 설명이다. 여기서 루터는 인간이 섬기는 모든 신을 인간의 필요와 피난처를 제공하는 대상으로 설명한 뒤, 바른 신(하나님)과 바르지 못한 신(우상)의 차이를 가르친다. 두 신 모두 신뢰와 신앙의 대상이다. 이를 현대적 용어로 표현하면, '제1관심사' 또는 각 개인이 여기는 '절대가치'로 환언할 수 있다. 루터는 모든 인간이 일종의 종교를 가지고 있다고 보았으며, 무신론자는 없다고 본 것이다. 루터가 관심을 가지는 것은 신의 '존재 여부'가 아니다. 누구든지 일종의 신을 섬기기 때문이다. 루터가 말하고자 하는 관심사는 '바른 신(하나님)'을 바르게 섬기는 것'에 있다. 바꾸어 말하면, 우리의 제1관심사가 말씀으로 계시된 삼위일체 하나님이 아니라면, '교인'이라 하더라도 그는 우상을 섬기는 것과 다를 바 없다는 뜻이다.

2 원문은 'Du sollst nicht andere Götter haben neben mir'이다. 루터는 모든 십계명 번역에서 조동사 'müssen'(must) 대신 'sollen'(should)을 사용한다. 두 단어의 의미 차이는 상당하다. 전자는 무조건적 명령에 해당하지만, 후자는 명령받은 사람의 결정이 중요하다. 루터는 십계명이 명령형으로 되어 있지만 하나님은 인간을 기계적으로 움직이지 않으며, 오히려 말씀을 듣고 있는 이들의 자유로운 결단을 촉구하는 것으로 이해했다. 또한 루터에게 하나님의 명령(계명)은 동시에 축복의 약속을 의미하기에 율법과 복음이 십계명 안에 동시적으로 결합된 것으로 가르친다.

3 '신을 섬기다'라는 표현의 원문은 'Einen Gott haben'이다. 이는 여러 가지로 해석 가능한데, 신을 '소유하다', '종교를 갖다' 등으로도 번역할 수 있다. 이하에서는 모두 '신을 섬기다'로 번역했다.

그렇다면 이것은 무슨 뜻이고 어떻게 이해해야 할까요?
'신'이란 대체 무엇이고, 또 '어떤 신을 섬긴다'는 것은 무
슨 뜻일까요?

2   답변입니다. 일반적으로 '신'이란 사람들이 소망하는 모든
좋은 것, 온갖 시련의 피난처가 되는 대상입니다. 그러므
로 '어떤 신을 섬긴다'는 말은 그 대상을 진심으로 믿고 신
뢰하는 것을[4] 뜻합니다.

3   제가 거듭 말했듯이, 오직 마음의 믿음과 신뢰만이 신을
만들 수도 있고 우상을 만들 수도 있습니다. 다시 말해 바
른 믿음과 바른 신뢰가 있다면, 당신의 신은 바른 신(하나
님)이라는 말입니다. 뒤집어 말하면, 바르지 못한 믿음과
바르지 못한 신뢰를 가지고 있다면, 그것이야말로 바른 신
이 아니라는 뜻이기도 합니다(우상). 왜냐하면 이 둘, 곧 신
앙과 신은 뗄 수 없기[5] 때문입니다. 다시 강조합니다. 당신

여기 사용된 동사 'haben'은 소유의 의미를 담고 있지만, 루터에게 이 문장은 소유나 신분 개념이 아
니다. '자신이 신과 하나가 되는 것'을 뜻한다. 이를 통해 인간은 새로운 자신을 '가지며'(새 존재), 이
웃을 새롭게 인식하고, 모든 현실을 새롭게 바라보게 된다. 그러므로 '신을 섬기다'라는 표현은 종교
를 통해 현실에 대한 모든 관점이 변하는 것을 의미한다.

4   루터에게 '믿는다'는 말은 중세 시대 신학이 주장하듯 신학적 또는 신앙적 진술이나 주장을 '진리
로 여기는 것'이 아니다. 그에게 '신앙'(Glaube)은 무조건적 '신뢰'(fiducia, Vertrauen)를 의미한
다. 그러므로 이 문장은 '믿다'와 '신뢰하다'라는 동사를 중복 사용하면서 그 의미를 더욱 강조하고 있
는 셈이다.

5   원문은 'zwei gehören zuhaufen zusammen'이다. 둘이 서로에게 단단히 스며들어 구분이
불가능할 정도로 결합한 상태를 말한다.

의 마음이 매달려 있고 당신의 모든 것을 지탱하는 대상, 그것이 바로 당신의 신입니다.[6]

제1계명은 너의 마음을 오직 하나님께만 두라는 뜻이다

4 　그러므로 이 계명은 우리에게 바른 믿음과 진정한 신뢰를 요청합니다. 다시 말해, 무엇이 참되고 유일한 신인지 올바로 판단하여 마음을 오직 그곳에만 두라는 뜻입니다. 그래서 이 계명은 계속 이렇게 외칩니다. "보라, 오직 나만 너의 하나님으로 섬기고, 결코 다른 신을 찾지 말라." 즉 "네게 필요한 선한 것과 네가 소망하는 것, 그 무엇이든지 내게 구하라. 네가 불행과 궁핍 가운데 있을 때 내게 와서 매달리라. 그러면 내가 반드시 풍족히 채워 주며 모든 환란에서 도울 것이다. 다만, 네 마음을 다른 어떤 것에도 두지 말라!"

6　원문은 'Woran du dein Herz hängst und verlässt, das ist eigentlich dein Gott'로, 루터의 십계명 해설 중에서 가장 중요한 구절이다. 동사 'anhängen'은 마치 옷걸이에 심장(마음)을 걸어 두는 것과 같다. 심장을 그곳에 걸어 두면 옷걸이의 움직임에 따라 심장은 이동할 뿐, 심장이 옷걸이를 이동시킬 수 없다. 즉 하나님의 뜻대로 움직이는 인간이라는 표현이다. 또한 두 번째 동사 'verlässen'은 자기 몸의 중심을 어떤 대상에게 던져 버린다는 뜻이다. 무게중심이 흐트러지면 넘어진다. 그러나 절벽이라도 뛰어내릴 수 있는 것은 그만큼 자기 몸의 무게중심을 던져도 안전한 곳이 있기 때문이다. 즉 신(하나님)은 그렇게 우리의 모든 것을 던져도 안전한 피난처가 된다는 표현이다.

5   나는 이것에 대해 구체적인 예를 들어 가며 좀 더 명확히
    설명해야겠습니다. 이 계명을 엉뚱하게 이해하고 받아들
    이는 사람들이 있기 때문입니다. 돈과 재물이 불어나고 모
    든 것을 충족하게 되면, 그것이 신을 잘 섬긴 결과라고 생
    각하는 자들이 있습니다. 이들은 너무나 완고하고 확고하
    게 이것을 신뢰하고 자랑하면서도, 자기 소유를 이웃에게
    나누어 주지 않습니다.

6   물론 그런 사람들도 일종의 신을 섬기고 있습니다. 그 신
    의 이름은 '맘몬'입니다.[7] 맘몬은 돈과 재물의 신입니다. 맘
    몬을 섬기는 이들은 모든 마음을 돈과 재물에 두고 있는
    사람들입니다. 이것이야말로 이 땅에서 가장 흔한 우상입
    니다.

7   돈과 재물이 있는 자들이 말하기를, "나는 낙원 한가운데
    앉아 있는 것처럼 안전하고 행복하여 아무것도 두렵지 않
    다"고 합니다.

8   반대로 돈과 재물이 없는 자들을 향해서는, "저들은 하나
    님을 전혀 알지 못하는 자들이기에 의심하고 풀이 죽어 있

---

7   참조. 마 6:24.

다"고 말합니다.

9   왜냐하면 맘몬을 섬기지 않고도 기분 좋게 사는 사람들을
     거의 못 봤기 때문입니다. 대부분 슬퍼하거나 불평합니다.
     이것은 우리가 무덤에 들어갈 때까지 달라붙어 있는 인간
     의 본성입니다.

네 마음을 지식, 명예, 권력의 신에게 두지 말고, 오직 참 신에게 두라

10   맘몬을 신뢰하는 것과 마찬가지로, 위대한 지식, 현명한
     처세술, 권력, 호의, 우정, 명예를 신뢰하는 자들도 똑같습
     니다. 이들 역시 일종의 신을 섬깁니다. 그러나 바르고 유
     일한 신이 아닙니다. 사람들이 돈 있을 때는 얼마나 오만
     하고 태평하며 교만해지고, 돈이 없을 때는 얼마나 기가
     죽는지 잘 보십시오. 그러므로 거듭 강조합니다. 이 계명
     의 바른 가르침은 바로 이것입니다. '신을 섬긴다'는 것은
     당신의 마음이 (무엇에도 흔들리지 않게) 신뢰하는 무언가를
     가지고 있다는 말입니다.

11   마찬가지로, 잘 보십시오. 우리는 이제껏 교권주의자[8] 밑
      에서 시키는 대로 우매하게 움직였습니다. 이가 아프면 금
      식하고 성 아폴로니아를[9] 찾아 숭배했습니다. 집에 불이
      날까 무서우면 불의 수호성인인 성 로렌스를[10] 찾아갔습니
      다. 역병이 무서우면 성 세바스찬이나 성 로크를[11] 찾아가
      서원기도를 했습니다. 돌아보면 셀 수 없을 정도로 많은
      흉한 일들이 우리 주변에서 일어났습니다. 그때마다 거기
      에 걸맞는 성자를 골라서 빌었고, 이 흉측한 일에서 구해
      달라고 기도했습니다. 이 모든 것은 아주 어리석은 짓이
      고, 악마와 계약을 맺는 일에 속합니다. 악마는 사람들에
      게 돈을 퍼다 주고, 애정 문제도 해결하고, 그들의 가축을
      보호하기도 하고, 잃어버린 재산을 다시 되찾게 하는 등의
      일을 하기도 합니다.

12   그런데 이런 일은 마법사나 무당들이나 하는 짓입니다. 이

---

8   원문은 'Papsttum'(교황주의자)이지만 단순히 로마 가톨릭 교황 제도에 복종하는 것만 뜻하지
     않고, 교회의 권세를 오용하는 모든 이들을 뜻한다.

9   아폴로니아(St. Apollonia, ?-249)는 이집트의 알렉산드리아에서 활동한 그리스도인으로, 로
     마 황제 데키우스(Trajan Decius, 201-251)의 기독교 박해 기간 중에 순교하였다. 치아를 모두 뽑
     힌 채 순교한 여성 순교자이기에 중세 시대 때 치통을 없애는 데 효과가 있는 성인으로 숭상했다.

10   로렌스(St. Lawrence, 225-258)는 초기 기독교의 일곱 부제 가운데 한 사람으로, 화형에 처해
     져 순교했다.

11   세바스찬(St. Sebastian, 256-288)은 로마의 페스트를 막은 순교자이고, 로크(St. Roch,
     1295-1327)는 중세 시대 페스트가 창궐했을 때 병을 치료했던 순교자다.

런 사람들은 모두 참되신 하나님이 아닌 다른 곳에 마음을 두고 의지합니다. 그렇기에 하나님으로부터 나오는 참으로 선한 것들을 기대하지도 구하지도 않습니다.

하나님께 마음을 두고 조건 없이 그분을 의지하면, 잡을 수 없는 그분을 잡을 수 있게 된다

13 자, 이제 당신은 이 계명이 무엇인지, 그리고 무엇을 얼마나 요구하고 있는지 쉽게 이해할 것입니다. 즉 사람의 모든 마음과 모든 신뢰를 오직 하나님께 두고 다른 어떤 것에도 마음을 두지 않는 것입니다. '하나님을 섬긴다'는 것은 우리 손으로 그분을 붙잡아 손안에 집어넣거나, 가방 속에 욱여넣거나, 금고 안에 던져 열쇠로 잠그는 것과는 다르다는 것을 쉽게 알 수 있습니다.

14 오히려 우리 마음이 하나님께 사로잡히고, 하나님께 달려 있을 때에야 비로소 그분을 받아들일[12] 수 있게 됩니다. 그렇기에 진실한 마음으로 하나님께 매달리는 것은 그분을 전적으로 신뢰하고 의지한다는 뜻이 됩니다.

15 그렇기에 하나님은 자기 외의 다른 모든 것으로부터 우리

---

12 원문은 'fassen'이며, 본래 뜻은 '담다', '수용하다', '붙잡다', '이해하다' 등이다.

를 돌려세우시고, 우리를 당신의 방향으로 끌어당기십니다. 그분이야말로 영원하고 유일한 선善이기 때문입니다. 우리를 향한 하나님의 뜻은 이렇습니다. "너희는 이전에 성자들에게서 찾고, 맘몬과 다른 어떤 대상들에게서 받고 싶어 의지했던 모든 것을 이제부터 나에게 기대하라. 그리고 나에 대해서 너를 돕고 너에게 모든 선한 것으로 차고 넘치게 부어 줄 자로 여기라."

자기가 만든 꿈과 소망을 하나님이 주신 것으로 착각하는 자들이 있다. 이 것은 근거 없는 믿음이며 잘못된 삶으로 이끈다

16   자, 이제 비로소 당신은 하나님이 기뻐하시는 바른 경배와 바른 예배를[13] 갖게 되었습니다. 그러나 이것은 동시에 그분의 영원한 진노가 무엇인지 알게 되는 계기이기도 합니다. 왜냐하면 하나님으로부터 온 것이[14] 아니라면 우리의

---

13 경배로 번역한 'Ehrung'은 존경, 공경, 찬양 등의 뜻이고, 예배로 번역한 'Gottesdienst'는 직역하면 '하나님 섬김', 또는 '하나님이 일하신다'는 뜻이다. 주체인 'Gott'을 주체적 2격(소유격, '하나님이 일하고 섬긴다')으로 번역하든지 4격(목적격, '하나님을 위해 섬기고 일한다')으로 번역하든지 모두 가능하다. 그러나 가톨릭 미사 개념과 대립되는 개념으로 이해하면, Gottesdienst는 '하나님이 죄인을 위해 일하시는 은총의 사건'이 된다. 그러므로 Ehrung과 Gottesdienst는 서로의 역할이 분명히 다르다. Ehrung은 인간이 하나님을 찬양하고 경배하는 것 곧 주체가 인간이고, Gottesdienst는 반대로 주체가 하나님이다. 반대로 피동은 인간이 된다. 전자(경배)는 아래서 위를 향하고 (anabasis), 후자(예배)는 위에서 아래를 향한다(katabasis). 그러므로 루터가 가르치는 개신교적 예배 개념은 인간이 하나님을 위해 준비하고 섬기는 어떤 것이 아니라, 반대로 하나님이 죄인을 위해 일하시는 위로부터 아래로 향하는(katabasis) 은총의 사건이다.

14 전형적인 칭의론적 진술. 바로 앞의 진술 곧 예배(Gottesdienst)에서도 암시했듯이, 죄인을 위로하고 확신하게 하는 은총은 오직 하나님으로부터 시작할 때 가능한 일이다. 반대로 인간의 공

마음은 어떤 위로와 확신도 가질 수 없기 때문입니다. 그러므로 바른 예배(하나님의 일하심)에서 떨어지지 않게 단단히 매달리고, 오히려 모든 것을 하나님께 내맡기며, 세상으로부터 받은 것들은 맨 끝자리에 놔두십시오.

17 지금 세상이 얼마나 잘못된 예배와 우상숭배로 치닫고 있는지 쉽게 알아채고 판단할 수 있을 것입니다. "우리는 단 한 번도 예배 형식을 만들지 않았고, 예배를 해본 일도 없다"고 말하는 양심 없는 사람들의 경우도 마찬가지입니다. 왜냐하면 세상에서는 누구든지 좋은 것, 도움이 되는 것, 위로를 얻기 위해 자기 나름대로 특별한 신을 섬기고 있기 때문입니다.

18 예를 들면, 힘과 권세를 의지하는 이방인들은 주피터를 최고의 신으로 받들었고, 부나 행복이나 즐거움과 평온한 일상을 추구하는 사람들은 헤라클레스, 머큐리, 비너스 따위를 최고의 신으로 받들었으며, 임신한 여인들은 다이아나나 루치아를 받들었습니다. 이처럼 사람들은 마음이 끌리는 곳에 자기의 신을 만듭니다. 자, 위에서 말한 모든 사항들이 말하고 있는 가장 본질적인 내용이 있습니다. 그것은

로는 아무런 효력이 없다. 만일 인간의 공로로 참된 위로를 얻을 수 있다고 주장하거나 믿는다면, 그곳은 하나님 진노의 자리가 된다.

이방인들도 우리와 동일한 생각을 가지고 있다는 점인데, '어떤 신을 섬긴다'는 말은 곧 무언가를 온전히 신뢰하고 믿는다는 의미입니다.

19   물론 여기에는 이방인들의 잘못도 숨겨져 있습니다. 그것은 신뢰의 대상이 잘못된 것이며 바르지 못하다는 점입니다. 왜냐하면 그 신뢰가 유일하신 하나님을 향한 것이 아니기 때문입니다. 하나님 외에 하늘이나 땅 위에 참된 신은 없습니다.

20   이방인들은 자기들이 생각한 망상이나 몽상을 신으로 착각하여 우상을 만들고, 전혀 있지도 않은 것을 의지합니다.

21   이런 것들은 모두 우상숭배를 불러옵니다. 어떤 형상을 만들어 숭배하거나 기도하는 것만 우상숭배가 아닙니다. 무엇보다도 우상은 마음에서 만들어집니다. 우상이 만들어지는 마음은 피조물이나 성자들이나 악마 같은 엉뚱한 곳에 도움과 위로를 구하며 멍하니 바라볼 때 생깁니다. 이런 마음은 하나님께 관심도 없고, 그분이 도우신다는 선한 진리에 털끝만큼의 기대도 가지지 않으며, 그분으로부터 선한 것들이 나온다는 것을 믿지도 않습니다.

천국을 자기 힘으로 얻을 수 있다거나 하나님과 협력하여 천국에 이를 수 있다고 주장하는 것은 하나님을 우상으로 만드는 것이며, 신의 보좌에서 하나님을 끌어내려 자기가 그 자리에 올라가는 것이다

22 이 밖에도 잘못된 예배가 또 있습니다. 이것은 이제까지 행해져 온 가장 큰 우상숭배이며 아직도 세상에 만연해 있습니다. 모든 영적 직분들은[15] 오로지 양심과 관련된 것들입니다. 그런데 지금은 우상의 버팀목이 되어 버렸습니다. 영적 직분자들은 (사람들의 양심을 건드려서) 도움과 위로, 하늘의 지복을 "자신의 행위에서 찾으라!" 하며 하늘에 계신 하나님을 끌어내리고 있습니다. 그러고는 얼마나 많은 헌금을 했는지, 얼마나 자주 금식했는지, 얼마나 많은 미사를 드렸는지와 같은 것에만 몰두합니다. 이런 일에 의지하면서, "난 원래부터 하나님께로부터 받은 선물이 아무것도 없었지만, 선행을 많이 하고 노력하니 이제는 이렇게 많은

---

15 원문은 'alle geistliche Stände'인데, 이는 당시 교황, 주교, 사제, 수사, 수녀로 대표되는 교회의 직제를 의미한다. 루터가 영적 직제와 세상 직제를 구분했지만, 이는 종속적 구분이 아닌 기능적 구분일 뿐이었다. 이에 덧붙여 루터의 소명론에 등장하는 '삼중직'은 혈연공동체(가정, 민족), 정치공동체(국가, 정치 집단, 직장), 영적 공동체(교회)를 구분하면서, 그리스도인이 살아가는 삶의 자리로 설명된다. 그리스도인은 누구든지 이 세 자리로 부름받았으며, 그곳에서 하나님의 말씀에 따라 사는 삶을 '소명'(Berufung)이라 불렀다. 이 세 자리는 모두 하나님이 부르신 자리이기 때문에 동일한 가치의 거룩한 자리다. 그러나 때로 셋 중 하나를 선택해야 하는 불가피한 상황이 올 때도 있다는 것을 루터는 잘 알고 있었다. 그때 선택은 각 개인에게 달려 있다. 다만 선택의 상황에서 하나님의 뜻이 무엇인지 고민하며 살피는 '영적 시련'(Anfechtung)이 필수적이라는 것을 루터는 강조한다. 참고로, 루터가 당시 교황을 '적그리스도'(anti-christ)로 부른 이유는 위에서 언급한 세 자리 중 어느 곳도 교황이 설 자리가 없다고 판단했기 때문이다.

것을 벌어들일 수 있게 되었다"고 자랑합니다. 이것은 마치 "하나님은 우리의 종, 우리에게 빚진 자, 그리고 우리는 하나님을 부리는 영주다"라고 떠벌이는 것과 별반 다르지 않습니다.

23 하나님을 우상으로[16] 만들고, '내가 바로 하나님'이라고 스스로 목을 곧추세우는 것과 무엇이 다를까요? 물론 이것이 조금 센 말이 될 수 있어서 어린 학생들이 듣기에는 무리가 있을지도 모르겠습니다.[17]

하나님께로부터 모든 선한 것이 나온다.

24 그러나 일반 성인들에게는 말해야겠습니다. 여러분은 이 계명에 경각심을 가지고 귀담아듣고 새겨야 합니다. 오직 하나님만 신뢰하십시오. 좋은 것은 오직 그분께만 기대하십시오. 그분으로부터 나올 모든 것을 기다리십시오. 왜냐하면 하나님은 우리에게 몸, 생명, 먹을 것, 마실 것, 양식, 건강, 보호, 평화, 그리고 지금부터 영원까지 필요한 모든

---

16 원문은 'Apfelgott'(Apple God)인데, 이 개념은 불분명하다. 신학자들은 'Aftergott'(엉터리 신)을 루터가 오기한 것으로 추정한다. Kurt Aland, *Luther deutsch: Der neue Glaube. in: Die Werke Martin Luthers in neuer Auswahl für die Gegenwart III*, Vandenhoeck & Ruprecht, 1983, 370.

17 루터는 『대교리문답』이 목사와 교사들을 위한 해설서라는 점을 염두에 두었기에 『소교리문답』에 비해 낯선 진술을 즐겨 한다.

것을 가장 좋은 것으로 주시는 분이기 때문입니다. 여기에 덧붙여, 하나님은 우리가 시시때때로 당하는 불행으로부터 보호하시고 구하시며 도우시는 분입니다. 이런 분이 하나님입니다. 이미 충분히 말했다시피, 모든 선한 것은 오직 하나님께로부터만 거둘 수 있고, 그분을 통해서만 모든 불행에서 벗어날 수 있습니다.

25 내 견해로는, 이것이야말로 우리 독일인들이 예로부터 '신'Gott이라는 이름을 부르는 근거입니다. 독일어가 다른 어느 언어보다도 적절하다고 생각되는데, '선한 것'gut이라는 말을 여기서 끌어 낼 수 있기 때문입니다. 하나님은 가장 선한 것들이 넘쳐나는 영원한 '원천수'입니다. 그분으로부터 모든 선한 것과 좋다고 불리는 모든 것이 흘러넘칩니다.

하나님은 '사랑을 통해' 세상의 모든 선한 것을 주신다

26 물론 살다 보면 사람들에게서도 좋은 것을 많이 받게 됩니다. 그러나 사실 이 모든 것은 하나님의 명령과 규례에 따라 하나님이 주신 것입니다. 우리의 부모, 세상 정부, 더 나아가 우리의 이웃은 모두 우리에게 선하고 좋은 모든 것을 행하라는 하나님의 명령에 따라 움직입니다. 그러므로 이

모든 것은 사람이 아니라 사람을 통해 일하시는 하나님께 받은 것입니다. 피조물은 모든 것을 주시는 하나님의 손이 자 통로이며, 수단이기 때문입니다. 이것은 마치 하나님이 어머니에게 가슴과 젖을 주어서 아이를 배부르게 하며, 땅에서 옥수수와 모든 곡물이 양분을 받아 자라는 것과 같습니다. 다시 말합니다. 그 어떤 피조물도 스스로 선하고 좋은 것을 만들 수 없습니다.

27 그러므로 "이것은 하나님의 명령과 상관없다"며, 받거나 주면서 당신에게 맡겨진 사람과 피조물들을 자기 맘대로 지배하지 마십시오. 왜냐하면 이 계명이 요구하는 대로 우리는 그 모든 것을 하나님이 주신 선물로 깨닫고 그분께 감사해야 되기 때문입니다. 따라서 피조물을 통해 주시는 선한 것들을 거부해서는 안 됩니다. 또한 하나님이 명령하지 않은 곳에서 다른 방법과 길을 주제넘게 찾아서도 안 됩니다. 왜냐하면 그렇게 하는 자들은 "이것은 하나님이 주신 것이 아니라 내가 노력해서 구한 것이다"라고 말하기 때문입니다.

네 마음이 오직 하나님께만 매달려 있는지 잘 살피라

28 자, 이제 각자 자신을 돌아보기 바랍니다. 이 계명은 스쳐

지나가는 농담이 아니라, 모든 것 이상으로 가장 크고 높게 여겨야 할 계명입니다. 자신의 마음에 진지하게 물어보고 돌아보십시오. 그러면 '오직 한분 하나님'에게만[18] 자신의 마음이 매달려 있는지 아닌지 쉽게 발견할 것입니다. 특별히 곤궁과 어려움에 처해 있을 때를 생각해 보십시오. 그때 오직 하나님께만 좋은 것을 기대하고 다른 모든 것을 거부하고 버릴 마음이 있다면, 당신은 바른 하나님을 섬기고 있는 것입니다. 반대로 하나님이 아닌 다른 것에 매달려 좋은 것과 도움을 기대하고 있다면, 그리고 하나님의 피난처를 의지하지 않고 그분에게서 멀리 도망친다면, 이것은 당신이 우상을 섬기고 있다는 증거입니다.

제1계명은 위협인 동시에 복된 약속이다

29 분명히 기억합시다. 하나님은 이 계명을 바람에 날려 버리지 않으시고 아주 엄격하게 준행하실 것입니다. 그래서 이 계명의 첫머리에 끔찍한 위협을 두셨고, 그 후에 아름답고 위로가 되는 하나님의 약속을 두셨습니다. 우리가 이 계명을 부단히 연습하고 바르게 행하는 것은 물론이고, 젊은이

---

18 '오직 하나님'(*solus Deus*)은 제1계명 해설의 가장 중요한 주제다. 루터와 종교개혁은 제1계명에 대한 깨달음의 혁명이다. '하나님의 하나님 되심'(Gottes Gottheit)이라는 주제는 중세 신앙관을 돌파하는 무기였다.

들이 이 계명을 마음에 두고 새기도록 해야 할 것입니다.

우상을 의지하는 자에게는 하나님의 진노가, 조건 없이 하나님을 의지하는 자에게는 은총이!

30 "나 네 하나님 여호와는 질투하는 하나님인즉 나를 미워하는 자의 죄를 갚되 아버지로부터 아들에게로 삼사 대까지 이르게 하거니와 나를 사랑하고 내 계명을 지키는 자에게는 천 대까지 은혜를 베푸느니라."출 20:5-6

31 이제 계속해서 듣게 되겠지만, 위의 출애굽기 말씀은 모든 계명과 연관이 있습니다. 그럼에도 불구하고 위에 언급된 성경구절은 특별히 머리에 해당하는 첫째 계명에 붙어 있습니다. 사람이라면 바른 정신의 머리를 가지고 있어야 합니다. 머리가 제대로 움직이면 당연히 머리에 붙은 모든 생명도 제대로 움직입니다. 또한 반대의 경우도 생각할 수 있을 것입니다.

32 그래서 이 성경말씀은, 하나님이 아닌 다른 것을 신뢰하는 자에게 미치는 하나님의 진노가 얼마나 무서운지, 반대로 오직 그분을 온 마음으로 신뢰하고 믿는 자에게 얼마나 친절하고 자비롭게 대하시는지를 가르칩니다. 하나님의 진

노는 사 대에 이르기까지 그치지 않습니다. 그러나 그분의 은총과 선하심은 수천 대까지 이릅니다.

33 그러므로 대충 살아서는 안 됩니다. 이 말씀에 대해서 신경 쓸 일 아니라고 생각하는 짐승 같은 마음의 소유자들은 결국 위험 속으로 뛰어드는 것과 같습니다.

34 하나님은 그분의 계명을 외면하는 자에게 그대로 갚아 주십니다. 하나님의 진노는 쉼이 없고, 저들이 완전히 사라질 때까지 사 대에 이릅니다. 그러므로 하나님을 두려워해야지 무시해서는 안 됩니다.

지금도 하나님의 진노는 경험된다

35 하나님은 이것을 모든 역사 가운데, 그리고 성경을 통해 충분히 보여주셨습니다. 뿐만 아니라, 우리도 일상의 경험 속에서 이 사실을 배울 수 있습니다. 왜냐하면 하나님은 처음부터 우상숭배뿐 아니라 우상숭배하는 이방인과 유대인을 철저히 근절하셨기 때문입니다. 오늘도 역시 하나님은 모든 잘못된 예배를 무너뜨립니다. 그 마지막은 그 안에 있는 모든 자를 멸하는 것입니다.

36 맘몬을 끝까지 붙들고 있는 자들은 하나님의 진노와 보복 같은 것은 안중에도 없습니다. 그렇기에 지금 이 순간, 목

에 힘도 주고 권세도 부리고 똥배를 내밀며 자기 재산을 자랑합니다. 그런 모양새를 보면 마치 하나님의 진노 정도는 너끈히 감당할 수 있을 것으로 보이기도 합니다. 그러나 절대 그렇게 되지 않을 것입니다. 자기들이 깨닫기도 전에 자신들이 의지하고 있던 모든 것과 함께 무너질 것입니다.

37 하나님은 그런 돌대가리들을 후려치고 징계하실 것입니다. 그들은 하나님이 아무것도 모르고 자기들 일에 전혀 관심도 없기 때문에 그런 자리에 앉아 폼 잡고 있는 것을 방관하고 묵인한다고 생각합니다. 그러나 하나님은 그들 자손의 자손에 이르기까지 잊지 않으십니다. 당신의 말씀이 허언이 아니라는 것을 모두에게 분명히 알리실 것입니다.

38 왜냐하면 바로 이자들이 성경에서 "나를 미워하는 자"라고 지칭된 사람들이기 때문입니다. 이들은 고집이 세고 자기자랑만 가득합니다. 그래서 설교나 권면을 해도 듣지 않습니다. 심판이 가까이 왔으니 돌이켜 더 나은 삶을 살라고 꾸짖으면, 오히려 더 잘난 체하며 어리석게 행동합니다. 결국 하나님의 매를[19] 더 버는 결과를 초래합니다. 이런

---

19 '하나님의 매'라고 번역한 원문의 직역은 '진노'(Zorn)다. '하나님의 진노'에 관한 루터의 진술은 그의 신학에서 중요한 주제다. 루터에게 '하나님의 진노'(Zorn Gottes)는 하나님의 본성에 속하는 것이 아니라, '낯선 사역'(*opus alienum*)에 속한다. 이 사역을 통해 하나님은 인간의 교만을 제거하신다(WA 42, 356). 루터에게 하나님의 '본성' 또는 '본질'은 '사랑'이며, 따라서 하나님의 사랑이 '본래의 사역'(*opus proprium*)이다. 하나님의 진노는 오직 죄인을 위해 십자가에 달리신 그리스도를

모습을 우리는 매번 주교와 영주들에게서 봅니다.

조건 없이 하나님을 신뢰하는 자에게 영원한 은총의 약속이 주어진다

39   위협의 말씀은 이렇게 끔찍합니다. 그러나 약속 안에 담긴
      위로는 더욱 강력합니다. 그 약속은 하나님이 우리에게 당
      신의 자비를 실제로 베푸신다는 진리입니다. 그러므로 오
      직 하나님만 단단히 붙드십시오. 그분의 선하심과 축복은
      믿는 당사자에게만 해당되지 않습니다. 천 대에 이르기까
      지 자녀들에게 베푸십니다.

40   이렇듯 이 계명은 우리를 복된 약속 안으로 들어가게 합니
      다. 지금부터 영원까지 이르는 만사형통을 열망한다면, 모
      든 마음과 뜻을 다하여 하나님을 의지해야 합니다. 그리하
      면 하나님은 당신의 위엄을 우리 가까운 곳에서 보여주실
      것이고, 우리를 진심으로 격려하여 힘을 주시며, 풍성한
      약속들을 더욱 넘치게 주실 것입니다.

믿지 않는 자들을 다루는 하나님의 방법이다(비교. 요 3:18; 5:24, 롬 8:1).

41 그러므로 이 계명을 사람의 말로 여기지 말고 진지하게 받아들입시다. 왜냐하면 이 계명은 당신에게 영원한 축복과 천상의 지복을 가져오기도 하고, 반대로 영원한 진노와 불행 또는 가슴 아픈 일을 몰고 올 수도 있기 때문입니다. 더 바랄 게 뭐가 있겠습니까? 하나님이 당신에게 가장 좋은 것으로 주시고, 당신을 지켜 주시며, 모든 곤궁에서 돕겠다고 아주 친절히 약속하시는데 말입니다.

42 그런데 유감스럽게도 문제가 있습니다. 세상은 이 진리를 전혀 믿지도 않고 하나님의 말씀으로 여기지도 않습니다. 주위를 돌아보십시오. 맘몬을 멀리하며 하나님만 의지하는 사람들이 불행과 곤궁에 시달립니다. 게다가 악마는 믿는 자들의 반대편에 서서 방해합니다. 그래서 돈 없고 인기 없고 명예가 없어서 제 삶도 챙기지 못하는 것이라고 비아냥거립니다. 반대로 맘몬을 섬기는 사람들은 권력, 인기, 명예, 재산, 안정된 삶을 누립니다. 세상 사람들 눈에는 이런 것만 보입니다. 그러나 이 계명은 눈에 보이는 현상만 믿는 자들을 심판하기 위해 주신 말씀이라는 것을 알아야 합니다. 이것은 거짓이나 속임수가 아니라 참으로 진리입니다.

43 돌아보십시오. 그리고 스스로에게 질문하고 답해 보시기 바랍니다. 이제껏 당신은 땀과 노력을 다 쏟아부어 부와 재산을 모았습니다. 그런데 그것으로 무엇을 얻었습니까? 당신이 결국 알게 될 사실은 그 모든 수고와 노력이 헛된 것이었으며, 당신이 모은 큰 보화들이 모두 먼지처럼 부서져 사라질 것이라는 진리입니다. 그 재화들은 기쁨이 되지 못하며 삼대까지 가지도 못할 것입니다.

44 이런 예를 역사와 선조들의 이야기에서 충분히 보고 들었을 것입니다. 잘 보고 새기십시오.

45 사울은 위대한 왕이었습니다. 하나님이 그를 선택했습니다. 그리고 경건한 사람이었습니다. 그러나 확고한 왕위에 오르자 그의 마음이 돌아섰습니다. 사울은 하나님을 의지하기보다 왕관과 권력을 의지했습니다. 그러자 소유했던 모든 것과 함께 파멸의 나락으로 빠질 수밖에 없었습니다. 결국 자녀 역시 한 명도 남지 못했습니다.

46 반대로 다윗은 가난하고 아무도 알아주지 않던 사람이었고, 내몰리고 쫓기던 사람이었습니다. 어디서도 안전을 보장받지 못한 채 살았습니다. 그러나 그는 사울에게서 자신을 지켜 낼 수 있었고, 결국 왕이 되었습니다. 이렇게 된 데는 이유가 있습니다. 위에서 언급한 말씀[출 20:5-6]의 분명한 효력 때문입니다. 하나님은 거짓을 말씀하지도 않고 속

이지도 않습니다. 오직 당신의 약속을 진실로 지키십니다. 그렇기에 당부합니다. 눈에 보이는 현상에 속지 마십시오. 악마와 세상은 그것으로 당신을 속이려 듭니다. 그러나 눈에 보이는 것들은 잠깐입니다. 결국 아무것도 아닙니다.

모든 것 이상으로 하나님을 의지하라

47 그러므로 첫째 계명을 잘 배웁시다. 그래서 오만불손한 자, 하나님이 아닌 다른 대상을 의지하는 자를 가만두지 않겠다는 약속을 새깁시다. 모든 선한 것은 하나님으로부터 나옵니다. 이 진리에 대한 온전한 신뢰가 우리에게 요청하시는 가장 큰 요구입니다. 바르고 똑바로 우리에게 주어진 길을 걸어갑시다. 하나님이 주신 모든 재화들을 오용하지 맙시다. 이것은 마치 구두수선공이 바늘, 송곳, 실을 사용하고 일이 끝나면 제자리에 가져다 놓는 것과 같고, 여행객이 필요할 때만 여관, 음식, 침대를 일시적으로 이용하는 것과 같습니다. 우리 모두는 하나님의 창조 질서에 따라 각자의 자리로 부름받았습니다. 각자에게 맡겨진 것들의 주인이 되어 지배하거나, 맡겨진 것들을 우상 삼지 마십시오.

48   첫째 계명은 이것으로 충분할 것 같습니다. 이 계명은 다른 어떤 계명보다도 중요하기 때문에 이렇게 길게 설명할 수밖에 없었습니다. 이미 앞서 언급했다시피, 순전한 마음으로 하나님을 섬기며 이 계명을 지킨다면 다른 모든 계명은 저절로 성취될 것입니다.

제2계명

49   **"너는 네 하나님 여호와의 이름을 망령되게 부르지 말라."[20]**

하나님의 이름을 오용한다는 것은 그분의 이름을 빌려 거짓말한다는 뜻이다

50   첫째 계명에서 바른 마음과 바른 믿음이 무엇인지 가르쳤습니다. 이제 둘째 계명입니다. 이 계명은 이제 외적인 곳으로 인도합니다. 즉 우리의 입술과 혀가 하나님께 합당한 자리에 위치하도록 가르칩니다. 왜냐하면 마음에서 시작

---

20 루터는 두 번째 계명 해설에서 하나님 이름의 오용과 남용이 어떤 것인지 밝히고, 그 후에 바른 사용에 대해 가르친다. 구조적으로 보면, 이는 십계명 해석 전체에 흐르는 '율법과 복음'의 방법론을 따른 것이다. 특별히 두 번째 계명에서는 '어린이 교육'에 대해 집중적으로 강조하면서 '선한 습관'을 함양하는 것이 얼마나 중요한지 가르친다.

하여 밖으로 드러나는 가장 첫째 되는 관문이 '말'이기 때문입니다. '하나님을 섬긴다'는 것이 무엇인지 문답 형식으로 가르칠 때 보셨듯이, 두 번째 계명과 이하의 다른 모든 계명의 의미도 이런 식으로 간명하게 이해하고 스스로 적용시킬 줄 알아야 합니다.

51   누군가가 이렇게 묻습니다. "두 번째 계명을 당신은 어떻게 이해하고 있습니까?", "하나님의 이름을 헛되이 사용하거나 오용한다는 말이 무슨 뜻입니까?" 그러면 이렇게 간단히 답하십시오. "하나님의 이름을 오용한다는 것은, 입으로는 하나님을 주님이라고 부르면서 매사에 거짓과 악한 습관을 일삼는 것을 말합니다." 그러므로 이 계명이 의미하는 바는, 아무 데나 하나님 이름을 사용하며 들먹이지 말라는 것입니다. 법정에서 서약하면 아닌 것은 아니라고 부정해야 합니다. 마찬가지로, '아닌 것은 아니다'라고 마음속에 확실히 알고 있는 것, 그리고 최소한 다르게 알고 있는 바를 하나님 이름과 결부시켜 사용하지 말아야 합니다.

52   사람들은 하나님의 이름을 거짓이나 속임수에 이용하려 하지만, 그렇게 될 수 있는 성질이 아닙니다. 이것은 이 계명이 보여주는 분명한 취지이고 그 이면에 담긴 의미입니다.

53   하나님 이름의 오용 빈도를 정확히 셀 수는 없습니다. 그
      러나 '언제', '어떤 경우'에 하나님의 이름이 오용되는지
      스스로 돌아볼 수 있을 것입니다. 간단히 말해, 하나님 이
      름의 모든 오용은 우선 돈과 재물과 명예와 관련된 세상
      사에서 드러납니다. 공적 자리인 법정과 장터는 말할 것
      도 없고, 그 외에도 하나님의 이름으로 서원하고 맹세하는
      곳, 또는 '내 영혼을 당신께 드리나이다'라며 의식을 행하
      는 장소조차도 마찬가지입니다.[21] 특별히 두 사람이 은밀
      히 혼인을 서약하고 나중에 파기하는 경우가 전형적인 예
      입니다.

54   그러나 가장 빈번하고 심각한 오용은 양심과 관련된 '영적
      인 곳'(교회)에서 일어납니다. 거짓 설교자들이 터무니없는
      거짓말을 하나님 말씀인 것처럼 지껄이는 경우가 바로 이
      에 해당합니다.

---

21 루터는 이 계명의 해설을 통해 하나님 이름의 오용과 남용이 일어나는 장소가 세상이든 교회든
    가릴 것이 없다고 보았다. 그럼에도 그중에서 심각하게 생각했던 곳은 세상이 아니라 양심과 관련된
    직무가 수행되는 교회라고 보았고, 교회 가운데서도 성직자들의 오남용을 가장 심각한 상황으로 보았
    다(참조 54번).

55   보십시오. 이 모든 것은 자기를 자랑하려고 하나님의 이름을 장신구 정도로 여기는 것입니다. 아니면 자기주장을 관철시키기 위해 멋지게 치장하는 것입니다. 거친 세상일이든 숭고하고 섬세한 신앙과 교리에 관한 일이든 다 매한가지입니다. 그리고 흥보기 위해 헐뜯는 사람들도 이런 거짓말쟁이에 속합니다. 알다시피 이런 자들은 매우 거칠어서 하나님의 이름을 아주 넉살 좋게 입에 올리고 그분의 이름을 모독합니다. 이런 사람들은 우리 편이 아니라 교수형틀 앞에 서 있는 자들입니다.[22] 거짓말쟁이들은 또 있습니다. 대놓고 진리와 하나님의 말씀을 흥보고 하나님의 일을 악마의 일로 치부해 버리는 사람들입니다. 이런 자들에 대해서는 더 이상 논할 가치조차 없습니다.

하나님 이름의 오용은 가장 큰 범죄다

56   자, 이제 이 계명이 얼마나 중요한지 생각해 봅시다. 겉으로 드러나는 가장 큰 범죄는 거룩한 이름의 오용입니다. 이것을 마음에 새겨 온 힘을 다해 조심하고 두려워해야 합니다. 우리가 다 알고 있듯이, 거짓말과 속임수는 그 자체

---

22 '우리 편'은 하나님을 모든 만물의 심판주로 여기는 사람들을 뜻하고, '교수형 틀 앞에 서 있는 자들'은 심판받을 죄인임에도 불구하고 자기가 세상을 심판할 수 있는 것으로 착각하며 사는 자들을 뜻한다. 그렇기에 남을 헐뜯는 자들을 '교수형 틀 앞에 서서 사람들을 심판하는 자'로 비유했다.

로 이미 큰 죄입니다. 그런데 그 악한 일에 하나님의 이름을 들먹이며 정당화시키고 설득하고, 거기에 두터운 망토까지 덧입히려고 한다면, 죄의 무게는 더욱 가중됩니다. 하나의 거짓말은 둘로 변하고 점점 눈덩이처럼 불어나기 마련입니다.

57 그 때문에 하나님은 이 계명에 심각한 위협의 말씀을 덧붙이셨습니다. "여호와는 그의 이름을 망령되게 부르는 자를 죄 없다 하지 아니하리라."출 20:7 이 계명을 어기는 자들에게는 아무 선물도[23] 없고, 그 죄를 묵과하지도 않습니다. 하나님께로부터 마음이 떠난 사람은 추호도 가만두지 않으십니다. 마찬가지로, 하나님의 이름으로 갖다 붙여 대며 거짓을 아름답게 꾸며 대는 자들의 행위가 실오라기처럼 작더라도 하나님은 용납하지 않습니다.

58 참 개탄스러운 것은 오늘날 교회의 현실입니다. 거짓과 술책을 멀리하고 하나님의 이름을 바르게 사용하며 오직 하나님만 진심으로 신뢰하는 교회와 교인들이 매우 드뭅니다.

59 원래 우리는 모두 천성적으로 좋은 품성을 타고났습니다.

---

23 하나님이 주시는 은총의 선물을 뜻한다.

그래서 죄를 범하면 자신의 치욕스러운 모습이 드러나지 않게 하려고 행동합니다. 그 누구도 자기의 음흉한 행위를 나팔 불고 다닐 만큼 우악스러운 사람은 없습니다. 그런 짓은 대놓고 하지 않고 사람들 몰래 행합니다. 그래서 악한 행위를 지적받고 공격당하면, 치욕스러운 자기 모습을 다시 명예롭게 꾸미기 위해 하나님의 이름을 빌려 경건하게 치장합니다.

60 이게 다 세상에서 일어나는 일입니다. 대홍수가 세상을 덮고 있듯이 악은 온 땅을 뒤덮고 있습니다. 역병, 전쟁, 기근, 화재, 홍수, 못된 아내, 못된 자녀와 못된 고용인들, 그리고 손해 보는 모든 종류의 일들 등 지금 우리는 그 대가를 치르고 있는 중입니다. 하나님 이름의 오용에서 오는 결과가 아니라면, 도대체 이 많은 불행들이 어디서 오는 것일까요? 이런 (악한) 세상 한가운데 버젓이 살아 있다는 것만으로도 다행스럽게 여겨야 할까요?

이 계명은 누구보다도 아이들 가까이 두어야 한다

61 그러므로 무엇보다 (우리의 미래인) 아이들에게 이 계명과 함께 다른 계명들을 눈앞에 두고 엄격하게 지키고 몸에 배도록 가르쳐야 합니다. 계명을 범하면 회초리를 들고 꾸짖

으십시오. 그래서 이 계명을 항상 명심하도록 교육하십시오. 이런 교육의 목적은 벌로 다스리기 위한 것이 아니라 하나님에 대한 경외심과 두려움을 갖게 하는 데 있습니다.

제2계명은 금지를 가르치는 동시에 바른 사용을 가르친다

62   자, 이제 당신은 '하나님의 이름을 오용한다'는 것이 무슨 뜻인지 이해했을 것입니다. 재차 요약하면, 거짓말이나 자기주장을 정당화하기 위해 하나님의 이름을 끌어다 쓰지 말고, 저주하고 맹세하고 주문으로 사용하는 등 맞지도 않는 곳에 사용하거나 악한 일을 꾸미고 계획하고 맹세하는 일에 사용하지 말라는 뜻입니다.

하나님 이름의 바른 사용은 진리를 말하고 선한 영향을 끼치라는 뜻이다

63   당신은 하나님 이름의 '바른' 사용이 무엇인지도 반드시 알아야 합니다. "하나님의 이름을 망령되게 부르지 말라"는 말씀은 오남용의 금지뿐만 아니라 바른 사용을 위한 명령이기도 합니다. 하나님이 우리에게 자신의 이름을 알려주신 이유는 그 이름을 잘 사용하고 잘 쓰라는 것입니다.

64   거짓과 악을 위해 하나님 이름을 입에 올리지 말라는 금

지 명령은, 자연스레 '진리를 위해 그분의 이름을 사용하고 모든 선한 일에 선용하라'는 의미가 뒤따릅니다. 하나님의 이름을 꼭 필요한 곳에 바르게 사용하는 예를 들어 봅시다. 그분의 이름으로 바르게 서약하며 그분의 이름을 부를 때, 환난 가운데 그 이름을 찬송할 때, 좋은 일이 생겨서 그분의 이름으로 감사하는 경우 등이 이러한 예입니다. 이 모든 것을 시편 50:15은 이렇게 요약합니다. "환난 날에 나를 부르라. 내가 너를 건지리니 네가 나를 영화롭게 하리로다." 이 모든 것은 그분의 이름을 진리를 위하여 사용하며 복되게 사용하라는 뜻입니다. 이것은 "이름이 거룩히 여김을 받으시오며"라고 기도하는 주님이 가르치신 기도의 뜻과 동일합니다.

예수님의 경우에서 보듯, 바른 맹세는 하나님 이름의 바른 사용이다

65   이제 당신은 이 계명의 전체 내용을 설명할 수 있을 것입니다. 이런 이해에서 출발한다면, 이제껏 많은 (교회의) 교사들을 괴롭혔던 문제가 아주 쉽게 풀릴 수 있을 것입니다. '왜 복음서는 맹세를 금지했는가? 복음서가 금지한 맹

세를[24] 왜 그리스도와 바울[25] 그리고 수많은 성도들은 그리도 자주 했을까?'라는 모순적인 문제입니다.

66   짧게 답하면 이렇습니다. "악을 위해 맹세하지 말아야 합니다. 다시 말해, 거짓이나 불필요하게 또는 자기 이득을 위해 악용하지 말아야 합니다. 그러나 선을 위해 맹세하고, 이웃의 유익을 위해 맹세해야 합니다." 이것이 바르고 선한 행위이며, 하나님의 이름으로 찬양하는 것이고, 진리와 정의를 확증하는 것이며, 거짓을 타도하고, 사람들을 평화로 이끌며, 순종을 만들고, 분열과 다툼을 멈추게 하는 방법입니다. 왜냐하면 하나님은 당신의 이름이 불려진 사건 한가운데로 자신을 옮겨 놓기 때문입니다. 그곳에서 하나님은 정의와 불의, 선과 악을 철저히 가르십니다.

67   거짓 맹세하는 자들은 그 맹세로 인해 하나님의 판단을 받게 됩니다. 이때 하나님의 징벌을 면치 못합니다. 비록 징벌이 오랫동안 더디게 나타나는 것 같더라도 결국 벌을 받게 됩니다. 거짓 맹세로 얻은 모든 것은 결국 손바닥 밑으로 녹아내릴 것이고, 더 이상 어떤 기쁨도 누리지 못하게 될 것입니다.

68   저는 이런 예를 사람들이 결혼의 서약을 깨뜨릴 때마다 수

---

24 참조. 마 5:33-37.
25 참조. 마 26:63, 갈 1:20, 고후 1:23.

없이 경험했습니다. 서약을 파기한 후 행복하고 건강한 나날은 더 이상 지속되지 못했고, 결국 영육이 그들의 재산과 함께 고통의 나락으로 빠져들고 말았습니다.

하나님 이름의 바른 사용을 가르칠 수 있는 가장 적절한 시기는 아이들이 자랄 때다

69   그러므로 거듭 당부하고 권면합니다. 우선 아이들이 거짓 말할 때, 제때에 경고하고 두렵게 하며 제지하고 벌을 주면서 이 계명을 몸에 익히게 하십시오. 특히 이것을 통해 아이들이 하나님의 이름을 입에 올리는 것이 얼마나 두려운 일인지 알게 하십시오. 어른들이 아이들을 그대로 방치하면, 장래에 성인이 되었을 때 선한 것이라고는 아무것도 보지 못하게 될 것입니다. 지금 우리가 훤히 다 알듯이, 세상은 이전보다 더 악독해지고 있습니다. 진정한 권위도 없고, 순종도 없고, 충성도 없고, 신앙도 없습니다. 그저 극악무도하고 난폭한 자들로 가득합니다. 이런 자들에게는 교훈이나 형벌도 소용없을 지경이 되어 버렸습니다. 이런 모든 현상들은 이 계명을 제멋대로 오용하고 멸시하는 자들 때문에 일어난 하나님의 진노와 징벌입니다.

70 이런 세상을 거슬러 아이들을 재촉하고 자극하십시오. 그 다음 권면할 것은, 아이들이 접하는 모든 상황과 환경 속 에서 하나님의 이름을 존경하며 말하도록 가르치라는 것 입니다. 왜냐하면 이렇게 하는 것이 그분의 이름을 바르게 존경하는 것이기 때문입니다. 이미 첫째 계명을 가르칠 때 언급했다시피, 사람이 온전한 위로를 소망하며 그분의 이 름을 부르게 되면, 마음은 믿음을 통해 하나님께 존경을 드리게 되고, 연이어 우리의 입은 고백을 통해 그분께 존 경을 드리게 됩니다.

하나님의 이름을 부르는 자는 악마를 대적할 수 있다

71 이것은 진실로 복되고 유익한 습관입니다. 이 습관은 악마 를 대적하는 강력한 무기입니다. 악마는 늘 우리 주위를 둘러싸며 죄, 수치, 고통, 궁핍으로 위협합니다. 그러나 악 마가 가장 듣기 싫어하고 견딜 수 없는 장소가 있습니다. 바로 하나님의 이름을 향한 외침이 가득한 '마음'입니다.

72 하나님의 이름을 부르는데도 그분이 지켜 주시지 않는다 면, 얼마나 비참하고 끔찍한 불행에 직면하게 될까요? 그 러나 저는 제 자신의 시련과 경험을 통해 분명하게 배운 것이 있습니다. 하나님의 이름을 부를 때, 갑자기 큰 재난

이 변하고 사라졌습니다. 제게 이런 일은 늘 일어났습니다. 그러므로 악마에 대항하십시오. 다시 강조합니다. 거룩한 이름을 항상 입에 두십시오. 악마는 우리를 상하게 하려고 덤벼드나, 결코 그렇게 할 수 없습니다.

73 우리의 영과 육, 아내와 자녀, 고용인과 모든 소유물을 매 순간 하나님께 의지하고 맡기는 습관이 생기도록 힘쓰십시오. 이것은 갑작스레 닥칠 모든 환난을 이기게 합니다. 이런 이유로 우리는 식사 전후로 감사기도를[26] 하고, 잠자리에 들 때나 아침을 맞이하며 기도하는 것입니다. 이런 것들은 끊임없는 연습을 통해 습관이 됩니다.

74 더 나아가, 십자성호 긋는 습관도 마찬가지입니다. 이 습관은 사람들이 무섭고 끔찍한 일을 보거나 듣게 되었을 때, "주 하나님, 보호해 주소서!" 또는 "도우소서, 사랑의 주 그리스도여!"라는 말을 할 수 있게 합니다. 또한 그 반대의 경우도 마찬가지입니다. 아주 사소한 일일지 모르겠지만, 생각지 못한 행운을 만나게 되었을 때 "찬양과 감사를 하나님께 드립니다" 또는 "이것은 하나님께서 저에게 베푸신 것입니다"와 같은 외마디 기도를 즉각적으로 할 수 있

---

26 식사 전 기도(*Benedicite Domino*): '주님께 찬양!'(Lobet den Herrn!), 식사 후 기도 (*Gratias agite Domino*): '주님께 감사!'(Danket dem Herrn!) 자세한 설명과 기도 문구는 『소교리문답』의 "식사 전후 감사기도" 항목을 보라.

는 이유는 어릴 때부터 몸에 밴 습관 때문입니다. 이전에도 아이들이 성 니콜라우스^{St. Nicholas}나 다른 성자들을 본받아 금식하고 기도하는 습관을 길러 왔던 것을 아실 것입니다. 하나님께서는 이런 습관을 수도원 생활이나 카르투지오[27] 은둔수도사의 거룩한 생활보다 훨씬 더 기뻐하십니다.

75 잘 보십시오. 우리 모두 어린아이들의 눈높이에 맞게 하나님을 두려워하고 존경하도록 양육할 수 있습니다. 이를 통해 아주 작은 삶의 구석에서도 첫째, 둘째 계명이 입에 오르내리고 늘 행동으로 드러나게 될 것입니다. 이런 교육은 뿌리가 단단히 박히고 자라서 좋은 열매를 맺는 것에 비유할 수 있습니다. 이 아이들이 자라게 되면, 결국 나라는 인재를 얻는 기쁨을 누리게 될 것입니다.

76 물론 아이들이 좋아할 만한 것으로 바르게 양육하는 것이 중요합니다. 선하고 유쾌한 방법을 사용한다면 누구라도 습관을 형성시키기 쉽습니다. 아이들을 회초리로 강요하고 훈육하면 좋은 결과가 나오지 않습니다. 기껏해야 매를 맞는 그 순간만 착한 척하기 때문입니다.

---

27 카르투지오 수도회(Ordo Cartusiensis)는 로마 가톨릭 교회의 봉쇄 수도회 가운데 하나로, 1084년 쾰른의 성 브루노(St. Bruno)에 의해 설립되었다. 해발 1300m 알프스 산자락에 있는 프랑스의 작은 마을 상트피에르 샤르트뢰즈에 자리하고 있는 그랑드 샤르트뢰즈 수도원이 카르투지오 수도회의 본원인데, 이곳은 루터 당시 가장 대표적인 수도원이었으며, 지난 1,000년간 외부 세계에 드러나지 않고 수도자들의 침묵과 고독의 기도처로 존재했다.

77 제가 말하고자 하는 것은 그 반대입니다. 양육은 '회초리'
가 아니라 진심어린 '마음'에서 시작해야 합니다. 회초리보
다 하나님을 더 두려워하도록 가르치십시오. 저 역시 이 모
든 것을 아이들의 눈높이에 맞추어 아주 쉽게 말합니다. 아
이들에게 설교할 때는 아이들의 언어를 사용해야 합니다.
자, 결론입니다. 우리는 앞에서 하나님 이름의 오남용을
피하고 바르게 사용하는 방법을 배웠습니다. 이 계명의 가
르침은 단순히 '말의 사용'에 국한되지 않습니다. 습관을
형성하고 삶에 녹아들게 하라는 것입니다. 분명히 명심할
것은, 하나님의 이름을 바르게 사용하면 하나님이 진심으
로 기뻐하시고 그 사용에 대해 풍성히 갚아 주신다는 사실
입니다. 반대로 하나님의 이름을 오용하는 자를 무섭게 벌
하십니다.

제3계명

78 **"안식일을 기억하여 거룩하게 지키라."[28]**

---

28 원문은 'Du sollst den Feiertag heiligen'이다.

79 여기서 안식일이란[29] 히브리어 '사바트'^{Sabbat}에서 유래합니다. 이 말은 본래 '휴식하다'(노동 후 축제하다)라는 뜻입니다. 다시 말해 '일상의 노동 후에 쉼을 얻는다'는[30] 뜻입니다. 그 때문에 안식일은 문자 그대로 '노동 후 쉼'^{Feierabend} machen 또는 '거룩히 구별된 저녁을 누린다'^{heiliger Abend geben} 는[31] 뜻입니다.

80 구약에서 하나님은 일곱째 날을 거룩히 구별하고 이날에 쉬게 하셨습니다. 이날은 다른 어느 날보다 거룩한 쉼의 날로 명령되었습니다.[32] 고된 일을 중지하고 쉬게 하는 이 계명은 겉으로 보면 유대인에게만 주신 율법입니다. 그러나 하나님은 이 계명을 주시면서 인간을 비롯한 모든 가축들에게도 새 힘을 얻어 일상에서 지치지 않도록 명령하셨

---

29 원문에서는 '휴일' 또는 '축제일'을 뜻하는 'Feiertag'이 사용되었다. 이하에서는 문장의 성격에 따라 '휴일', '잔치', '축제', '안식일'로 번역했다. 한국교회에서 일반적으로 일요일에만 사용하는 '성일'(聖日) 개념은 루터에게 거의 의미가 없으며, 이른바 '주일성수'를 신앙의 척도로 여기는 신앙 양태와 루터의 '성일' 개념은 전혀 다른 차원에 속한다. 왜냐하면 루터에게 거룩한 날을 뜻하는 성일은 일주일 중 하루가 아니라 모든 날이 '거룩한 성일'이기 때문이다. 반면에 '주일성수' 개념은 일주일 중 특정한 시간을 율법에 따라 강제적으로 지켜야 하는 유대인의 안식일 개념에 가깝다. 그러나 종교개혁자에게 성일은 모든 날이 거룩한 날이다. 다만 주일을 더욱 거룩하게 여기는 이유는, 모든 그리스도인이 하나님이 베푸시는 말씀과 성례전의 은총을 받아 기운을 회복하는 특별한 축제의 날이기 때문이다.

30 원문은 'Muße von der Arbeit'이다. 여기서 'Muße'는 일의 단순한 '중지'나 '쉼'이 아니라 특정한 일을 위해 내적 안정을 취하며 충전하는 자유 시간이다.

31 원문은 'heiliger Abend machen'으로, 직역하면 '거룩한 저녁을 지내다'이다. 여기서 '거룩하다'라는 뜻은 '구별하다'라는 뜻도 포함하기에 위와 같이 번역했다. 그러나 독일에서 이 문장은 생계를 위한 일터에서 일을 마치고 집에서 쉬는 것을 뜻하는 통상적 구문이다.

32 참조. 창 2:3.

습니다.

81   그러나 때로 유대인들은 이 계명을 너무 편협하게 해석했고, 오용했습니다. 복음서의 기록을 훑어보면,[33] 저들은 그리스도가 이 계명은 필요도 없고 지킬 수도 없다고 주장한다며 꾸며 댑니다. 그들 주장대로라면, 복음은 몸으로 행하는 어떤 일과도 관계가 없고, 성취할 수도 없는 것이 되고 맙니다. 그러나 이런 주장들은 이 계명이 지닌 본래 뜻과 아무 상관이 없습니다. 이제 쉼의 날, 잔치와 축제의 날이 어떻게 거룩해지는지 함께 살펴봅시다.

일주일 중 하루는 회복을 위한 휴식과 예배를 위한 날로 지켜야 한다

82   문자와 겉으로 드러난 외적인 뜻으로만 파악한다면, 이 계명은 그리스도인과 아무런 관계가 없습니다. 특별히 정해진 관습, 인물, 시기, 장소 등과 관련된 구약의 다른 의식들과 마찬가지로 그런 것들은 모조리 외적인 것입니다. 그러나 우리는 그리스도를 통해 이 모든 외적인 형식으로부터 자유롭게 되었습니다.[34]

---

33 마 12:1 이하, 막 2:23 이하, 눅 6:1 이하; 13:10 이하; 14:1 이하, 요 5:9 이하; 7:22 이하; 9:14 이하.

34 참조. 골 2:16-17.

83 　하나님께서는 (교육받지 못한) 일반인들을 위해 이 계명을 주시면서 우리에게 기독교적(복음적)으로 이해하도록 요청하십니다. 즉 그리스도인이라면 이렇게 안식하고 휴식하는 날이 유식하여 잘난 체하고 잘 배운 사람들을 위해 주어진 것이 아니라는 점을 알아야 합니다. 그런 사람들에게는 휴일^{Ruhetag}이 필요 없습니다. 오히려 이날을 주신 첫 번째 이유는 육체의 필요 때문입니다. 왜 이런 쉼이 필요한지 자연 세계를 돌아보면 쉽게 알 수 있습니다. 보통 평민들과 종, 가축들은 일주일 동안 자기에게 주어진 일과 일터, 주인에게 힘을 소진합니다. 그렇기에 고단함을 벗어버리고 하루 종일 기운을 회복할 기회가 필요합니다.

84 　여기서 한 발 더 나아갑시다. 안식일이 필요한 가장 큰 이유가 있습니다. 그것은 바로 하나님께서 당신을 위해 일하실 예배^{Gottesdienst}의[35] 기회와 시간을 주려는 목적입니다. 예배란 사람들이 함께 모여 하나님의 말씀을 듣는 것입니다. 그리고 그 말씀에 반응하며 찬송하고 노래하고 기도하는 것입니다. 그렇지 않고는 이런 시간과 기회를 갖지 못할

---

35 루터가 사용하는 용어 'Gottesdienst'는 일반적으로 '예배'(Divine Service)로 번역한다. 인간이 제물을 정성스럽게 준비하여 '하늘을 향해 드린다'는 로마 가톨릭의 미사 개념과 달리 루터의 '예배'(Gottesdienst)는 죄인들을 위해 '하나님이(Gott) 일하신다(dienen)'는 뜻에 강조점이 있다. 여기서 방향을 주의해야 한다. 개신교적 예배란 은총의 수단인 말씀과 성례전을 통해 하나님께서 죄인을 위해 일하시는 것으로 출발하여, 인간이 그 은총에 기도와 찬송과 감사로 반응하는 상호 소통의 과정이다. 여기서 유념할 것은, 참된 예배의 시작은 언제나 하나님의 은총의 사건으로부터 시작한다는 점이다. 이 점이 루터 신학의 강조점인 '칭의론적 예배 이해'다. 그러므로 예배가 거룩한 것은 인간의 준비와 행위가 아니라, 하나님이 죄인을 위해 베푸시는 사랑의 은총 때문이다.

것입니다.[36]

85 이것은 유대인들이 "이날이나 저날을 지켜야 한다"며 특정한 절기와 시간을 정하여 안식일을 지키는 것과는 다릅니다. 왜냐하면 특정한 하루가 다른 요일보다 선한 것이 아니기 때문입니다. 사실 (하나님이 주시는 은혜를 받고 감사로 응답하는) 예배는 날마다 있어야 합니다. 그러나 대부분의 사람들은 이렇게 할 수 없기에 적어도 일주일 중 하루를 떼어 놓게 됩니다. 제 생각에, 예로부터 일요일은 이런 목적을 위해 이용되었기 때문에 불필요하게 변경할 이유는 없을 것 같습니다.[37] 이렇게 하면 일반 질서가 보존되며 불필요한 혁신으로 혼란을 일으키지 않을 것입니다.

86 그렇기에 이 계명의 단순하고 명확한 뜻은 이것입니다. 안식일 계명은 "축제[Feier]를 하라"는 것입니다. 그 축제는 하나님의 말씀을 배우는 것입니다. 그러므로 이날에 가장 중요한 직무는 말씀이 선포되는 설교입니다. 원칙적으로 이날의 설교 직무는 젊은이와 가난한 자들을 위한 것입니다.

---

36 루터에게 '안식일을 거룩하게 지키라'는 계명은 하나님의 말씀을 받아 행하는 것에 초점이 있다.

37 원문에서 조동사 'sollen'을 사용하면서 듣는 이가 스스로 결정할 수 있도록 여지를 남긴다. 즉 루터의 십계명 해설은 십계명을 무조건적인 강제 의무 조항으로 받아들이기보다 신앙인 스스로 결정하도록 하여 책임적 존재가 되도록 인도한다. 문법상 루터는 이 문장만으로도 본질(diapora)과 비본질(adiapora)의 관계를 암시한다.

또한 말씀의 축제를[38] 준수해야 한다고 해서 갑작스레 생긴 피치 못할 일까지 금지할 만큼 편협하게 이해하라는 뜻은 아닙니다.

'안식일을 거룩히 지키라'는 하나님의 말씀을 '듣고 행하라'는 뜻이다

87   따라서 안식일을 거룩하게 하라는 말이 무엇을 뜻하는지 묻는다면, 이렇게 답할 수 있습니다. 말 그대로 이날을 거룩하게 지키라는 것입니다. 그렇다면 '거룩하게 지킨다'는 것은 무슨 뜻일까요? 이것은 말과 행위, 그리고 삶을 스스로 거룩하게 유지하려고 힘쓰는 것, 그 이상도 이하도 아닙니다. 본질적으로 보면, 특정한 하루만 거룩하게 여기고 인위적으로 거룩하게 만들 필요는 없습니다.[39] 왜냐하면 모든 날(일상의 시간)이 본래 거룩하게 창조되었기 때문입니다. 그러나 하나님께서는 이날에 우리가 거룩하게 되기를 원하십니다. 그러므로 이날이 거룩하게 되고 안 되는 것은 이날 자체에 있는 것이 아니라, 우리의 거룩한 행동 유무에 달려 있습니다.

---

38 원문은 'Feiertag'로, 말씀의 축제가 있는 날 곧 예배의 날을 뜻한다.
39 참고로 루터는 칭의와 성화를 구분하지 않는데, 멜란히톤이나 칼뱅이 하듯 그렇게 구분할 필요가 없다고 보았다.

88 그러면 '나 스스로 거룩하게 된다'는 뜻일까요? 아닙니다. 거룩하게 된다는 것은 사람이 난로 뒤에 앉아서 좋은 옷을 입고 꽃단장한 채로 아무 일도 하지 않는 것과 다릅니다. 앞서 언급한 대로, 거룩하게 된다는 것은 하나님의 말씀을 좇아 부단히 살아가는 것을 뜻합니다.

끊임없이 말씀과 함께 사는 것이야말로 안식일 계명의 바른 준수다

89 실로 우리가 그리스도인입니까? 그렇다면 이 안식일을 반드시 지키며 거룩한 일을 행해야 합니다. 다시 말해 매일 하나님의 말씀과 함께 살아가며, 우리의 입과 마음에 말씀을 가까이 두어야 합니다. 그러나 앞서 말한 것처럼 모든 사람들이 다 이만한 시간과 여가를 가질 수는 없습니다. 그렇기에 청소년들을 위하여 한 주간에 몇 시간, 그리고 모든 사람이 이 일에 집중할 수 있는 최소한의 시간인 '하루'를 사용해야 합니다. 특히 이 시간에 십계명, 신조, 주기도를 살피고 우리의 전 삶이 하나님의 말씀을 향해 서 있도록 해야 합니다.

90 태아를 몸 안에 품듯 끊임없이 말씀과 함께 살아가는 것이야말로 안식일 계명의 바른 준수라고 할 수 있습니다. 그렇지 않다면 이날은 그리스도인의 축제일이 아닙니다. 말씀

의 축제일인데도 말씀 들음과 행함 없이 교회 안에서 노래
하고 소란 떠는 데만 열광적인 종교인들이 있습니다. 그렇
게 행동하는 사람들은 이날에 파티를 가거나 여가생활을
즐기러 떠나는 비그리스도인의 생활태도와 별반 다를 바
없습니다. 이런 모습은 이 계명을 거스르는 것입니다.

오직 하나님의 말씀만이 우리를 거룩하게 만든다

91   하나님의 말씀은 '모든 거룩한 것'[40] 이상으로 참으로 거
룩합니다. 이는 실로 모든 그리스도인이 '거룩하다'고 인
식하고 소유하고 있는 유일한 거룩한 것입니다. 그러므로
우리가 성자들의 유골이나 옷을 한곳에 쌓아 놓는다고 할
지라도, 그것들은 우리에게 아무런 도움이 되지 않습니다.
왜냐하면 그것들 모두 죽은 것이기 때문입니다. 그런 것들
로는 어느 누구도 거룩하게 만들 수 없습니다. 그러나 하
나님의 말씀은 모든 것을 거룩하게 만들 수 있는 보배입니
다. 말씀이 모든 성도를 거룩하게 만듭니다.[41]

92   하나님의 말씀을 가르치고 전하고 듣고 읽고 깊이 숙고하

---

40   당시 '모든 거룩한 것'(Heiligtümern)은 가톨릭의 성유물들을 지칭한다.

41   루터는 『대교리문답』 신조 제3조 성령 해설에서 이를 더욱 분명히 밝힌다. "성령은 말씀을 선포
하고 그 말씀으로 우리를 움직이게 합니다. 말씀을 통해 사람의 마음을 비추고 불을 붙이며, 머리로
깨닫고 가슴으로 받아들여서, 말씀에 기대어 말씀과 함께 살게 합니다."

며 실천할 때, 그분의 말씀은 각 사람의 인격과 시간과 행위들을 거룩하게 만듭니다. 눈으로 보이는 행위가 우리를 거룩하게 만드는 것이 아니라, 말씀이 그 모든 것을 거룩하게 만듭니다. 그래서 사람들이 저에게 매번 어떻게 하면 하나님의 마음에 드는지 또는 거룩하게 되는지 물을 때마다, 우리의 모든 삶과 행위가 말씀 가운데 서 있어야 한다고 강조해 왔습니다. 이렇게 할 때 안식일 계명이 지켜지고 성취됩니다.

93   이와 반대로 하나님의 말씀과 관계없는 행동이나 처사라면, 그 어떤 것이라고 할지라도 하나님 앞에서 거룩하지 않습니다. 겉으로 보기에 제아무리 훌륭하고 찬란하다 할지라도, 심지어 거룩하다 칭송받는 성유물이라 할지라도 마찬가지입니다. 또한 하나님의 말씀이 무엇인지도 모르면서 스스로 거룩한 행동을 추구한다고 자랑하는 '자칭 성직자'들도[42] 마찬가지입니다.

---

42 수사나 수녀를 뜻한다. 이들은 당시 세상의 일반인들과 '구별된 거룩한 직분자'(Stand der Vollkommenheit)로 여겨졌다.

94   이것을 반드시 명심해야 합니다. 이 계명이 가진 힘과 능력은 쉬며 즐기는 데 있지 않고 '거룩'에 있습니다. 그러므로 이날은 특별한 방법으로 거룩함을 연습하는 날입니다. 다른 일과 업무들의 경우, 행하는 사람이 먼저 거룩하지 않고는 거룩한 일이라 불리지 못합니다. 그러나 앞서 말한 대로, 여기서는 하나님의 말씀만이 거룩하기 때문에 말씀을 준행하는 일을 통해 각 사람이 거룩하게 됩니다. 그러므로 예배 장소, 시간, 인원 및 모든 예배의 순서는 하나님 말씀의 능력이 밝히 드러나도록 구성되어야 합니다.

하나님의 말씀을 듣지 않는다면 안식일의 거룩함은 사라진다

95   모든 것은 하나님의 말씀에 달려 있습니다. 그렇지 않다면 안식일을 거룩하다 말할 수 없습니다. 그러므로 하나님께서 이 계명을 엄격하게 지키라 하신 뜻을 명심해야 합니다. 하나님은 당신의 말씀을 하찮게 여기거나, 듣지 않고 배우려 하지 않는 자들, 특히 말씀 시간에 그렇게 건성으로 행동하는 자들을 반드시 벌하십니다.

96 안식일을 무시하고 오용하면서 거룩히 지키지 않는 것만 계명을 거스르는 것이 아닙니다. 예를 들어 부귀영화를 위한 탐심,[43] 하나님의 말씀을 우습게 여기는 경박함, 술집에서 돼지처럼 만취되어 누워 있는 것도 매한가지입니다. 여기에 덧붙이자면, 말씀을 무가치하게 여기는 다른 여타의 행동들도 마찬가지입니다. 예를 들어 습관적으로 설교를 들으며 일 년 내내 왔다 갔다만 하는 사람들의 경우, 일 년 전보다 죄가 더 커졌다고 할 수 있습니다.

97 이제껏 사람들은 일요일에 예배 참석하고 복음의 말씀을 읽고 듣기만 하면 안식일을 잘 지킨 것이라고 말했습니다. 그런데 그동안 그 어떤 사람도 하나님의 말씀이 무엇인지 의문을 갖지 않았고, 바른 말씀이 무엇인지 제대로 가르치지도 않았습니다. 그러나 이제 우리는 하나님의 말씀을 손 안에 넣게 되었습니다.

98 그러므로 이제껏 안식일에 습관적으로 해왔던 일들, 곧 진지함과 세밀함 없이 설교하고 권면하고 들어 왔던 안식일의 모든 오용을 털어 버려야 합니다. 이것을 기억합시다. 말씀을 듣기만 할 것 아니라 배우고 지켜야 합니다. 이 말

---

43 탐심에 해당하는 독일어 'Geiz'는 자기 육체의 소욕을 위한 욕심을 뜻한다. 이는 말씀과 성례전이 있는 예배를 자신의 성공과 부귀영화를 위해 오용하는 기복적 신앙에서 두드러졌다.

씀은 이래도 좋고 저래도 좋은 것이거나 하찮은 것으로 여길 만한 성질의 것이 아니라, 바로 하나님의 계명입니다. 그렇기에 하나님은 우리가 당신의 말씀을 어떻게 듣고 배우고 실천하고 있는지 반드시 물으실 것입니다.

말씀을 듣고서 잘난 체하는 자들은 안식일의 거룩을 범하는 자들이다

99   마찬가지로 아래에서 언급하게 될 더러운 영들도 저주받을 것입니다. 설교를 한두 차례 듣고서 '내가 이미 다 알고 있는 내용이니 더 이상 듣거나 배울 필요가 없다'고 생각하며 잘난 체하는 사람들은 마땅히 벌을 받아야 합니다. 이것이야말로 죽을죄로 꼽혔던 죄목입니다. '아케디아'*acedia* 곧 '게으름'과 '타성'의 죄입니다.[44] 이것은 참으로 악하고 재앙 같은 것입니다. 악마는 이것으로 사람들의 마음을 미혹하고 꾀어 사로잡습니다. 그러고는 은연중에 하나님의 말씀에서 멀어지게 합니다.

---

44 중세 교회는 일곱 가지 죽을죄에 해당하는 '대죄'를 다음과 같이 꼽았다. 교만(superbia, 교만), 소유욕(avaritia, 인색), 통제할 수 없는 방자함(luxuria, 음욕), 증오(invidia, 질투), 폭식과 폭주(gula, 탐욕), 성냄(ira, 분노), 게으름과 타성(acedia, 나태). 루터는 'acedia'를 이같이 번역했으나, 원래는 그 외에도 '변덕', '가치를 모름' 등 여러 개념이 포함되어 있다. 참고. 괄호 안의 표현은 현재 한국 가톨릭 교회가 사용하는 번역이다.

축제의 날을 경홀히 여기고 하나님의 말씀을 듣지 않는 자는 악마에게 떨어진다

100 이것만큼은 당신에게 꼭 말해야겠습니다. 비록 당신이 만물박사라 해도 당신은 여전히 매 순간 악마의 통치 아래 놓여 있습니다. 악마는 밤낮 쉬지 않고 우리에게 몰래 다가와 마음속에 불신과 악한 생각들을 심습니다. 그리하여 이제껏 제가 가르쳤던 것과 하나님의 계명을 거스르게 합니다. 그렇기에 하나님의 말씀이 늘 마음과 입과 귀에서 떠나지 않도록 해야 합니다. 왜냐하면 마음이 한가하고 말씀이 귓전을 때리지 않으면 악마가 침입할 것이고, 당신이 깨닫기도 전에 당신 영혼에 상처를 남길 것이기 때문입니다.

101 반대로 말씀을 진지하게 생각하고 듣고 실천하면, 말씀의 능력은 반드시 열매를 맺습니다. 하나님의 말씀은 우리에게 늘 새로운 이해와 새로운 기쁨, 새로운 경건을 일깨워 주며 순전한 마음과 생각을 창조합니다. 왜냐하면 말씀은 게으르거나 죽어 있는 것이 아니라, 힘과 생명이 있기 때문입니다.

102 악마는 다른 관심이나 필요를 만들어 내서 우리가 말씀에 이르지 못하도록 방해할 수도 있습니다. 그러나 하나님의

말씀은 악마를 몰아내고 사냥합니다. 게다가 그 말씀이 모든 사람으로 하여금 안식일을 거룩히 지키도록 합니다. 그러므로 이것이야말로 하나님이 다른 어떤 빛나는 위선보다 더 기뻐하시는 것임을 알아야 합니다.

제4계명

지금까지 우리는 세 가지 계명을 배웠습니다. 이것들은 모두 하나님을 향한 계명입니다. 첫째 계명은 살아 있는 동안 온 마음으로 하나님을 신뢰하고 두려워하고 사랑하라는 것입니다. 둘째 계명은 하나님의 거룩한 이름을 거짓이나 악한 일에 오용하지 말고, 하나님을 향한 찬양과 이웃의 유익과 천상의 복을[45] 위해 선용하라는 것입니다. 셋째 계명은 안식하며 축제하는 날(안식일)에 관한 것입니다. 이 날은 하나님의 말씀을 가까이 하며, 우리의 모든 행위와 삶을 말씀에 따라 움직이도록 힘써야 한다는 것입니다. 이제 일곱 계명이 남았습니다. 이 계명들은 모두 우리의 이

---

45 원문은 'Seligkeit'로, 통상적으로 완전한 치료, 해방, 건져짐, 복 등이 가득한 '지복'의 상태를 의미한다. 이런 것들은 세상에서 만들 수 있는 '행운'과는 성격이 다르고, 성경에서는 일반적으로 '하나님 나라'와 관련하여 사용한다. 예수님의 산상설교(마 5장)에 나오는 팔복이라든지, 복의 선언(축도)이 전형적인 예다.

웃과 관계된 것들입니다. 그중에서 가장 중요하고 으뜸이
되고 우선되는 계명은 이것입니다.

104   **"네 부모를 공경하라."**

105   부모의 지위는 다른 어떤 지위보다 특별하고 우월합니다.
하나님은 단순히 부모를 사랑하라고 하지 않고 "공경하
라"고 명하십니다. 형제와 자매, 이웃에 대한 계명을 보면
모두 사랑하라는 명령 외에 아무 말도 덧붙이지 않았습니
다. 그러나 하나님은 아버지와 어머니를 이 땅에 있는 다
른 모든 사람과 구별하고 구분해서, 하나님 바로 옆자리
를 두고 이 계명을 가르치십니다. 그러므로 부모를 공경하
십시오. 공경하는 것은 사랑하는 것보다 훨씬 귀합니다.

106   공경한다는 말은 이미 사랑한다는 뜻을 포함하고 있습니
다. 더 나아가 이 말에는 겸손이 들어 있고, 존경하며 두려
워한다는 뜻도 담겨 있습니다.

107   공경하라는 것은 단순히 부모에게 친절하고 공손한 말로
대하라는 말이 아닙니다. 무엇보다 온 마음과 정성을 다해
부모를 대하고 그렇게 행동하면서 하나님 다음 자리에 계
신 높은 분으로 여기라는 것입니다. 온 마음으로 공경해야
할 사람을 높고 위대한 분으로 존경하는 것은 당연합니다.

108 그러므로 젊은이들은 부모를 '하나님의 대리자'로 여기십시오. 부모가 아무리 힘없고 보잘것없으며, 가난하고 무기력하고 특이하다 하더라도, 하나님이 (선물로) 주신 분들임을 기억하고 마음에 새기십시오. 처신이나 행동에 결점이 있다 하더라도 부모가 가진 영예는 없어지지 않습니다. 부모가 가진 인품을 보지 말고, 부모의 지위를 창조하고 임명하신 하나님의 뜻을 보십시오. 하나님의 눈으로 보기에 실로 우리 모두는 동등합니다. 그러나 이것을 명심하십시오. 사람 사이에 위아래는 없습니다. 다만 창조 질서에 따른 구분은 엄연히 존재합니다. 그러므로 부모를 공경하라는 하나님의 명령은 "너는 나를 아버지로 여겨 순종하라. 내가 너를 다스린다"는 뜻입니다.

109 그러므로 첫째, 부모 공경이 무엇인지, 그리고 이 계명이 무엇을 요구하는지 배우십시오. 그리고 부모를 이 세상에서 가장 귀한 보배로 여기고 존중하십시오.

110 둘째, 부모에게 말을 할 때는 공손한 언어를 사용하고, 고집 피우거나 속을 긁는 말은 삼가야 합니다. 비록 부모의 언행이 심해도 침묵하고, 대신 부모의 권리를 인정해 그대로 두십시오. 셋째, 당신의 몸과 물질을 사용하여 부모 공경을 증명하십시오. 부모가 늙고 병들고 힘이 없고 가난할

때, 섬기고 돕고 돌보아야 합니다. 사람이라면 이 모든 것을 기꺼이 해야 할 뿐만 아니라 순종과 겸손으로 행해야 합니다. 이 모든 행동은 하나님을 향한 일입니다.

111   이것을 알고 전심으로 행하는 자는 부모를 곤란에 처하게 두거나 굶주리지 않게 하는 반면, 부모를 떠받들고 항상 곁에 두어 자기가 가진 모든 재산과 능력을 함께 나눌 것입니다.

이 계명을 주신 분이 하나님이라는 사실을 명심하라

112   다음으로 넘어갑시다. 자 이제, 잘 보고 주목합시다. 아이들에게 이 계명이 얼마나 크고 귀하며 거룩한 일로 주어졌는지요? 그런데 유감스럽게도 사람들은 부모 공경의 계명을 무시하고 바람에 흩날려 버렸습니다. 아무도 하나님이 주신 이 계명을 심각하게 여기지 않고 있습니다. 그러나 분명, 이것은 거룩한 하나님의 말씀이며 훈계입니다. 만일 이 계명을 하나님의 말씀으로 여기고 그대로 사는 사람이라면, 분명 거룩한 사람임에 틀림없습니다. 이 말은 곧 수도원 생활을 하거나 무슨 거룩한 영적 직분을 얻기 위해 애쓸 필요가 없다는 뜻이기도 합니다. 그러므로 자녀들이 이 계명 위에 바로 서고 하나님 앞에서 양심에 따라 행동

하여 이렇게 말하도록 가르치십시오. "선하고 거룩한 최선의 행동은, 모든 것을 다하여 내 부모를 공경하고 순종하는 것입니다. 그 이유는 하나님이 친히 말씀하셨기 때문입니다."

113 "하나님이 명하신 것은 나 자신이 생각한 어떤 것과 비교할 수 없이 귀합니다. 또한 하나님보다 높고 훌륭한 선생^{Meister}을 그 어디서도 찾을 수 없습니다. 그렇기에 그분의 가르침보다 훌륭한 가르침이 없다는 것을 나는 확신합니다. 사람이 바르고 선한 일을 하려고 할 때, 하나님은 나에게 무엇을 해야 할지 풍성히 가르쳐 주십니다. 하나님의 명령을 준행하는 그곳에서 하나님의 기쁨이 드러납니다. 하나님이 이 계명을 주셨고 그분이 가장 좋은 것으로 이 계명을 주셨다는 사실을 아는 한, 나는 당연히 이 계명을 준행할 것입니다."

114 보십시오. 믿음의 아이를 이렇듯 바르게 가르치고 복되게 교육할 수 있지 않을까요? 부모 곁을 지켜 섬기고 순종하면, 그곳에서 선하고 기쁜 것들을 누릴 수 있게 됩니다. 그런데 사람들은 이렇게 양육하지 않았고, 더 나아가 하나님 계명의 중요성을 강조하지 않고 쉽게 무시하고 간과해 버렸습니다. 그 결과, 아이들조차 이 계명을 너무 쉽게 생각

해 버리고 말았습니다. 그러는 동안 아이들은 (필요한 것을) 하나님께 구할 생각은 하지 않고, 부모가 가져다주는 것만 쳐다보며 입만 벌리는 지경이 되었습니다.

부모 공경은 해도 되고 안 해도 되는 것이 아니라, 하나님의 명령이다

115   그러므로 이제 다시 하나님의 뜻을 배워 가르칩시다. 젊은 이들이 하나님을 바르고 선한 일로 섬기려고 한다면, 다른 모든 것은 제쳐 두고 이것부터 가르쳐야 합니다. 자기들이 하고 싶은 일들은 내려놓고, 아버지와 어머니가 무엇을 좋아하는지 살피고 행동하라고 하십시오. 이것이 젊은이들에게 가장 으뜸 되는 하나님의 계명입니다. 하기 싫고 지겨울지라도 이 진리를 알고 실천하는 자녀는 진정 큰 위로를 얻어 기쁘게 자랑하게 될 것입니다. "보십시오! 저는 이 일이 하늘에 계신 내 하나님 마음에 합한 것인 줄 확신합니다."

116   자녀들로 하여금 크고 힘들고 어려운 일들이 산더미같이 쌓인 곳으로 가보라고 하십시오. 그런 다음 부모 공경보다 더 크고 귀한 일을 어디서 찾을 수 있는지 자신 있게 말해 보라고 하십시오. 하나님은 그분의 권위에 "순종하라" 명하십니다. 그러고는 하나님 다음 자리에 부모를 앉혀 놓고

"부모에게 순종하라" 명하십니다. 하나님의 말씀과 뜻을 가장 귀한 것으로 여긴다면, 당연히 부모의 뜻과 말씀도 그만큼 귀합니다. 물론 부모 공경도 하나님 공경에 종속된 계명이며, 앞에 나온 계명들과도 대립되어서는 안 된다는 사실을 잊어서는 안 됩니다.

이 계명을 따르는 자녀는 수도사의 그 어떤 거룩한 행위보다 거룩하다

117   진심으로 기뻐하고 하나님께 감사하십시오. 하나님은 당신을 선택했고 귀하게 만드셨습니다. 그러므로 하나님께 합당하고 귀한 일을 행하십시오. 비록 사람들이 이 계명을 하찮게 여기고 무시하더라도, 당신만큼은 이 계명을 크고 귀한 것으로 여기십시오. 그 이유는 우리의 가치 때문이 아니라 이 계명이 보석과 거룩한 보물 안에 담겨 있기 때문입니다. 다시 말해, 이 계명은 하나님의 말씀과 계명들 가운데 들어 있기 때문입니다.

118   아! 얼마나 비싼 대가를 카르투지오 수도사들이 치르고 있습니까? 하나님의 계명을 준수한답시고 행하는 영적인 일들이 어디 하나라도 하나님 앞으로 가져갈 만한 것들이 있기나 한지요? 그래 놓고서는 자기들끼리 기쁜 마음으로 이렇게 말합니다. "이 일을 하나님께서 얼마나 기뻐하실

까!"도대체 하나님이 만드신 세상천지에 이런 가련한 사람들이 또 있을까요? 그들은 부모 공경의 계명을 지키며 살아가는 어린아이 앞에서조차 민망함으로 얼굴을 붉히게 될 것입니다. 차라리 수도사들이 자기 인생 전체를 돌아보면서 "하나님! 내 인생을 돌아보니 당신께 드릴 물 한 모금조차 없었습니다"라고 고백해야 되지 않을까요?

119   결국 수도사들 스스로 고안한 행위들은 이런 악한 부조리를 만들게 되었고, 하나님의 계명을 경시하기에 이르렀습니다. 그들은 이런 것을 지키느라 그 대가로 고통받고 조롱받는 것을 피할 수 없게 되었습니다.

이 계명은 수도원이 만든 것이 아니라 하나님의 말씀이며 명령이다

120   그러나 마음속에서부터 우러나는 일이라면 어떤 일을 하건 기쁘지 않을 까닭이 있을까요? 이렇게 말할 수 있겠죠! "보라, 이것이야말로 죽도록 금식하고 끊임없이 기도하는 카르투지오 수도원의 모든 거룩함보다[46] 더 귀하지 아니한가?"이렇게 자신 있게 말할 근거를 우리는 가지고 있습니다. 당신은 확실한 (성경) 본문과 하나님이 주신 증거를 가

---

46 이 문장에서 루터가 말하는 카르투지오의 모든 거룩함은 수도사들의 '묵언수행'을 뜻한다.

지고 있기 때문입니다. 반면에 수도사들은 이런 명령의 말씀을 가지고 있지 않습니다. 그러나 이것을 아무도 믿지 않습니다. 이것이야말로 세상의 비탄이며 비참한 무지입니다. 이 속에서 악마는 거짓된 거룩함과 자기공로의 성적 표로 우리를 더욱 유혹합니다.

121 그 때문에 제가 계속해서 강조하는 것은, 눈과 귀를 열고 악마의 거짓 속삭임에 유혹당하지 않도록 순수한 하나님의 말씀을 마음에 새기라는 것입니다. 그렇게만 한다면 아주 선한 열매들을 맺게 될 것입니다. 부모는 보다 많은 기쁨과 사랑과 따뜻한 교제와 존경을 집안에서 누리게 될 것이고, 반면에 자녀들은 부모의 온 마음을 차지하게 될 것입니다.

122 반대로 회초리 자국이 패일 때까지 고집 피우며 자녀의 의무를 다하지 않는다면, 이는 부모뿐 아니라 하나님의 화를 자초하는 일이 됩니다. 이것은 양심이 가져다주는 보물과 기쁨으로부터 눈을 돌린 채 불행의 성을 쌓는 꼴입니다.

123 모든 사람이 불평하듯 세상은 지금 그렇게 흘러갑니다. 어른이나 아이 할 것 없이 제어할 수 없을 정도로 야만스럽습니다. 부끄러움도 존경심도 없습니다. 매를 들지 않으면 움직일 줄 모르고, 온 힘을 다해 뒤에서 헐뜯고 중상합니

다. 그 때문에 하나님은 이런 자들을 모든 불행과 비탄으로 몰고 가며 징벌하십니다.

124 마찬가지로, 거의 모든 세상 부모들은 자기가 해야 할 일이 무엇인지 모르고 있습니다. 그러니 마치 바보가 다른 바보를 가르치는 꼴이 되었습니다. 배운 것이 그런 것이니 자녀도 배운 그대로 따라 삽니다.

부모 공경은 이웃을 향한 금전적 후원이나 선행보다 중요하다

125 이제 이 계명이 가르치고 있는 가장 크고 중요한 주제를 말해야겠습니다. 만일 우리에게 아버지와 어머니가 없다면, 하나님의 계명을 지키기 위해서라도 부모라고 부를 수 있는 나무나 돌이라도 세워 달라고 하나님께 기도해야 마땅할 것입니다. 그런데 지금 하나님은 우리에게 살아 계신 부모를 주시면서 "공경하고 순종하라" 명하십니다. 그렇다면 더욱 순종하고 공경하는 것이 마땅하지 않을까요? 분명히 새길 것은, 이것이 하나님의 계명이라는 사실입니다. 또한 이 계명은 모든 천사들이 기뻐할 일이지만 악마에게는 불편하고 거리끼는 일입니다. 이것은 앞서 언급한 하나님 섬김에 관한 세 가지 계명 다음에 우리가 할 수 있는 최선의 행위입니다.

126   가난한 자를 위한 후원과 이웃을 위한 그 어떤 선한 행동
       들과 비교해도 이 계명은 훨씬 더 귀합니다. 왜냐하면 부
       모라는 지위는 이 땅 위에 세워진 하나님의 대리자 신분이
       기 때문입니다. 이와 같은 하나님의 뜻과 기쁨이 이 계명
       을 기쁨으로 실천하도록 하는 충분한 이유와 자극제가 됩
       니다.

아무리 해도 부모에 대한 고마움을 충족할 수 없다

127   그 외에도 우리가 반드시 드러내 놓고 책임져야 할 것이
       있습니다. 그것은 부모로부터 받은 선한 행실과 모든 행복
       에 대해 감사로 보답하는 것입니다.
128   그러나 악마가 지배하는 세상에서 자녀들은 부모를 안중
       에 두지 않습니다. 이는 마치 우리 모두가 하나님을 잊고
       사는 것과 같습니다. 하나님이 우리를 어떻게 먹이고 지키
       고 보호하는지, 그리고 영육 간에 그 많고 좋은 것들을 어
       떻게 주시는지 누구도 진지하게 생각하지 않습니다. 특히
       불행한 시간이 엄습해 오면 우리는 성급히 화를 내고 불평
       합니다. 그러고는 평생에 받은 축복을 깡그리 잊어버립니
       다. 이처럼 부모에게도 똑같이 대합니다. 이것을 인식하고
       마음에 새기며 사는 자녀는 아무도 없습니다. 이런 마음을

주시는 이는 성령입니다.

129 하나님께서는 세상의 악함을 잘 아십니다. 그 때문에 하나님은 우리에게 계명을 통해 기억하게 하시고 부모 공경을 실천하도록 하십니다. 각자 부모님이 당신에게 무엇을 해 주셨는지 진지하게 돌아보십시오. 그러면 우리 육체와 생명이 부모로부터 나왔고, 게다가 먹이고 입혀 주기도 했다는 것을 알게 될 것입니다. 이렇게 생각하지 않는 사람이라면, 그는 온통 부정함으로 가득 차 저주받은 자일 것입니다.

130 옛 지혜자들의 말은 분명 옳습니다. "신, 부모, 스승의 다함없는 은혜는 갚을 길이 없다."[47] 이렇게 생각하는 사람은 하지 말라고 해도 진심으로 부모를 존경하고 떠받들게 되어 있습니다. 그 이유는 하나님이 부모를 통해 자기를 축복해 주신다는 것을 알기 때문입니다.

이 계명의 복된 약속은 우리를 움직인다

131 이 모든 것 이상으로 계명을 지키도록 하는 큰 자극제가

---

47 원문은 'Deo, parentibus et magistris non potest satis gratiae rependi'이다.

있습니다. 그것은 이 계명에 덧붙여진 하나님의 복된 약속입니다. "그리하면 네 하나님 여호와가 네게 준 땅에서 네 생명이 길리라."^{출 20:12}

132 당신은 이 구절에서 하나님이 이 계명을 얼마나 진지하게 여기는지 깨닫게 될 것입니다. 여기서 명시적으로 말씀하시는 것은 단지 이 계명을 마음에 두고 기뻐하며 즐거워한다는 것만 뜻하지 않습니다. 여기에 덧붙여 우리가 복되게 장수하기를 바라십니다. 그리하여 우리의 삶이 좋은 것으로 가득하게 하며, 유연하고 달콤한 인생을 최대한 누리도록 하는 것이 이 계명에 담긴 뜻입니다.

133 그 때문에 사도 바울은 에베소서 6:2-3에서 이렇게 강조하며 찬송합니다. "네 아버지와 어머니를 공경하라. 이것은 약속이 있는 첫 계명이니 이로써 네가 잘되고 땅에서 장수하리라." 물론 다른 계명에도 (복된) 약속이 담겨 있습니다. 그러나 그 어떤 계명도 이 계명만큼 분명하게 표현된 것은 없습니다.

부모를 공경하지 않는 자, 하나님이 징벌하신다

134 이제 이 계명의 열매와 보상이 무엇인지 봅시다. 여기서 당신이 알아야 할 것은 이것입니다. 이 계명을 준수하는

자는 복된 일상과 행복과 번영을 누리게 될 것입니다. 거꾸로 말하면, 이 계명을 준수하지 않는 자는 하나님의 징벌을 면하지 못할 것입니다. 그런 사람은 서서히 멸망으로 치닫게 되어 기쁨을 상실하게 될 것입니다. 그 이유는 "장수하리라"는 성경말씀은 단지 오래 산다는 뜻만이 아니라, 장수하며 누리게 될 모든 좋은 것을 소유한다는 뜻을 담고 있기 때문입니다. 즉 건강, 아내와 자녀, 양식, 평안, 좋은 정부 등을 가지게 된다는 의미입니다. 이런 것이 없다면 인생은 재미도 없고 오랫동안 유지될 수도 없기 때문입니다.

135 당신이 부모에게 순종하기 싫다면, 차라리 사형집행인에게 복종하는 편이 낫습니다. 그것도 싫습니까? 그렇다면 차라리 '뼈를 늘어뜨리고 다니는 전령'에게[48] 복종하십시오. 그의 이름은 '죽음'입니다.

136 단언컨대, 이 계명의 의도는 하나님을 섬기는 것입니다. 하나님께 순종하며 그분께 사랑과 섬김을 증명하든지, 아니면 그분을 노엽게 해보십시오. 순종하는 자에게는 좋은 것으로 넘치게 갚아 주실 것이며, 노엽게 하는 자에게는

---

48 원문은 'Streckenbein'으로, '잡아당겨뜨리다'(Strecken)와 '뼈, 다리, 골수'(Bein) 두 용어가 결합된 단어다. 일반적인 단어는 아니지만 루터는 이 단어를 비유적으로 사용하면서 '죽음의 전령'을 상상한 것으로 보여진다. 이 단어는 『대교리문답』 이외에서도 발견된다. 예를 들어 "죽음의 전령이 오면 재산이나 권력도 아무런 도움이 안 된다"("Wenn Streckebein kommt, so hilft Gut und Gewalt nichts", WA, I, 534a).

사형집행인을 보내어 죽음으로 갚으실 것입니다.

137 매일 수많은 악당들이 목 매달리고, 목이 잘리고, 환형에[49] 처해집니다. 불순종이 아니라면 도대체 어디에 원인이 있을까요? 이들은 선한 행실을 배우며 자라지 못했고, 그로 인해 우리가 보는 대로, 불행과 낙망이라는 하나님의 징벌을 받게 되었습니다. 이런 사악한 사람들이 천수를 다 누리고 사는 경우는 아주 드문 경우입니다.

부모에게 순종하는 자, 하나님이 갚으신다

그러나 경건하고 순종하는 사람은 복을 받습니다. 이미 위에서 언급했다시피, 이들은 오래도록 평안 가운데 장수하며 삼사 대에 이르는 자손을 보게 됩니다.

138 어떤 곳에 가면 자녀들이 잘되고 많은 자녀를 둔 오랜 가문을 볼 수 있을 것입니다. 이것은 그 가정이 바르게 자녀들을 양육하고 그들의 부모를 잘 섬겼기 때문입니다. 반면에 시편 109:13은 하나님 없이 사는 자들에 대해 이렇게 기록합니다. "그의 자손이 끊어지게 하시며 후대에 그들의

---

49 환형(Rädern)은 중세 시대부터 19세기 중반까지 통용되었던 유럽의 사형집행 종류 중 하나다. 일종의 능지처참형에 해당하는 것으로, 살인자나 강도로 판결이 되었을 경우, 마차 바퀴에 매달아 극심한 고통 중에 죽음을 맞게 하였다.

이름이 지워지게 하소서."

139 그러므로 하나님 순종의 가르침이 얼마나 중요한지 잘 배우십시오. 하나님은 순종을 높이 여기시고 기뻐하시며 풍성히 갚아 주십니다. 한편 이것을 거스르는 자들에게는 매우 엄격하게 벌하십니다.

140 이 모든 것을 말하는 이유는 바른 자녀 교육을 위해서입니다. 교황주의자들 밑에서는 이 계명이 얼마나 필요하고 중요한지에 대해 이제껏 아무도 경청하지도 배우지도 믿지도 않았습니다. 모두들 그저 평이하고 단순한 말로 여겼습니다. 그래서 이 계명을 건성으로 여겨 겉돌다가 멍하니 엉뚱한 것을 가르치고 배웠습니다. 이 계명을 경시하게 되면 하나님을 얼마나 노엽게 하는지 사람들은 깨닫지도 믿지도 않습니다. 그리고 이 계명을 귀하게 여기고 지키는 자를 하나님이 얼마나 기쁘게 여기시는지도 마찬가지입니다.

이 계명은 부모에 해당하는 모든 윗사람에게도 적용된다

141 이 계명을 가르치면서 '순종'과 관련하여 좀 더 말해야겠습니다. 순종이란 명령하고 다스리는 윗사람을 향한 태도

입니다. 그러므로 세상의 다른 모든 권세는[50] 부모의 권위로부터 흘러나온다고 말할 수 있습니다. 아버지가 아이를 혼자 기를 수 없을 때 교사에게 위탁하여 가르칩니다. 만일 그가 무력하면 친구나 이웃을 불러 도움을 받습니다. 또한 그가 죽으면 자녀의 관리와 책임은 이를 위해 임명된 다른 사람에게 넘겨집니다.

142 이와 같은 방법으로 아버지는 수하에 있는 식솔들, 남종과 여종들을 보살핍니다. 그러므로 '주인'Herr으로 불리는 모든 사람은 부모의 위치에 서 있습니다. 그들은 보살필 수 있는 힘과 권세를 부여받은 사람들입니다. 그 때문에 성경에서는 이들을 모두 '아버지'Vater라 부릅니다. 이런 이유로 이들은 공적 관리를 수행하며 아버지의 임무를 다해야 하고, 아랫사람들에게는 아버지다운 마음을 가져야 합니다. 예로부터 로마인과 다른 나라 사람들은 집주인과 그 부인을 '가정의 아버지와 어머니'patres et matres familias로 불렀습니다.

---

50 원문은 'Obrigkeit'로 '세속적 권위'를 뜻한다. 여기에는 규정되지 않은 모든 조직의 서열도 포함된다. 본문에서는 '권세'와 '권위'로 구분하였지만 원문에서는 동일한 단어가 사용된다. 루터는 모든 세속 권세도 하나님으로부터 나온 것으로 이해했기에 동일한 단어를 사용한다. 다만, 루터는 세속 권세에 대한 무조건적인 수용과 복종만을 말하지 않고 그 한계는 분명히 가르친다. 이는 루터의 1523년도 글 '세속 권세, 어디까지 복종할 것인가'(Von weltlicher Obrigkeit, wie weit man ihr Gehorsam schuldig sei)와 농민전쟁(1525)에 관한 루터의 태도(Wider die Mordischen und Reubischen Rotten der Bauern), 이듬해(1526)에 나온 회고의 글(Ob Kriegsleute auch in seligem Stande sein können)과 1530-1532년까지 행해진 '산상설교'를 통해 유추할 수 있다. 통전적으로 보면, 루터는 '율법과 복음'의 긴장관계를 '세상 정부와 교회'의 선상으로 확장하여 적용한다. 하나님의 왼팔과 오른팔로 비유하면서 상호보완적으로 설명하지만, 이 땅에 있는 한 그 어느 것 하나도 독점권을 갖지 못한다. 이는 '산상설교'(1530-1532)를 통해 더욱 잘 드러나는데, 어떤 경우에도 강압적 폭력은 허용되지 않으며, 단지 사랑만이 모든 긴장관계를 해소할 열쇠가 된다.

또 영주와 군주는 '나라를 통치하는 국부'$^{patre\ patriae}$로 불렸습니다. 이런 사실은 그리스도인임을 자부하는 우리를 부끄럽게 합니다. 우리는 그들을 그렇게 부르지도 않거니와 최소한의 예의나 섬김도 없기 때문입니다.

이 계명은 자녀뿐만 아니라 모든 고용인에게도 해당한다

143 자식이 부모에게 기대고 있듯이, 집 안의 모든 가솔들도 마찬가지입니다. 따라서 가솔들은 주인 부부에게 직업상 복종하지 말고, 자기 부모에게 하듯 공경하고 섬겨야 합니다. 해야 할 일을 강압에 못 이기듯 억지로 하지 말고, 즐거움과 기쁨으로 해야 합니다. 이는 앞서 말했다시피 하나님의 계명이며, 하나님이 기뻐하시는 일이기 때문입니다.

144 그 때문에 종들도 하나님의 계명에 상응하는 일을 해야 합니다. 또한 선한 양심을 가진 주인 부부를 그들에게 주시며 얼마나 귀한 일을 주셨는지 기뻐할 줄 알아야 합니다. 사실, 이제껏 사람들은 이런 일들을 외면하고 무시했습니다. 그 대신 성지순례를 다니거나 면죄부를 쫓아다니거나 악마의 이름이 가득한 수도원으로 달려갔습니다. 이것으로 얼마나 많은 손해를 입었습니까? 악마적인 것들은 모

두 악한 양심에서 나온 것들입니다.[51]

집안일을 충실히 감당하는 종은 수도사보다 더 거룩하다

145 만일 이 가련한 사람들의 마음에 이것이 새겨진다면, 여종
은 기뻐 뛰며 하나님을 찬양하며 감사하게 될 것입니다.
여종이 하는 청소는 이제 힘들지 않고, 보상을 받게 될 것
이고, 가장 위대한 성자로 추앙받던 사람들도 받지 못했던
보물을 얻게 될 것입니다. 이것을 알고 자랑스럽게 말할
수 있는 것이야말로 위대한 영광 아닐까요? 그들이 매일
하는 집안일은 수도사들의 엄격한 경건생활이나 성자들과
비교해도 훨씬 거룩합니다.

146 더욱이 당신은 번성하고 잘될 것이라는 약속을 받았습니
다. 이 약속을 따라 산다면 얼마나 복되고 거룩한 삶이 되
겠습니까?

147 신앙은 하나님 앞에 서 있는 자를 거룩하게 만듭니다. 믿음
으로는 오직 하나님만 섬기며, 행위로는 사람을 섬깁니다.

148 여기에 행복이 있고 하나님의 보호와 돌보심이 있습니다.

---

51 여기서 강조점은 하나님의 '소명'(Beruf)이다. 중세인들의 관념에 따르면, 수도사나 성직자만이
하나님의 부르심을 받은 소명자였다. 그러나 루터는 이런 사상을 돌파해 나간다. '세상의 모든 직업은
하나님의 소명이다.' 이 소명론은 직업의 귀천과 서열을 중시하던 중세 직업관과도 날선 대비를 이룬
다. 이로써 루터는 모든 사회 신분의 차등을 혁파하고 소명의 공동체성을 강조한다. 이런 맥락에서 소
명론(직업론)은 만인사제설과 동일 선상에서 이해할 수 있다.

또한 이것을 통해 쾌활한 양심과 하나님의 은총을 받게 됩니다. 하나님의 뜻은 (신앙과 행실로 섬기는) 당신에게 백 배나 더하여 갚는 것입니다. 만일 당신이 신앙으로 순종하면 진짜 '융커'가[52] 될 것입니다. 반대의 경우에는 하나님의 총애를 잃고 진노를 경험하게 될 것입니다. 그다음 마음의 평화가 사라지고, 그 후에는 모든 종류의 역경과 불행 가운데 놓이게 될 것입니다.

149   자, 이 말을 듣고도 감동이 없거나 신앙으로 살겠다는 결심을 하지 않는 사람이 있다면, 망나니와 죽음에게 맡겨 버립시다! 그러므로 가르치는 자는 하나님의 말씀이 농담처럼 되지 않도록 주의하십시오. 하나님이 당신에게 순종을 요구하며 말씀하고 있다는 사실을 명심하십시오. 하나님께 순종하십시오. 그렇다면 당신은 그분의 사랑스러운 자녀입니다. 하지만 그것을 무시한다면, 수치와 불행과 슬픔을 받게 될 것입니다.

---

52 '융커'는 엘베(Elbe) 강 동쪽의 귀족 가문이다. 루터가 융커를 언급하는 이유는, 1521년부터 1522년까지 찬송 「내 주는 강한 성이요」(Ein feste Burg ist unser Gott)의 배경이 되는 바르트부르크(Wartburg) 성에 피신해 있을 당시 '융커'(Junker Jörg)라는 예명으로 활동했던 적이 있기 때문이다. "진짜 융커가 된다"는 말은 '참된 귀족이 된다'는 뜻이다. 이 기간 동안 루터는 신약전서를 독일어로 번역하는 대작업을 단행했고, 1522년 9월 『독일어 신약전서』 초판이 나오게 되었다.

150 동일한 방법으로 세상 정부를 향한 순종도 말할 수 있습니다. 세상 정부는 앞에서 암시한 대로 가장 넓은 의미에서 아버지의 위치에 있다고 볼 수 있습니다. 왜냐하면 이 계명에서 말하는 '아버지'란 단순히 한 가정의 아버지가 아니기 때문입니다. 거주민의 아버지, 시민의 아버지, 종들의 아버지 등 여러 아버지가 있을 수 있습니다. 하나님은 우리에게 육체의 부모를 주신 것처럼 (다른 이름의 아버지로) 세상 정부를 주셨습니다. 하나님은 이들을 도구로 사용하여 우리를 안전하게 하며 의식주와 경작지를 보호해 주십니다. 그러므로 그들은 명예로운 최고의 영광으로 그 이름과 칭호를 사용합니다. 그리고 우리는 그들을 존경하고 높일 의무가 있습니다. 마치 땅에서 발견한 가장 귀한 보물과 비싼 보석을 대하듯 말입니다.

151 세상 정부가 요구하는 것을 기꺼이 실천하고 순종하며 섬김을 다하는 자가 확실히 알고 있는 것이 있습니다. 그것은 하나님이 이 일을 마음에 들어 하시고, 기뻐하시며, 복된 것으로 갚아 주신다는 사실입니다. 그러나 이 일을 사랑의 마음으로 행하지 않고, 무시하고 반항하고 혼란스럽게 떠

드는 자라면, 이 또한 명심해야 할 것입니다. 이런 자는 그 어떤 은총이나 복도 기대하지 마십시오. 일 굴덴[53] 아끼려고 세금과 공과금을 숨기는 자는, 반드시 열 배를 물어내거나 혹은 망나니에게 던져지게 될 것입니다. 또는 전쟁이나 역병, 기근으로 굶어 죽거나, 아니면 자녀들의 불행을 경험하게 될 것입니다. 또는 종들이나 이웃, 나그네와 폭군들의 정의롭지 못한 행동과 폭력으로 피해를 입게 될 것입니다. 우리가 얻고자 행하는 대로 우리에게 돌아오는 것은 마땅한 일입니다.

세상 권세를 두려워하지 않고 스스로 주인 되고자 하는 자는 하나님이 징계하신다

152   다 함께 말해 봅시다. "순종은 하나님 마음에 합한 것이며, 풍성한 보답을 받는다." 이대로만 한다면 우리는 넘치는

---

53 루터 당시 화폐단위는 굴덴(Gulden)이었다. 당시 다른 지역에서도 굴덴이란 화폐단위가 사용되었지만 지역과 시대마다 환산 가치가 상당히 차이가 난다. 루터 시대 굴덴의 가치도 정확한 환산은 어렵다. 다만 1굴덴은 일반 노동자의 약 2-3주치 임금에 해당하고, 비텐베르크 대학교 교수였던 루터는 대략 8굴덴을 받았다. 1굴덴을 오늘날 백만 원 정도로 환산해 본다면, 1-1.5굴덴이던 일반 노동자 월급은 백 만원 조금 넘는 수준이고, 루터의 월급은 800만원(8굴덴) 정도 된다. 당시 성경 필사본 일반 가격은 500굴덴이었는데 원화로 하면 5억원이다. 그런데 인쇄술에 힘을 얻은 루터의 1522년 첫 번째 『독일어 신약전서』(통상 '9월 성서'로 불린다)의 판매가격은 1.5굴덴 곧 백오십 만원이었다. 5억 원짜리 스포츠카가 갑자기 백오십 만원에 판매되는 것처럼 충격적인 일이 벌어진 것이다. 여기서 구텐베르크의 인쇄술이 얼마나 대단한 혁명이었는지 생각해 볼 수 있다. 이런 인기에 힘입어 루터의 독일어 성경은 한 달도 안 되어 초판 3천 부 매진, 1년 뒤 12쇄, 10년 동안 85쇄가 인쇄되었고, 15년 만에 20만부가 팔렸다. 저작권법과 상관없던 시대였기 때문에 모든 수익은 루터가 아닌 인쇄업자들에게 돌아갔다.

보화를 얻게 되며, 우리가 소원하는 것들로 채워질 것입니다. 그러나 사람들은 하나님의 말씀과 계명을 골목 부랑아의 말인 것처럼 무시하고 멸시합니다. 당신도 그렇게 완고하고 무례한 사람 중 하나일 수 있습니다. 만일 하나님이 당신의 이런 행동에 대하여 '행위 그대로 보복하시는 분'이라면, 얼마나 끔찍한 일이 벌어질까요?

153   그러나 하나님은 증오와 불행으로 갚지 않습니다. 오히려 하나님 스스로 당신에게 다가와 화평과 복을 선물하시며 더 나은 삶을 살게 하십니다.

154   그렇다면 무엇 때문에, 지금 이 세상은 이처럼 불신과 불행, 고통과 살인으로 가득할까요? 그 이유는 모든 사람이 자기 스스로 주인이 되려 하거나 자유로운 황제가 되려 하기 때문입니다. 그렇기에 아무도 돌보지 않으려 하고 자기 하고 싶은 충동대로 움직입니다. 이런 이유로 하나님은 가장 못된 자를 다른 사람의 손을 통해 징벌하십니다. 당신이 주인을 속이고 무시하면, 다른 사람이 나타나 당신을 속이고 무시하게 될 것입니다. 당신 집에 속한 부인과 자녀와 가솔들이 열 배로 보복당할 것입니다.

155   우리는 불행을 분명히 느낄 수 있습니다. 또한 불성실과 폭력, 불의에 대해 불평하고 불만을 토로할 수도 있습니

다. 그러나 우리 자신이 호되게 벌을 받아 마땅한 악한들이며, 이 벌로 조금도 개선되지 않고 있다는 점을 스스로 알려고 하지 않습니다. 우리는 호의와 행복을 발로 차 버렸고, 무자비한 불행만 남았습니다. 그런데 이것은 당연한 귀결입니다.

156 이 땅 어딘가에는 경건한 사람들이 있을 것입니다. 그렇지 않다면 하나님이 이토록 많은 것으로 축복해 주실 리 없습니다. 만일 이런 축복이 우리의 공로에 달려 있다면, 집 안에 동전 한 푼 없을 것이고 들에는 지푸라기 하나 남아 있지 않을 것입니다.

157 이제껏 많은 말로 공을 들였습니다. 한 사람이라도 가슴에 새길 것을 소망하면서 이렇게 역설했습니다. 그것은 하나님의 말씀과 뜻을 바르게 배워서 깊은 무지와 불행에서 벗어나고, 진지하게 살도록 하려는 의도 때문입니다. 하나님의 말씀은 우리를 이제로부터 영원까지 기쁨과 행복과 구원을 풍성히 얻도록 인도하십니다.

혈육의 아버지, 집의 아버지, 국가의 아버지, 그리고 영적 아버지

158 자, 이제껏 우리는 세 종류의 아버지 곧 혈육, 집, 국가의 아버지를 이 계명에서 보았습니다. 그 밖에 아직 말하지

않은 가장 중요한 아버지가 하나 더 있습니다. 바로 영적 아버지입니다. 그렇다고 교황주의자들이 말하는 그런 '아버지'papa, Papst가 아닙니다. 영적 아버지라는 말 그대로 하나님의 말씀으로 세움받고 다스리는 사람을 말합니다.

159 예를 들면, 바울 사도가 고린도전서 4:15에서 자기를 자랑스러운 '아버지'로 권면하는 장면을 꼽을 수 있습니다. 바울은 이렇게 말합니다. "예수 그리스도 안에서 내가 복음으로써 너희를 낳았음이라."

160 이들은 아버지이기 때문에 공경받아야 합니다. 심지어 다른 어떤 아버지보다 더 많이 받아야 합니다. 그러나 실상은 거의 그렇지 않습니다. 세상이 그들을 공경하는 방법이라야 고작 빵 한 조각 주는 것도 아까워합니다. 그러면서 삶의 터전을 빼앗고 내쫓는 게 다일 정도입니다. 바울 사도가 영적 아버지들은 "세상의 더러운 것과 만물의 찌꺼기"로 취급받았다고 한 이유가 바로 이런 현실 때문입니다.고전 4:13

161 그러나 그리스도인으로 불리는 사람이라면 이 일을 아주 심각하게 받아들여야 합니다. 그리스도인이라면 자기들의 영혼을 돌보는 영적 아버지를 친절히 대하며 기쁘게 부

양하는 일에 '두 배'나 더 힘을 기울여야 합니다.[54] 이는 하나님 앞에 마땅한 공경의 의무입니다. 하나님은 이를 위해 애쓰는 당신에게 부족함 없이 넉넉히 갚아 주실 것입니다.

162 그러나 이 대목에서 사람들은 손사래 치며 자기변명하기 일쑤입니다. 오직 자기 배를 곯지나 않을까 염려합니다. 그렇다 보니 예전에는 '배불뚝이 열 명'도 충분히 부양했는데,[55] 이제는 '한 사람'의 정직한 설교자도 제대로 섬기지 못하는 형편이 되어 버렸습니다.

163 결국 그 대가를 우리가 그대로 받게 될 것입니다. 하나님은 당신의 말씀과 복을 거두시고 거짓말쟁이 설교자를 세워서, 우리를 악마에게로 인도하여 우리의 피와 땀을 짜내게 할 것입니다.

육과 영의 아버지를 공경하는 자에게 복을 약속하신 하나님께 감사하라

164 그러나 하나님의 뜻과 계명을 받드는 모든 자들에게 주어진 약속이 있습니다. 그것은 육과 영의 아버지에게 기여하고 베푼 모든 것을 하나님이 풍성히 갚아 주신다는 것입니다. 단지 일이 년만 쓰고 없어질 빵과 옷, 돈에 대한 약속이

---

54 참조. 딤전 5:17.
55 종교개혁 이전에 교회의 녹을 받던 교회의 성직자 그룹과 직원들을 통칭한다.

아닙니다. 이것은 오래도록 살게 하는 장수와 그에 따르는 양식과 평화에 필요한 모든 것에 관한 약속입니다. 그래서 이들은 영원히 풍성하고 복되게 살 것입니다.

165 자, 이제 당신의 의무를 이행하십시오. 그다음은 하나님께 맡기십시오. 그분은 필요한 모든 것을 당신에게 넉넉히 주시며 먹이실 것입니다. 이것은 하나님의 약속입니다. 하나님은 이제껏 약속을 신실하게 지켜 오셨습니다. 그러므로 당신에게도 이 약속은 허언이 아닙니다.

166 이 사실을 항상 명심하십시오. 마땅히 공경해야 할 분들을 즐거움과 사랑의 마음으로 품으십시오. 그리고 우리의 손을 높이 들어 기쁨으로 하나님께 감사합시다. 이것은 우리에게 주신 하나님의 확고한 약속이기 때문입니다. 우리는 이 약속을 붙들고 세상 끝날까지 달려가야 합니다. 온 세상이 모든 힘을 다 합친다 해도 인간의 생명을 단 한 시간도 연장시킬 수 없고, 한 톨의 곡식도 자라나게 못합니다. 그러나 하나님은 하실 수 있습니다. 그리고 하나님은 그분 속에서 흘러나오는 즐거움을 우리에게 차고 넘치도록 주실 것입니다. 이것이 하나님의 마음입니다. 이 사실을 하찮게 여기고 바람에 흩날려 버리는 사람은 하나님의 말씀을 한 마디도 들을 가치가 없습니다.

167   이제 이 계명에 대해서는 알아들을 만큼 충분히 설명했습니다. 추가로 위에서 언급했던 바, 육의 부모와 부모로서 직무를 수행하는 공직자와 설교자들에게 당부해야겠습니다. 십계명에 명시적으로 표현된 것은 아닙니다만, 이미 성경의 여러 구절에 있는 내용입니다. 하나님은 이 계명을 통해 이미 부모로 불리는 자들에게 가르침을 주고 있습니다.

168   하나님은 이 직무와 책임을 불한당이나 폭군에게 주기를 원하지 않으십니다. 이 직무가 명예로운 이유는 힘과 권리로 다스릴 수 있기 때문입니다. 그러나 단순히 박수나 받으라고 명예를 주신 것이 아닙니다. 오히려 맡은 자들은 하나님 순종에 대해 철저히 고민해야 합니다. 모든 것 이상으로 자기 맡은 직무를 신실하게 준행하되, 자녀와 가솔과 종들과 그 외에 모든 아랫사람들을 대할 때, 단순히 물질적 부양과 그들의 필요를 충족시켜야 하는 것 이상으로, 하나님을 찬양하고 그분의 이름을 명예롭게 하는 교육을 으뜸으로 삼아야 합니다.

169   그러므로 깊이 고민하십시오. 부모의 직무는 당신의 기호나 감정에 따라 해도 되고 말아도 되는 그런 것이 아닙니다. 이것은 하나님의 준엄한 계명이며 명령입니다. 당신은

하나님 앞에서 책임을 져야 합니다.

어른일수록 젊은이 교육에 책임이 있다

170 그러나 여기에도 심각한 문제가 도사리고 있습니다. 아무
도 이 사실을 진지하게 받아들이거나 주의하지 않는다는
점입니다. 하나님은 우리에게 자녀를 주셨습니다. 그런데
사람들은 그것을 자기 일신의 안락과 즐거움을 위한 것으
로 여깁니다. 또한 종들을 소나 염소처럼 여겨서 일만 시
키고, 또 아랫사람들은 자기 기분에 따라 아무렇게나 이
용해도 된다고 여깁니다. 그들이 무엇을 배우는지, 어떻게
살고 있는지 전혀 관심도 없습니다.

171 이것이 하나님의 명령이라는 점은 추호도 마음에 두지 않
습니다. 하나님은 이 진지한 명령으로 우리를 재촉하며 벌
하겠다고 하셨습니다.

172 또한 우리는 이 계명이 가르치는바, 청소년들에게 교육하
는 것이 얼마나 필요한지도 무시합니다. 우리에게는 섬세
하고 능수능란한 (미래의) 지도자들이 필요합니다. 세상적
이든 영적이든 간에 말입니다. 그렇다면 우리 자녀들이 하
나님과 세상을 섬길 수 있도록, 아이들을 가르치고 교육하
는 일에 우리의 노력과 시간과 경비를 아끼지 말아야 합니

다. 돈과 재물을 쌓는 일에만 몰두해서는 안 됩니다.

173 분명히 하나님께서는 우리의 도움 없이도 우리 자녀들을 먹이고 필요한 것을 풍성하게 공급해 주실 수 있습니다. 사실 그런 일을 매일 하고 계십니다. 그러나 하나님은 그분의 뜻에 따라 양육하고 훈육하라는 명령과 함께 우리에게 자녀를 주시고 맡기셨습니다. 그렇지 않다면 하나님은 '부모'의 직무를 필요로 하지 않으셨을 것입니다.

174 그러므로 각자 명심하시기 바랍니다. 모든 것 이상으로 하나님을 두려워하는 지식으로 자녀들을 양육하십시오. 이 책임을 간과하면 하나님의 은총을 상실하게 될 것입니다. 한 가지 덧붙이겠습니다. 만일 자녀가 타고난 재능이 있다면 배우고 공부할 기회를 주십시오. 그리하여 어디서든 필요한 곳에서 일할 수 있도록 하기 바랍니다.

청소년 교육은 나라의 재산이다

175 이것을 실행하면 하나님은 우리에게 복과 은총을 풍성히 주시고, 이를 통해 나라와 백성에게 더 나은 유익을 가져올 사람들을 더 많이 기를 수 있게 하실 것입니다. 게다가 훌륭히 교육받은 시민들과 정숙하고 사랑스러운 아내, 더 나아가 신실한 자녀와 종들을 끊임없이 길러낼 수 있게 될

것입니다.

176 각자 자신을 잘 돌아보아야 합니다. 당신이 이 점을 소홀히 여겨 자식을 불필요한 인간, 경건하지 못한 인간으로 기른다면, 결국 치명적인 피해를 자초하게 될 것입니다. 당신 스스로 제아무리 경건하고 거룩하다고 해도 잘못된 자녀 교육으로 인해 받게 될 하나님의 진노와 죄의 결과는 당신 자녀에게 미치는 지옥이 될 것입니다.

177 사람들이 이 계명을 등한시하기 때문에 훈육도, 바른 질서도, 평화도 없습니다. 이것이야말로 세상을 향한 하나님의 무참한 징벌입니다. 우리는 모두 이런 상황을 불평합니다. 그러나 이것이 우리 자신의 죄과라는 사실은 보지 못합니다. 덧붙여, 무엄하고 순종하지 않는 아랫사람들을 두게 된 원인도 우리가 그렇게 교육하여 자초한 일입니다.

178 경고는 이것으로 충분할 것 같습니다. 더 자세한 설명은 다음 기회에 하겠습니다.

제5계명

179 **"살인하지 말라"**

180   바로 앞에서 우리는 영적 통치와 세상 통치를 (넷째 계명에
       에 언급된) 아버지의 공적 권한과 연결하여 살펴보았습니
       다. 여기서 관심은 하나님과 세상이 가진 권위에 대한 복
       종의 문제였는데, 이것들은 집안 문제라고 할 수 있습니
       다. 이제는 집안 문제에서 각자 삶 속에서 이웃과 깊은 관
       계를 맺으며 살아가는 이웃의 문제로 옮겨 보려고 합니다.
       이를 통해 우리가 이웃과 어떤 방식으로 살아야 할지 배울
       수 있게 될 것입니다.

181   우선, 이제부터 다룰 '살인 금지' 계명이 하나님께 공적 권
       한을 위임받은 세상 정부와 관계없다는 점부터 짚고 시작
       해야겠습니다. 왜냐하면 하나님은 행악자를 벌할 권리를
       가지셨고, 그 권리를 부모의 자리에 있는 자들에게 위임했
       기 때문입니다. 모세오경을 보십시오.[56] 전에는 부모가 자
       녀들을 법정에 세워 사형을 선고할 수도 있었습니다. 그
       때문에 여기서 살인을 금지하고 있는 내용은 공적 권한을
       가진 자들에게는 해당되지 않고, 이웃과 관계하며 살아가
       는 개인을 위한 것입니다.

---

56 참조. 신 21:18-20.

182 이 계명은 이해하기 쉽습니다. 이미 매년 마태복음 5장을[57] 설교할 때마다 다루었던 내용입니다. 이 말씀에서 그리스도는 이 계명을 요약해 설명하시는데, 손이나 마음이나 입이나 상징이나 몸짓이나 그 외의 것으로도 살인해서는 안되며, 이것을 방조하거나 교사해서도 안 된다고 하십니다. 따라서 이 계명은 이성을 잃고 분노하는 것도 금지한다고 볼 수 있습니다. 그러나 앞서 말했다시피, 이 계명에서 제외된 사람들이 있습니다. 그들은 하나님의 대리자들인데, 부모와 공적 권한을 가진 자들입니다. 분노, 질책, 형벌은 하나님과 그분의 대리인에게 속한 특권입니다. 이 특권은 이 계명과 다른 계명을 범한 자들을 다루는 방법입니다.

이 계명은 이웃을 보호하는 장벽이다

183 이 계명이 필요한 이유와 근거는, 하나님이 잘 아시듯 세상이 매우 악하고 불행으로 가득 차 있기 때문입니다. 그래서 하나님은 선과 악의 경계에 이 계명과 다른 계명들을

---

57 참조. 마 5:21-26.

두셨습니다. 다른 계명들을 범하는 일이 빈번하여 다양한 영적 시련이 발생하듯, 이 계명을 범하는 일에서도 마찬가지입니다. 우리는 우리에게 고통을 주는 많은 사람들 한가운데 살아갑니다. 그래서 원수가 되기도 합니다.

184 예를 들어, 당신이 이웃보다 더 좋은 집과 더 좋은 뜰, 더 많은 재산과 행복을 하나님으로부터 받았다고 합시다. 그러면 이것을 보고 있던 이웃은 험담하고 시기할 것입니다.

악마는 이를 더욱 부추겨 육체든 정신이든 간에 그 어떤 것도 좋게 말하지 않는 원수를 만듭니다. 그런 사람들을 볼 때 어떻습니까? 마음에는 분노가 가득 차고 피가 솟구쳐 올라 복수를 다짐합니다. 그 후 저주와 폭력이 시작되고, 종국에는 재난과 살인이 따라올 수도 있습니다.

185 이런 일에 앞서 하나님은 자비로운 아버지로서 이 일에 개입하여 쌍방의 안전을 위해 싸움을 결말짓도록 간섭하십니다. 간단히 말하면, 하나님은 사람 간에 생기는 악과 폭력으로부터 우리를 지켜 주고, 구출하며, 평화 가운데 머물기를 원하십니다. 하나님은 이 계명을 우리의 이웃에 대한 안전한 보호 장벽과 보루와 도피성으로 삼습니다. 그래서 아무도 육체적 고통과 피해를 입지 않게 하십니다.

186 더 나아가 이 계명은 누구든지 악으로 보복하려는 것을 금지합니다. 비록 벌을 받기에 충분한 사람일지라도 말입니다. 살인만 금하는 것이 아닙니다. 살인을 만들어 낼 수 있는 모든 원인까지 금지하십니다. 실제로 대부분의 사람들은 살인하지 않습니다. 그렇지만 원수의 머리에 저주를 퍼붓습니다. 그것을 그대로 방치하면 결국 그의 생명을 끊게 될 것입니다.

187 이것이 사람의 본성이고 보편적인 정서입니다. 누구도 손해 보려고 하지 않습니다. 그러나 하나님은 증오심의 근원과 뿌리까지 제거하고자 하십니다. 그분은 이 계명을 언제든 볼 수 있는 거울처럼 우리 눈앞에 두어서, 어떤 불의함으로 인해 고통받을지라도 진심어린 신뢰와 기도를 하며 하나님의 뜻을 바라보도록 훈련시키십니다. 그러므로 원수가 날뛰며 화를 낼 때, 하고 싶은 대로 하라고 놔두십시오. 이런 일이 생기면 이 계명을 기억하여 분노를 가라앉히고, 인내하며 부드러운 마음을 갖도록 힘쓰기 바랍니다. 특별히 분노를 돋우는 원인 제공자인 원수가 나타났을 때 더욱 그러합니다.

188 "살인하지 말라"는 이 계명의 내용을 요약하면 이렇습니다. 첫째, 누구에게도 해를 끼치면 안 된다는 것입니다. 우선 입과 행동으로, 더 나아가 그런 것을 은근슬쩍 꺼내 놓거나 부추기지도 말라는 것입니다. 그 외에도 타인을 모독할 수 있는 어떤 수단이나 방법이 있더라도 그런 것이라면 아예 사용하지도 말고, 마음에 품지도 말라는 것입니다. 끝으로 누구에게도 적개심을 품지 말고, 화를 내거나 미워하며 악을 꾀하지 말라는 계명입니다. 이렇게 되려면 육체와 영혼이 책잡힐 것이 없어야 합니다. 특별히 당신에게 악한 마음을 품고 있는 자가 있다면 더욱 그러합니다. 왜냐하면 선을 악으로 갚는 자는 사람다운 사람이 아니라 악마 같은 자이기 때문입니다.

악을 행해야만 살인이 아니고 선을 무시하는 것도 살인이다

189 둘째, 이 계명은 단순히 악행을 금하라는 뜻만 가르치지 않습니다. 더 나아가 이웃에게 선을 행하지 않아 피해를 미연에 방지하지 못하고 미리 보호하지 못할 때, 미리 구하지 못하여 고통과 피해를 입게 되는 것까지 포함됩니다.

190   예를 들어, 당신이 옷을 입힐 수 있는 형편인데도 헐벗은 자를 그대로 두면, 당신은 그를 얼어 죽게 버려둔 것입니다. 배고픔으로 고통당하는 자를 보았는데 먹이지 않는다면, 당신은 그를 굶어 죽게 만든 것입니다. 마찬가지로, 죽음에 직면한 자들이나 그런 위급한 순간에 처한 사람들을 보거나 또는 구할 방법을 알고 있는데도 구하지 않았다면, 당신은 '살인'한 것입니다. 이런 경우에 말로나 행동으로 죽음을 방조한 일이 없다고 변명할지라도 아무 소용이 없습니다. 그 이유는 바로 당신 스스로 사랑의 권리를 제거해 버렸고, 이웃의 생명을 연장하고 누리도록 하는 선행을 스스로 하지 않았기 때문입니다.

하나님은 선을 방조하는 살인자를 심판하신다

191   하나님은 이런 자를 향해 '살인자'라고 부르십니다. 육체와 생명이 위험에 직면한 자에게 도움을 주지 않고 요구를 무시하는 자, 그런 자들에게 하나님은 종말의 때에 끔찍한 길을 가도록 선고하실 것입니다. 하나님은 그리스도를 통해 선포하고 말씀하십니다. "내가 주릴 때에 너희가 먹을 것을 주지 아니하였고 목마를 때에 마시게 하지 아니하였고 나그네 되었을 때에 영접하지 아니하였고 헐벗었을 때

에 옷 입히지 아니하였고 병들었을 때와 옥에 갇혔을 때에 돌보지 아니하였느니라."^{마 25:42~43} 이는 곧 "네가 나와 내 백성들을 굶주림과 목마름과 추위에 죽도록 하였고, 사나운 들짐승에 찢기게 하였으며, 감옥에서 썩고 궁핍 가운데 죽도록 했다"는 말씀입니다.

192 실제로 이웃을 살인하지 않았다 하더라도 이웃을 불행에 빠뜨리고, 그로 인해 죽게 되는 것을 방조했다면, 이런 사람이야말로 살인자이며 피 냄새만 쫓는 사냥개가 아니고 무엇이란 말입니까? 살인자는 그에 대한 책임을 져야 합니다.

이것은 마치 어떤 사람이 깊은 물에 빠져 허우적거리거나, 악천후 한가운데서도 일하고 있거나, 불 속에 있을 때, 내 손을 내밀어 도울 수 있음에도 그렇게 하지 않은 것과 같습니다. 그렇게 도움의 손길을 외면하고도 세상 사람들 앞에서 "나는 살인자도 악당도 아닙니다!"라고 자신 있게 말할 수 있을까요?

끝으로 이 계명은 이웃 사랑과 원수 사랑을 함께 명령한다

193 이 계명에 담긴 하나님의 본래 의도는 아무에게도 해를 입

히지 말고 도리어 선과 사랑으로 모든 사람에게 증명하라
는 것입니다.

194 더 정확히 말하면, 이미 언급했다시피 특별히 "원수에게도
그렇게 하라"는 명령입니다. 왜냐하면 그리스도께서 마태
복음 5장에서 이미 말씀하셨듯이, 친구에게 선을 베푸는
것은 이방인들도 할 수 있는 지극히 평범한 윤리이기 때문
입니다.^{마 5:46-57}

하나님은 수도사들의 공적보다 이 계명을 실천하는 것을 기뻐하신다

195 여기서 재차 하나님의 말씀이 무엇인지 유념해 봅시다. 하
나님은 말씀을 통해 우리가 온유와 인내처럼 바르고 고상
하며 고귀한 행동을 하도록 하시며, 원수에게도 사랑을 베
풀고 선한 행동을 하라고 명령하십니다. 하나님의 말씀은
하나님 자신이 우리의 도움이고 동행자며 보호자라고 선
언하는 첫째 계명을 떠오르게 합니다. 이를 통해 그분은
우리의 복수 열망을 억제하십니다.

196 이것을 새기고 명심한다면, 지금 반드시 준행해야 할 선한
일들이 우리 손에 가득하다는 것을 깨닫게 될 것입니다.

197 그렇다고 수도사가 되라는 말이 아닙니다. 수도사들은 영

적 직무를 심각하게 손상시켰습니다. 카르투지오 수도원에 들어가는 순간, (하나님이 명하신) 참된 선행을 <u>스스로 금지하는</u> 것이 되기 때문입니다. 왜냐하면 이 계명에 따르면, 평범한 그리스도인으로 살아가는 자리가 오히려 더욱 가치가 있기 때문입니다. 그리고 각자 잘 보셔야 합니다. 세상에는 수도사들처럼 거룩을 빙자하여 거짓과 위선을 퍼뜨리는 자들로 가득합니다. 그들은 이 계명과 다른 모든 계명을 바람에 날려 버리고 그런 것들은 필요 없는 것이라고 주장합니다. 그러면서, "거룩함은 계명이 아니라 순전한 권고에서 온다"고[58] 호도합니다. 더군다나 그들은 위선적인 삶을 부끄러워하지도 않습니다. 수도원 생활이 가장 완전한 삶이라고 뻐기고 으스댑니다. 그러나 그곳에는 십자가도 없고 인내도 없습니다. 사람들은 가장 편안한 생활을 위해서 수도원으로 달려갔습니다. 그곳을 누구도 상처받지 않는 장소로 생각하겠지만, 반대로 누구에게도 선을 행할 수 없는 장소입니다.

198 그러므로 바로 아셔야 합니다. 하나님의 계명을 행하는 것이야말로 바르고 거룩하며 신성한 일을 실천하는 것입니

---

58 원문은 'Ratschläge'로, 중세 윤리에서는 '계명'(praecepta)을 '권고'(consilia)와 구분했다. 계명은 모든 사람에게 해당하는 것이고, 권고는 독신, 가난, 순명을 서약한 수도사들을 위한 것으로 가르쳤다. 이에 따르면, 완전한 인간(거룩의 완성)은 십계명의 준수로는 불충분하고 오직 '권고'의 실천을 통해 가능하다. 즉 요약하자면, 하나님의 계명은 권고의 출발점이며, 권고는 '새로운 계명'으로 이해했다. 루터는 이런 중세 스콜라 체계를 정면으로 반박한다.

다. 하나님께서는 이것을 모든 천사들과 함께 기뻐하십니다. 이와 반대로 '거룩'의 이름으로 사람들이 만든 모든 것은 말장난이며 악취가 풍기는 쓰레기에 불과합니다. 결국 이것들은 하나님의 진노와 저주를 받기에 합당한 것들입니다.

제6계명

199   **"간음하지 말라."**

이제부터 나오는 계명은 이웃에게 해를 입히지 말라는 명령이다

200   앞에 언급된 계명을 이해했다면, 이제부터 다룰 계명들은 아주 쉽게 이해될 것입니다. 이하의 계명들은 모두 각종 해악으로부터 우리 이웃을 보호하기 위한 것인데, 놀라울 정도로 잘 배열되어 있습니다. 먼저 (다섯째 계명은) 각 개인과 관련되어 있고, 그다음(여섯째 계명)은 거기서 확장된 관계를 다루는데, 우선 가장 가깝고 아끼는 사람이라고 말할 수 있는 부부관계부터 다룹니다. 부부는 살과 피를 같이하

는 한 몸입니다.[59] 손상된 부부관계만큼 큰 아픔은 그 어디서도 찾을 수 없습니다. 그러므로 자기 아내에게 수치와 해를 끼치지 않는 것이야말로 이웃 사랑의 확장이라고 이 계명은 분명히 가르칩니다.

201 말 그대로 하자면 이 계명은 간음 금지 조항입니다. 이것은 유대인들의 일상에서 아주 당연한 규율이었습니다. 그 때문에 젊은이들은 가능한 한 이른 나이에 결혼했습니다. 따라서 '독신'이라는 말은 없었다고 봐도 무방할 정도였습니다. 사정이 이렇다 보니, 당연히 지금처럼 공공연한 장소에서 볼 수 있는 창녀나 창부도 없었습니다. 그렇기에 유대인 사회에서 모든 부정 중에서도 가장 심각한 부정으로 취급되던 것이 간음입니다.

육체적 간음뿐 아니라 모든 정결치 못한 말과 행위, 생각까지 금하라

202 그러나 우리가 살아가는 세계는 파렴치하고 수치스러운 결합과 악하고 비열한 쓰레기 같은 것들로 가득합니다. 어떤 이름으로 불리든지 간에 이 계명은 정결하지 못한 모든 것을 겨냥합니다. 단순히 보이는 행위만 금하지 않으니

---

59 참조. 창 2:24.

다. 부정한 모든 종류의 원인, 동기, 수단과 방법들을 모두 금지합니다. 그러므로 당신의 마음과 입술, 육체를 정결히 하십시오. 부정한 것에는 틈도 주지 말고 돕거나 장려해서도 안 됩니다.

203 그뿐만이 아닙니다. 이웃이 어떤 위험에 빠지거나 구조 요청이 있을 때 그를 변호하고 보호하고 구출해야 하며, 그의 명예를 보호하기 위해 돕고 협력해야 합니다.

204 만일 당신이 막을 수 있는데도 이 일을 경홀히 여기거나 이런 일은 내 알 바 아니라는 태도를 취한다면, 그 범인과 마찬가지로 당신도 유죄입니다.

205 간단히 말해, 이 계명은 각 개인이 정결하게 살되 자기 이웃도 함께 살도록 도와주라는 명령입니다. 하나님은 이 계명으로써 모든 부부가 스스로 절제하며, 죄에서도 지켜지고 보호되기를 원하십니다.

부부란 하나님이 세우신 거룩한 지위다

206 그런데 이 계명은 특히 바른 결혼생활을 목표로 합니다. 그 이유를 잘 이해하고 명심해야 합니다. 첫째, 하나님은 결혼생활을 아주 귀하게 여기십니다. 하나님은 결혼생활

을 통해 당신의 계명이 옳다고 선언할[60] 뿐만 아니라 지키십니다. 하나님께서 계명을 옳다고 선언했다는 것은 이미 "네 부모를 공경하라"는 네 번째 계명에서 드러났습니다. 더 나아가, 이미 언급했다시피 하나님은 당신 스스로 이 계명을 붙잡고 보호하고 있다는 것을 보여줍니다.

207 그러므로 하나님의 뜻은 우리로 하여금 결혼을 거룩하고 축복받은 생활로 높이고 귀히 여기도록 하는 것입니다. 하나님은 결혼을 모든 제도 중에 으뜸으로 삼고, 남자와 여자를 각각 다르게 창조하셨습니다. 그것은 음란을 위해서가 아니라, 서로 진실한 열매를 맺어 자녀를 낳고 그들을 하나님의 영광을 위해 양육하고 성장하게 하는 데 그 목적이 있습니다.

208 하나님은 그 어떤 삶의 자리보다 결혼에 풍성한 복을 주셨습니다. 게다가 결혼의 삶이 풍성해지도록 세상에 있는 모든 것을 적절히 공급하며 위임하십니다. 그러므로 결혼은 치기어린 장난이나 호기심 같은 것이 아닙니다. 이것은 무엇과도 비길 데 없습니다. 하나님의 진심은 진지하게 살라는 데 있습니다. 왜냐하면 하나님의 모든 관심은 교만함과

---

60 원문은 'Bestätigen'로 '옳음을 보증하다'라는 뜻이다. 그 때문에 종종 '명백히 공언하다'라는 의미로도 사용된다. 여기서는 뒤에 따라오는 '지키다'(Bewahren)와 의미론적 차이를 두기 위해 구분하여 사용되고 있다.

악마에 대항하며 성장시키는 양육에 있기 때문입니다. 그 양육이란, 하나님의 지식으로 세상을 섬기고 도우며 복된 생활을 하고 모든 덕스러운 것을 자라나게 하는 것을 뜻합니다.

결혼은 성직보다 귀하고, 세상 권세자의 직무보다 귀하다

209 그러므로 제가 항상 가르치는 것은, 우매한 자나 거짓 성직자들처럼 결혼을 천시하거나 멸시하지 말고,[61] 하나님의 말씀의 빛에 비추어 결혼생활을 아름답게 장식하고 거룩하게 만들어야 한다는 것입니다. 결혼생활은 다른 어떤 삶의 자리와 비교할 수 없습니다. 왕이나 영주, 주교나 그 밖에 어떤 자리보다 뛰어나며 능가하는 위치에 있습니다. 이미 말했다시피, 성직자든 세상 권세자든 간에 모든 사람은 결혼 앞에 겸손히 고개 숙여야 합니다. 왜냐하면 이들 모두 결혼이라는 자리에서부터 시작했기 때문입니다.

210 그러므로 이 계명은 그저 특별한 정도가 아니라 가장 보편

---

61 사제의 독신 제도는 4세기부터 꾸준히 논의되어 왔다. 그레고리 1세(Gregory I, 590-604)가 서방교회 독신설을 주장하였고, 베네딕토 8세(Benedict VIII, 1012-1024)가 '성직자 결혼 금지' 법령을 포고했으며, 그레고리 7세(Gregory VII, 1073-1085)가 1074년 주교 회의에서 결의하여, 라테란 공의회(Council of Lateran, 1123)에서 공식적으로 사제의 결혼을 금했다. 물론 법제화 후에도 내부적으로 지속적인 논란거리였다. 완전한 형태의 독신이 보편화된 것은 루터의 종교개혁과 차별화를 시도했던 '반종교개혁'의 열매로 나타났는데, 트렌트 공의회를 통해서였다.

적이고 가장 고귀한 계명입니다. 이는 그리스도인에게만 해당하는 것이 아니라 세상 모든 사람에게도 마찬가지입니다.

결혼은 명예로운 것일 뿐 아니라 반드시 필요한 것이다

211 둘째로 반드시 알아야 할 것은 이것입니다. 결혼은 명예로운 것인 동시에 반드시 필요한 것이라는 사실입니다. 이것은 하나님의 엄숙한 명령입니다. 하나님은 남자와 여자를 구분하지 않습니다. 오히려 이 둘이 모든 삶의 자리에 함께 있도록 창조하셨습니다. 그렇지만 아주 몇몇은 예외로 둔 사람들도 있습니다. 결혼생활에 꼭 들어맞지 않거나 하나님의 높은 초자연적 은사를 받아 결혼에서 방면된 자들이 바로 그들입니다. 이들은 결혼이 아니더라도 정결한 삶을 지킬 수 있는 독신의 은사를 받은 사람들입니다.

212 그러나 하나님께서 우리에게 심어 주신 본성에 따르면, 부부관계를 떠나 순결하게 사는 것은 거의 불가능합니다. 육은 육이고 피는 피입니다. 이는 본성에 심겨진 습성이 아무런 방해를 받지 않고 유혹에 대해 그대로 반응하고 작동한다는 뜻입니다. 이것은 사람이라면 누구나 보고 느끼는 일입니다. 이런 본성의 욕구가 줄어들수록 정결함은 어느

정도까지 지킬 수 있습니다. 이 때문에 하나님은 결혼을 제정하시고 명령하여 각자 적당한 만큼 충족시키도록 하셨습니다. 진실로 결혼은 우리 마음의 정결을 유지시키는 하나님의 은혜입니다.

부정은 결혼을 멸시하는 데서 시작한다

213   자, 이제 잘 보기 바랍니다. 교황을 따르는 패거리들, 사제, 수사, 수녀들이 하나님이 정하신 질서와 계명을 얼마나 거스르며 살고 있습니까? 이들은 결혼을 천시하고 금지합니다. 제 맘대로 추측하고 서약하면서 그렇게 하면 영원히 정결하게 살 수 있다고 말합니다. 게다가 그런 거짓말과 속임수로 무지한 백성들을 속입니다.

214   그들은 털끝만큼의 사랑도 없고, 위대하고 거룩한 결혼의 정결함에 대해 관심 갖는 것도 거부합니다. 대신 노골적이며 수치스러운 불륜이나 혹은 너무도 악한 행동이기에 차마 입에 담을 수도 없는 행위를 비밀리에 저지릅니다. 불행히도 이런 사건들을 우리는 너무나 쉽게 접하고 있습니다.

215   간단히 말해서, 겉으로는 신중한 것처럼 보이지만 그들 마음에는 부정한 생각과 악한 욕망이 가득 차 있습니다. 이것은 꺼지지 않는 영원한 불처럼 우리 모두에게 숨겨진 비

밀스러운 정욕의 문제입니다. 그러나 이런 것은 결혼생활로 능히 다룰 수 있는 문제입니다.

216 그러므로 이 계명은 독신의 서약을 저주하고 제거해 버립니다. 물론 이 계명은 수도원 서약에 사로잡힌 불쌍하고 가련한 인생들에게도 여전히 유효합니다. 그들 또한 부정한 삶에서 돌이켜 결혼의 삶으로 들어가라는 명령을 받게 됩니다. 이것을 분명히 알아야 합니다. 아무리 수도원 생활이 경건하다 할지라도 자기 힘으로 정결을 유지하는 것은 불가능합니다. 그들이 그곳에 그대로 남는다면, 계속 죄를 짓게 될 것입니다. 왜냐하면 이 계명을 피할 수 없기 때문입니다.

결혼은 자녀에게 가르칠 명예로운 길이다

217 제가 이런 말을 하는 이유가 있습니다. 결혼은 복된 자리이고 하나님 마음에 합한 것이라는 사실을 깨닫고 관심 갖게 하려는 것입니다. 시간이 주어진다면 재차 강조하겠지만, 결혼은 명예스러운 것입니다. 이를 통해 오늘날 도처에 난무하고 있는 사창가는 줄어들 것이고, 결혼을 경시하는 데서 오는 수치스러운 악덕, 더럽고 무질서한 행동들도 점차 적어질 것입니다.

218   그러므로 이 계명은 부모와 공적 관리들에게 젊은이들을 돌볼 책임을 가르칩니다. 바르고 성실하게 양육하십시오. 그래서 아이들이 성장했을 때 하나님의 말씀에 따라 명예롭게 결혼시키십시오. 하나님은 그들에게 복과 은총을 더하셔서 결혼생활에서 기쁨과 행복을 누리게 할 것입니다.

서로에 대한 사랑과 신뢰가 결혼에서 가장 중요하다

219   이 계명이 가르치는 모든 것을 요약하면, 결론은 이렇습니다. 결혼하신 모든 분들은 생각과 말과 행위로 정결한 결혼생활을 하십시오. 한 가지 더 권면합니다. 남편은 아내를 사랑하고 귀히 여기십시오. 아내는 하나님이 남편에게 주신 선물입니다. 명심하십시오. 부부의 정결함은 남자와 여자가 서로 사랑하며 존경하며 살 때 이뤄집니다. 서로가 마음을 다하여 성실히[62] 사랑하십시오. 이것이야말로 사랑과 정열을 정결로 옮겨 놓는 가장 중요한 대목입니다. 이것이 몸에 익으면, 정결은 억지가 아닌 자발적 열매가 됩니다.

220   사도 바울이 남편과 아내들에게 서로 사랑하고 존경하라

---

62   원문은 'Treue'로 성실, 신의, 정절, 신뢰의 뜻을 담고 있다.

고 열심히 권면했던 이유가 여기에 있습니다.[63]

221   자, 이로써 당신은 하나님 말씀과 계명 없이 사는 영적인
       성직자들 앞에서 떳떳이 자랑할 것을 갖게 되었습니다. 왜
       냐하면 당신은 결혼을 통해 하나님의 계명을 따르고 있고,
       이 결혼은 성직자의 직무보다 귀하고 위대하며 선한 행동
       이기 때문입니다.

제7계명

222   **"도둑질하지 말라."**

지갑을 훔치는 자만 도둑이 아니라, 이웃을 속여 이익을 도모하는 자 또한
도둑이다

223   당신 자신과 배우자 다음에 다룰 문제는 재물입니다. 이것
       또한 보호하는 것이 하나님의 뜻입니다. 그래서 누구도 이
       웃의 소유를 훔치거나 빼앗지 말라고 명령하십니다.

224   왜냐하면 도둑질이란 타인의 소유물을 부정한 방법으로

---

63 참조. 엡 5:22, 25, 골 3:18.

취하는 것이기 때문입니다. 다른 말로 하면, 도둑질은 자기 이득을 취하기 위해 이웃에게 손실을 입히는 모든 거래 행위라고 할 수 있습니다. 이것이 너무 보편적으로 만연해 있기 때문에 악한 일인지도 모르는 지경이 되었습니다. "나는 도둑이 아니다"라고 말할지도 모르겠지만, 실제로 모든 도둑을 교수형에 처한다면 아마 세상은 텅 비어 버리고, 급기야 사형집행인도 찾기 어렵게 될 것입니다. 방금 말씀드린 대로, 금고나 지갑을 훔쳐야만 도둑질이 아닙니다. 더 넓은 의미로 도둑질은 자기 이익을 위해 타인에게 부당한 손실을 끼치는 모든 행위를 뜻합니다. 그래서 도둑질은 시장, 식료품 가게, 정육점, 술 창고, 작업장, 곧 거래가 이루어지고 금전이나 재화나 노동이 교환되는 모든 곳에 만연하고 있습니다.

태만하고 게으르며 양심 없는 피고용인은 도둑이다

225   일반인들에게 쉽게 설명하기 위해 예를 들어 보겠습니다. 가령 집 안의 남종이나 여종이 충실하지 못하여 재난으로 인한 피해를 막을 수 있었는데도 그대로 보고만 있었다고 합시다. 혹은 그들이 태만하거나 게으르거나 또는 악의적으로 주인의 마음에 괴로움을 줄 정도로 물건을 낭비하거

나 맘대로 소비했다고 해봅시다. 제가 말하고자 하는 것은 피치 못할 실수나 고의성이 없는 불의의 사고에 대한 것이 아니라, 방자하고 경박한 이유로 생기는 것들에 대한 문제입니다. 연간 삼사십 굴덴 또는 그 이상도 슬쩍할 수 있는 있는 상황이 있다고 해봅시다. 다른 사람이 그렇게 남들 모르게 가져가거나 절취했다면, 그 사람은 분명 올가미에 목이 졸리게 될 것입니다.[64] 그런데 그 사람이 바로 당신이라면 어떻겠습니까? 아마도 당신은 "내가 왜 도둑이냐?" 고 핏대를 올리며 소리치고, 아무도 자기를 향해 '도둑'이라는 비난을 입 밖에도 내지 못하게 만들 것입니다.

맡은 일을 성실히 수행하지 않고 남을 속이는 자들도 도둑이다

226   동일한 방법으로, 대충 일하면서 공돈이나 바라고 사기 치고 자기 일에 성실하지 못한 수공업자와 노동자들, 일당을 받고 일하는 사람들에게도 이 계명을 적용할 수 있습니다. 이런 자들은 좀도둑보다 질이 훨씬 나쁩니다. 좀도둑은 자물쇠와 빗장으로 막을 수 있고, 또 잡으면 다시 범죄를 반복하지 못하도록 막을 수 있습니다. 그러나 다른 종류의

---

64 당시 도둑질은 사형에 해당하는 엄벌에 처해졌다.

도둑들은 아무도 막을 수 없습니다. 지금은 누구도 그들에게 쓴소리를 하거나 감히 도둑이라고 부를 수도 없는 지경이 되어 버렸습니다. 열 번 양보하더라도, 차라리 좀도둑에게 지갑을 강탈당하는 게 나을 정도입니다. 왜냐하면 나를 속이는 최고의 도둑은 내가 신뢰하는 이웃, 내 사랑하는 친구, 내가 믿고 의지하는 하인들이기 때문입니다.

좀도둑보다 나쁜 것은 법의 테두리 안에서 절도하는 공공의 도둑이다

227 더 나아가 이런 도둑은 모든 힘과 수단을 이용해 시장과 일상적인 일터에서 활개를 칩니다. 어떤 사람은 대놓고 결함 있는 상품을 팔고, 도량을 속이며, 위조 화폐를 유통시키고, 타인을 속입니다. 비밀스러운 속임수와 교활한 계획 아래 상거래를 하면서 타인의 이익을 탈취합니다. 또 어떤 자들은 고의적으로 탈취하고 속이며 남을 괴롭힙니다. 누가 이 모든 것을 다 형용할 수 있고 상상할 수 있을까요? 간단히 말해 이런 것들은 최고의 장사치와 최대의 상인 조합들에게서 볼 수 있는 흔한 일입니다.

228 오늘날 우리가 살아가는 모든 삶의 자리를 곰곰이 돌이켜 보면, 도둑으로 가득 찬 거대한 마구간 같습니다.

229 우리는 이런 도둑을 자리 도둑,[65] 땅 도둑, 길 도둑이라고 부릅니다. 이 도둑들은 현금털이범이나 금고털이범들과 달리 귀족처럼 의자에 앉아 법을 지키며 존경받는 시민으로 칭송받습니다. 그러면서 법의 테두리 안에서 절도하고 도둑질합니다.

좀도둑은 처벌받지만 공공의 도둑은 거리를 활보한다

230 어쩌면 이런 진짜 큰 도둑에 맞서 싸우려면 작은 좀도둑들쯤은 침묵하는 편이 나을지도 모르겠습니다. 큰 도둑은 황제와 영주들을 대동하여 이 도시에서 저 도시로 옮겨 다니며 온 독일 천지를 매일 약탈합니다. 그렇다면 이 모든 큰 도둑들을 보호하는 우두머리는 어디에 있을까요? 그는 로마의 청중들 한가운데 거룩한 의자에 앉아 온 세상의 재물을 훔치라고 오늘도 명령하고 있는 자 아닙니까?

231 간단히 말해 이것이 이 세계의 현실입니다. 공개적으로 노략질하고 그렇게 할 수 있는 자, 그는 안전하고 자유로우며 누구에게도 비난받지 않고 오히려 사람들에게 존경받

---

65 자리 도둑(Stuhlräuer)은 고리대금업자를 빗댄 말이다. 이들은 편안한 책상과 의자에 앉아 다리를 꼬고 펜대를 굴리며 고리대금을 받았기 때문에 금고를 터는 도둑보다 더 악질로 보았다.

고 있습니다. 그런가 하면 낯선 이의 소유를 단 한 번 절취한 보잘것없는 좀도둑은 수치와 형벌을 받습니다. 큰 도둑은 경건하고 존경받는 것같이 보입니다. 그러나 분명히 아십시오. 이런 도둑이야말로 하나님 앞에서 가장 큰 도둑입니다. 하나님은 이들을 죄과에 합당하게 심판하시고 그대로 갚아 주실 것입니다.

이 계명의 요구는 이웃의 소유와 재화를 보호하고 촉진하라는 것이다

232 위에서 본 대로 이 계명의 적용의 폭은 아주 넓습니다. 그렇기에 반드시 사람들에게 이 계명을 강조하고 설명해 주어야 합니다. 그래서 제멋대로 행하지 못하게 하고 하나님의 진노가 눈앞에 있음을 항상 깨닫게 해주어야 합니다. 이것은 그리스도인들뿐 아니라 모든 악당과 극악무도한 고리대금업자들에게도 설교해야 합니다. 사실 이 설교를 더욱 경청해야 할 사람은 재판관과 교도관, 그리고 사형집행인들입니다.

233 이들은 하나님의 진노를 전할 의무가 있다는 것을 명심해야 합니다. 이웃에게 해를 끼치거나 부당하게 이익을 탈취하는 행위, 부정한 상거래 행위와 이웃을 속이는 밀매를 심판할 뿐만 아니라, 이웃의 재산을 보호하고 이익을 증진

시키는 일에 힘써야 합니다. 특별히 이런 일을 위해 보수를 받는 자라면 더욱 그러합니다.

234　이것을 경홀히 여기는 자는 그에게 마련된 길로 접어들게 될 것입니다. 혹시 교수대로 가는 길을 피할 수 있을지는 모르겠습니다. 그러나 하나님의 진노와 심판은 피할 수 없습니다. 오랫동안 오만불손하게 지낼 수도 있을 것입니다. 그러나 결국 거리를 배회하는 방랑객이나 비렁뱅이로 전락하여 모든 고통과 불행을 겪게 될 것입니다.

235　자, 이제 당신의 필요와 배를 채워 주는 주인에게 돌아가십시오. 그들의 재산을 보호하십시오. 거기서 도둑처럼 임금을 취하지 말고, 그들과 함께 귀족처럼 기쁨으로 잔치를 벌이십시오. 많은 사람들이 주인에게 오만불손하며, 사랑과 봉사를 베풀지도 않고, 손해를 막으려 하지도 않습니다.

236　그러나 무엇을 얻게 될지 잘 보십시오. 만일 이런 방법으로 재산을 축적하여 집에 앉아 있으면 당신은 변하게 될 것이고, 그 틈으로 악이 들어오게 될 것입니다. 이때 하나님은 불행을 통해서라도 당신을 도우려 하실 것인데, 예를 들면 이웃에게 손해를 끼친 돈에 대하여 30배로 되갚게 하

실 것입니다.

하나님은 행한 대로 갚으실 것이다

237   이것은 오늘 이 시대를 살아가는 지독히 오만한 상인과 노동자들에게도 그대로 적용됩니다. 그들은 남의 것을 마치 자기가 주인인 것처럼 소유권을 행사하고, 원하는 것은 무엇이든 소유할 수 있는 듯 행동합니다.

238   그런 사람들은 하고 싶은 대로 돈에 푹 빠져 살게 놔두십시오. 그러나 하나님은 당신의 계명을 잊지 않으십니다. 그래서 그들이 행한 대로 갚으실 것입니다. 하나님은 그들을 녹색 교수대가 아니라 마른나무에 매달 것입니다.[66] 그들은 명대로 살지 못할 것이고, 결국 아무것도 얻지 못할 것입니다.

239   물론 바르고 견실한 정부가 이 땅에 있다면, 오만한 도둑이 미연에 방지될 수 있을 것입니다. 고대 로마인들은 그런 오만한 자들이 나타나면 그 즉시 참수하여 본보기로 삼았습니다.

---

66 고대의 공개 처형법들로, '녹색 교수대'는 단시간에 즉결 처형하는 교수대인 반면, '마른나무 교수대'는 흉악범을 고통 가운데 죽게 만드는 잔혹한 사형으로 알려져 있다.

240 마찬가지로 모두가 이용하는 시장을 썩은 고깃간으로 만들며 도둑의 소굴로 만드는 상인들의 운명도 다르지 않습니다. 그들은 날마다 가난한 자들의 것을 빼앗고, 세금을 높여서 등골이 휘게 만듭니다. 오만한 모습으로 제 맘대로 시장을 휘젓고 다닙니다. 그러고는 자기는 어떤 간섭도 받지 않고, 부르는 대로 자기 물건을 비싼 값에 팔 수 있는 권리와 특권을 가지고 있다며 으스대며 활보합니다.[67]

241 가난한 자들을 괴롭히고, 못 살게 굴며, 그들에게 인색한 저들을 한번 두고 봅시다.

242 우리가 신뢰하는 하나님은 당신의 백성을 그분의 뜻대로 처리하십니다. 하나님은 당신이 평생 긁어모은 돈을 앞에 두고 이렇게 축복하실 것입니다. "네 곡식은 곳간에서 썩을 것이고, 네 술은 지하실에서 부패할 것이며, 가축들은 죽게 될 것이다. 네가 굴덴을 속이고 사취했느냐? 그렇다면 모든 돈다발은 벌레 먹어 사라질 것이고, 이후로 기뻐할 일은 하나도 없을 것이다."

---

67 루터는 완전한 자유시장 경제체제에 대해 경고하면서, 국가가 경제체제를 감시하고 감독할 수 있는 법적 규제가 필요하다고 생각했다. 예를 들면, 생계 필수품의 경우에는 최고상한가격과 이율의 상한선을 법적으로 규제할 것을 강조했다. 참고로 루터 당시 은행 이자율은 최고 50%였다.

243 우리는 진실로 이 일들을 매일 생생하게 경험하고 있습니다. 도둑질이나 부정한 방법으로 취한 재물은 오래가지 않습니다. 밤낮으로 노력해도 단 한 푼의 재산도 늘리지 못하는 사람들이 얼마나 많습니까? 그렇게 재산을 모은다고 해도, 결국 고통과 불행으로 안식을 누리지 못하고 자식들에게 넘겨주지도 못합니다.

244 그런데 모두가 이것을 무시하고 제멋대로 아무 상관이 없다는 듯 행동합니다. 그 때문에 하나님은 우리에게 다른 모양의 시련을 주시며 호되게 가르치십니다. 예를 들면, 시련에 시련을 더하기도 하시고, 때로는 군대가 몰려와 눈 깜짝할 사이에 금고와 지갑을 탈탈 털어 땡전 한 푼 남지 않게 만듭니다. 게다가 집과 가정을 황폐하게 만들기도 하고, 우리 처자의 목숨을 거두어 가실 수도 있습니다.

245 간단히 말하겠습니다. 당신이 도둑질로 많은 재산을 누리고 있습니까? 그렇다면 분명히 아십시오. 도둑질한 만큼 그대로 잃을 것입니다. 권력과 부정으로 도둑질했습니까? 그렇다면 당신이 다른 사람에게 했던 그 모습 그대로 고통당할 것입니다. 하나님은 이러한 일에 능하신데, 도둑을

벌하실 때 또 다른 도둑을 사용하십니다. 이런 방법이 아니고서는 어찌 그 많은 교수형틀의 수효를 감당할 수 있을까요?

하나님은 가난한 자들의 변호사다

246 분명히 아십시오. 이것은 하나님의 계명입니다. 그리고 이 계명은 결코 허언이 아닙니다. 만일 당신이 우리를 무시하고 속이고 빼앗고 도둑질한다면, 주님이 우리에게 가르쳐 주신 기도대로 자비와 용서의 자세로 감내하고 참고 견디겠습니다. 신앙인이라면 그것으로도 충분합니다. 그러나 당신은 다른 누구보다도 심각한 상처를 스스로 만들게 될 것입니다. 특별히 이런 경우 정신 차려 조심하십시오.

247 만일 하루 벌어 입에 풀칠하며 사는 가난한 사람이 도움을 구하러 당신을 찾아왔는데, 당신이 그를 업신여긴 나머지 뼈에 사무치도록 모질고 경솔하게 대했다고 칩시다. 당신이 마땅히 돌봐야 할 힘없는 사람인데도 아주 교만스레 대한 것입니다. 그 사람은 자기가 당한 아픔과 상처를 어디에도 하소연할 길 없이 돌아가게 될 것이고, 결국 하늘을 향해 통곡하게 될 것입니다. 제가 다시 강조합니다. 이것은 악마를 경계하는 것만큼이나 경계해야 할 일입니다. 왜

냐하면 가난한 자들의 탄식과 부르짖음은 결코 웃어넘길 일이 아니기 때문입니다. 이것은 당신과 온 세상에 크나큰 영향을 미치게 됩니다. 왜냐하면 가난한 자의 상처받은 소리는 하나님께 상달되기 때문입니다. 하나님은 가난한 자와 그들의 눈물을 끌어안으십니다. 그러고는 그대로 두지 않습니다. 이 사실을 당신이 간과하고 무시한다면, 결국 누구와 대적하게 될지도 분명히 알아야 합니다. 그럼에도 불구하고 당신이 이런 방법으로 성공하고 잘 살게 된다면, 하나님과 나를 온 세상 앞에서 거짓말쟁이로 욕해도 좋습니다.

국가는 가난한 자들을 위해 경제에 관여해야 한다

248 우리는 충분히 권고하고 경고하고 제지했습니다. 우리는 이 계명을 명심하지 않고 믿지 않으려 드는 자는 내버려 두렵니다. 그러나 그들은 하나님의 분명한 심판을 경험하게 될 것입니다. 이제 이 진리를 젊은이들에게 강조해야 합니다. 아무 생각 없이 곁길로 나간 늙은 군중 뒤를 따라가지 못하게 하고, 하나님의 계명을 눈앞에 두어 그분의 진노와 징계가 도둑들에게 임하게 된다는 것을 알려야 합니다.

249   우리에게 맡겨진 소임은 하나님의 말씀으로 가르치고 훈계하는 것, 그것뿐입니다. 반면에 노골적인 방종을 제어하는 일은 영주와 정부의 일입니다. 영주와 정부는 무역과 상거래의 모든 분야에서 가난한 자들이 아픔을 당하거나 착취당하지 않도록, 그리고 타인의 범죄로 인해 고통당하지 않도록 질서를 바로잡아야 합니다. 이 일을 위해 공적 직무를 과감하게 수행해야 합니다.

결론적으로, 이 계명의 가장 중요한 의미는 가난한 자를 위한 것이다

250   도둑질이 무엇인지 충분히 설명했습니다. 이것은 좁은 의미로만 국한할 수 없고, 더 넓게 보아 이웃과 관계하는 모든 영역까지 확대됩니다. 앞에서 언급했지만 다시 요약하여 말하면, 이 계명의 첫째 주제는 '금지'입니다. 이웃에게 손해를 입히거나 부정한 일을 하지 말라는 것이 첫째 주제입니다. 이에 덧붙여 생각해야 할 것은, 이웃의 소유와 재물을 감소시키거나 손상시키거나 부당하게 취급하지 말라는 것입니다. 우리는 이런 일에 동의하지도 눈감지도 말아야 합니다. 오히려 이런 불의함에 대적하고, 미연에 방지해야 합니다.

251   다음 주제는 하나님께서 이 계명을 통해 우리에게 '제공'

하시는 것입니다. 우리는 이웃의 재화를 증진시켜야 합니다. 그리고 이웃이 어려움을 당했을 때 돕고, 나누며, 손을 내밀어 내 소유도 꾸어 주어야 합니다. 친구든 원수든 상관없습니다.

252 선행을 하고자 하는 자라면, 이웃과 관계하면서 넘치는 일감을 발견하게 될 것입니다. 이것은 하나님 마음에 합한 것이고, 참으로 복된 일입니다. 더 나아가 이런 일을 행하는 자는 하나님의 놀라운 축복을 넘치도록 받게 됩니다. 솔로몬이 잠언에서 가르치듯이, 이웃의 필요를 채워 주고 친절로 이 일을 준행하는 자는 하나님이 풍성히 갚아 주십니다. "가난한 자를 불쌍히 여기는 것은 여호와께 꾸어 드리는 것이니 그의 선행을 그에게 갚아 주시리라."잠 19:17

253 당신은 부요한 주님을 섬기고 있습니다. 그분은 당신을 충족시키며, 어떤 것도 부족함 없이 채워 주시는 분입니다. 그러므로 부정과 불의로 긁어모은 재산과는 비교할 수 없는 기쁜 양심이 당신을 만족시킬 것입니다. 이 축복을 원하지 않는 자는 진노와 불행을 당할 것입니다.

제8계명

254 **"네 이웃에 대하여 거짓 증거하지 말라."**

이 계명은 명예에 관한 것이다

255 자기 몸, 아내와 남편, 우리에게 주어진 재물 이외에도 없어서는 안 될 또 하나의 보물이 있는데, 그것은 우리의 명예와 명성입니다. 사람들 속에서 멸시받고 무시당하며 사는 것은 참을 수 없는 일입니다.

256 그 때문에 하나님은 이웃과 관계된 돈과 재물을 다룰 때처럼, 우리의 명성과 명예와 평판이 손상되는 것을 바라지 않으십니다. 하나님은 모든 부부와 자녀와 종과 이웃의 명예가 온전해지기를 바라십니다.

257 우선 "너희는 거짓 증거하지 말라"는 말 그대로, 이 계명의 우선되고 분명한 의미는 가난하고 무고한 자들을 향해 거짓 증언하고 고소하며 중상모략을 일삼는 자들을 벌하는 공적 법 집행에 분명한 방점이 있습니다.

258 지금 우리와 관계없는 것처럼 보일 수도 있지만, 이 문제는 유대인들이 매우 흔하게 맞닥뜨렸던 문제였습니다. 유

대인들에게는 아주 정밀한 법과 잘 정비된 통치기구가 있었습니다. 지금도 여전하지만 이것이 범죄를 막지는 못합니다. 그 원인은 바로 이것입니다. 재판관, 시장, 영주, 혹은 권력을 쥐고 있는 자들이 재판을 하는 곳에서는 언제나 사라지지 않는 문제가 있기 때문입니다. 이것은 사람 사는 세상이면 어디서나 마찬가지인데, 사람이라면 대부분 다른 사람에게 피해 주는 것을 거리끼는 반면에, 자신에게 이로운 돈이나 친절, 우정, 소원 같은 것을 얻기 위해서라면 부정직한 말도 서슴지 않습니다. 그 때문에 가난한 사람은 불가피하게 억압받고 재판에 져서 억울한 형벌을 받습니다. 경건하고 신실한 사람들이 법정에 앉아 있는 일이 극히 드뭅니다. 이것은 온 세상의 불행입니다.

재판관은 오직 법에 따라 진리를 수호해야 한다

259   무엇보다도 재판관은 신실한 사람이어야 합니다. 단순히 신앙만 있다고 될 일이 아닙니다. 지혜롭고 슬기로우며 용감하고 두려움이 없어야 합니다. 증인 또한 마찬가지로 두려움 없고 정직해야 합니다. 재판관은 자기 귀와 눈을 완전히 닫고 장님이 된 채 제시된 증거에만 의존하여 판결을 내려야 합니다. 그 때문에 모든 일을 공정하게 판결하는

사람은 그의 친한 친구와 친척, 이웃과 부유한 자들, 그리고 재판관 자신에게 도움을 줄 수도 있고 손해도 끼칠 수 있는 권력가들의 마음을 종종 상하게 만듭니다.

260   이를 통해 이 계명의 뜻이 드러납니다. 즉 모든 사람이 이웃을 도와 그의 권리를 지탱하도록 해야 한다는 것입니다. 정당하고 바른 권리는 위축당하거나 왜곡되지 않도록 증진하고 단호히 보호해야 합니다. 그리하여 재판관이든 증인이든 간에 사건에 대한 결과가 진실하게 드러나도록 힘써야 합니다.

261   특별히 법을 다루는 자들이 목표로 삼아야 할 것은 이것입니다. 모든 사건을 정직하고 공평하게 다루어야 합니다. 옳은 것은 옳다고 해야 합니다. 돈이나 재물이나 명예나 권력 때문에 정의를 왜곡하거나 숨기거나 억압해서는 안 됩니다. 이것이 바로 이 계명의 핵심이며, 법정에서 일어나는 모든 문제에 적용되는 가장 명확한 뜻입니다.

이 계명은 진리를 방해하는 자들을 치리하는 교회법에도 적용된다

262   여기서 조금 더 나아가 봅시다. 다음에 고려할 수 있는 것

은 영적 법정 또는 영적 통치와[68] 연결됩니다. 이것은 세상 법정 문제를 다룰 때보다 훨씬 범위가 넓어지게 됩니다. 여기서는 고의적으로 이웃에게 거짓을 퍼뜨리는 자에 대한 문제가 대두됩니다. 세상은 신실한 설교자와 그리스도인을 가리켜 이단이며 배교자라고 판결하기도 하고, 선동적이라 비난하며 저주받아 마땅하다고 외치기도 합니다. 게다가 하나님의 말씀을 곡해하고 왜곡하며 남용하고 오해하면서, 가장 수치스럽고 불명예스러운 것으로 치부하며 박해하고 모독합니다.[69] 그러나 그대로 두십시오. 진리와 하나님의 자녀들을 저주하고 박해하면서도 그것을 죄로 여기지 않는 것은 눈이 가려진 세상의 본질이기 때문입니다.

이 계명은 일반적인 입술의 범죄 곧 이웃을 모독하는 일을 금지한다

263   세 번째 다룰 문제는 우리 모두에게 해당됩니다. 이 계명은 입술의 범죄를 금합니다. 우리는 입술로 이웃을 깎아내립니다. 어떤 일이든지 혀로 이웃을 깎아내리고 거스르는

---

68 '하나님은 양손에 칼과 복음을 들고 세상을 통치하신다'는 루터의 '두 통치설'과 관련되어 있다. 이 둘의 관계는 상호보완적 또는 상호견제 기능을 한다. 그러므로 정교일치 또는 정교분리를 극단적으로 말할 수 없다. 오히려 이 교리는 목회적 관점에서 유연하게 바라보아야 한다.

69 루터는 이 구절에서 개신교 진영을 박해하던 당시 로마 교회의 종교재판을 염두에 두고 있다.

일을 하나님은 금하십니다. 하나님은 법정 안에서 거짓 재판을 하며 밖에서 기만과 악의에 찬 말을 내뱉는 불의한 재판관과 거짓 증인을 심판하십니다. 이와 동일하게 잘못된 가르침을 선포하는 거짓 설교자에게도 하나님은 그 죄를 물으십니다.

264 이것은 특히 악마의 지시에 따라 밉살스럽고 수치스레 행하는 뒷말과 중상모략에도 적용됩니다. 이런 예들은 수없이 말할 수 있습니다. 사람은 누구나 공통적으로 이웃에 대해 좋은 것보다 나쁜 것을 듣고자 합니다. 이것이 인간의 악한 본성입니다. 제 자신은 악해도 자기에 대해 누군가가 나쁘게 말하는 것은 참지 못합니다. 그저 온 세상이 자기를 향해 찬사를 보내기만 바랍니다. 또한 누군가가 타인을 호평하면 듣기 싫어하고 이내 참지 못합니다.

265 그러므로 명심하십시오. 악을 멀리하십시오. 재판하고 징계할 수 있는 권한이 있는 사람 외에는 아무도 자기 이웃을 공적으로 비난하거나 판단할 권리가 없습니다. 이웃의 범죄 사실을 확연히 알고 있다 하더라도 마찬가지입니다.

266 범죄 사실을 아는 것과 심판하는 일은 엄연히 다릅니다. 죄에 관한 지식이 있다고 해서 판단하고 재판할 권한이 부여된 것은 아닙니다. 당신이 죄를 범하는 이웃의 소식

을 듣거나 볼 수는 있지만, 그것을 말로 퍼뜨릴 권한은 없습니다. 만일 당신이 간섭하고 판단하고 정죄한다면, 결국 죄를 지은 자보다 더 큰 범죄에 빠지게 됩니다. 그러므로 잘 알아 두십시오. 당신이 죄를 심판하는 공적 재판관이 되어 권리를 행사할 수 있을 때까지, 죄를 벌하는 대신 그대의 귀를 무덤으로 만들고 그 무덤에 이웃의 죄를 매장하십시오.

뒷말을 일삼는 자들은 하나님이 국가에 위임한 기능을 자기 멋대로 휘두르는 자들이다

267   죄를 아는 것으로 끝내지 않고 거기서 더 나아가 판결까지 해대는 자를 보고 험담꾼이라고[70] 부릅니다. 그들은 아주 사소한 이야기를 듣고도 동네방네 퍼뜨리며 입방정 떨기를 좋아합니다. 이런 자들은 진흙 바닥을 뒹굴며 주둥이로 온 바닥을 샅샅이 핥아 대는 돼지새끼나 다를 바 없습니다.

268   자기 기준으로 판단하고 심판하며 징계하는 것은 하나님이 법정에서 심판하는 직무와 다를 바 없습니다. 험담꾼들

---

70 원문은 'Nachredner'로, 문자적으로 풀이하면 '뒤에서 말하는 자', 일반적으로 '험담꾼'에 해당한다.

은 "이자가 바로 도둑이다. 살인자다. 반역자다!"라며 언도합니다. 그 어떤 재판관도 이런 냉엄한 판결 이상 언도할 수 없습니다. 그러므로 이웃을 향해 죄가 있다고 비난하는 사람은 모두 "나는 황제 같은 사람이며, 모든 공적 권위를 가졌다"며 자처하는 꼴입니다. 왜냐하면 칼을 휘두르지 않더라도 사악한 혀를 이용하여 이웃을 해치고 손상시키는 짓이기 때문입니다.

이웃의 범죄를 공적 기관에서 증명할 수 없다면 침묵하라

269 그러므로 하나님은 험담을 금지합니다. 어느 누구도 이웃의 나쁜 행동에 대해 뒷말해서는 안 됩니다. 확실히 죄가 있다는 것을 알고 있을지라도 말입니다. 만일 정확히 알지도 못하거나 또는 순전히 남에게 들은 내용이라면 더더욱 입을 다무십시오.

270 아마도 이 대목에서 이런 질문이 나올 것입니다. "이게 사실이라면 왜 말해서는 안 됩니까?" 답변입니다. "그게 사실이라면 왜 공적 재판정에 가져가지 않습니까?" "네, 공적으로 증명할 수 없기 때문입니다. 그러다가 거짓말쟁이로 몰려 도리어 심판대에 서게 될지 모르기 때문입니다." 이 대목에서 알아차렸겠지만, 만일 공적 기관에 고소하여 그곳

에 설 자신이 없다면 아예 입을 다무십시오. 사람이란 자고로 공적 기관이 자기 명예를 거두어 가지 않는 이상 끝까지 지키려고 합니다. 그러므로 당신만 알고 있는 것이라면 남에게 전하지 않는 게 좋습니다. 그것이 사실일지라도 입증할 수 없다면 거짓말쟁이로 전락할 수 있기 때문입니다. 게다가 이웃을 음해하는 악질로 보일 수도 있습니다.

271 귀로 들었지만 입증할 수 없는 것을 가리켜 "거짓 증거"라고 부릅니다.

272 충분히 입증되지 않는 것을 가지고 '진실'이라고 말할 자는 아무도 없습니다. 요컨대 비밀은 비밀로 남겨 두든지, 아니면 비밀리에 징계하십시오. 이것은 앞으로 다룰 것입니다.

273 그러므로 당신이 쓸데없이 다른 사람을 험담하고 중상하는 사람을 만나게 된다면, 바로 면전에서 책망하여 부끄러움으로 얼굴이 붉어지게 만드십시오. 그렇게 하면 많은 사람들이 입을 다물게 될 것입니다. 그래도 계속해서 험담하는 사람이라면, 아주 보잘것없는 사람들 사이에서도 씻을 수 없는 악평이 돌게 될 것입니다. 이미 말씀드렸듯이, 명예와 명성은 잃어버리기는 쉬워도 회복하기는 어렵습니다.

274 이미 보았듯이, 이웃을 향해 악하다고 말하는 것은 금지되어 있습니다. 하지만 예외가 있습니다. 바로 세상 정부, 설교자, 부모입니다. 왜냐하면 이 계명의 본래 뜻은 악을 죄라 선언하고 징계하는 것이기 때문입니다. 이는 '살인 금지'를 명하는 다섯 번째 계명에서 사형집행인이 예외 조항인 것과 동일합니다. 사형집행인의 직무는 이웃에게 선을 행하는 데 초점을 두지 않고 이웃에게 해를 입히는 행악자를 벌하는 데 있습니다. 사형집행인이 직무를 행하는 것은 하나님의 계명을 거스르는 것이 아닙니다. 하나님은 이 직무를 직접 제정하셨고, 첫째 계명에서 경고하듯 징벌은 하나님의 뜻에 속한 것입니다. 여덟 번째 계명도 이와 마찬가지입니다. 그러므로 누구도 자기 맘대로 심판하거나 저주해서는 안 됩니다. 공적 권한을 소유하지도 않았는데 이 말을 따르지 않는 자는 더 큰 죄를 범하게 되는 것입니다.

275 공적 권한을 사용할 때는 곤궁함에 대해 설명하고, 고발하고, 진술하고, 검토하고, 듣고 증거를 댈 수 있어야 합니다. 이것은 의사가 환자의 숨겨진 병을 진단하고 치료하기 위해 거치는 진단과 검사의 과정과 다를 바 없습니다. 마찬가지로 정부와 부모 그리고 더 나아가 형제자매, 그 외 친

구들 간에도 악을 징계할 책임을 져야 합니다. 이것은 필요하고 유익한 일입니다.

그리스도의 법은 단호하다. 네 이웃이 악을 행하면 '그 사람을 상대하여' 악을 지적하라

276 아마도 이 문제는 마태복음 18:15에서 가장 바르게 다루고 있는 듯합니다. 그리스도는 이렇게 가르칩니다. "네 형제가 죄를 범하거든 가서 너와 그 사람과만 상대하여 권고하라." 이 구절에서 당신은 혀를 다스릴 수 있는 아주 귀한 것을 배울 수 있습니다. 만일 당신이 말의 험한 오용을 막고 싶다면 명심하십시오. 이웃에 대한 중상이나 뒷말을 더 디 하고 오히려 조용히 권고하여 고치는 것을 당신의 규칙으로 삼기를 바랍니다. 동일한 방법으로 누군가가 당신 면전에서 남의 뒷말을 하거든, 그 자리에서 권고하여 입을 다물도록 하십시오.

277 당신의 일상에서도 이렇게 할 수 있을 것입니다. 집 안에서 주인은 종에게 종으로서 해야 할 의무와 말을 하도록 다스려야 합니다. 만일 주인이 종을 그대로 방치하고 거리로 나와 지나가는 사람들에게 불평을 한다고 합시다. 그렇

다면 틀림없이 이런 말을 듣게 될 것입니다. "이 바보야! 그게 나와 무슨 상관이 있지? 왜 너는 네 종에게 그런 말도 못해?"

278 잘 보십시오. 사실 이렇게 말해 주는 것조차 아주 바르고 친절한 행동이라 할 수 있습니다. 그렇게 해서라도 악한 행동이 고쳐지고 상대방의 명예가 보존될 것이기 때문입니다. 바로 이것이 그리스도께서 같은 구절에서 "만일 그가 네 말을 들으면 너는 형제 하나를 얻게 된 것이니라"고 말씀하신 뜻입니다. 이것이 위대하며 바른 행동입니다. 당신은 형제 하나 얻는 것을 아무렇지도 않게 생각합니까? 모든 수사와 거룩한 수도원이 다 나와서 자기들의 공로를 한번 높이 쌓아 보라고 하십시오. 형제 하나라도 얻었다고 자랑할 만합니까?

그리스도의 법은 사람들을 교회 공동체라는 대화의 장으로 인도한다

279 그리스도의 가르침은 여기서 한 발 더 나아갑니다. "만일 듣지 않거든 한두 사람을 데리고 가서 두세 증인의 입으로 말마다 확증하게 하라."마 18:16 이렇게 하면 상대방은 자기를 돌아보게 되고, 또한 이와 관련된 모든 사람은 뒤에서 비방할 수 없게 됩니다.

280 만일 이것도 효과가 없으면, 이 문제를 공적인 공동체 앞에 내놓으십시오. 이것은 세상 법정(사법기관)이나 영적 법정(교회)을 뜻합니다. 그때에 당신은 혼자 서 있지 않을 것입니다. 당신은 여러 증인과 함께 있고, 그 증인들을 통해 범죄자를 유죄로 증명할 수 있게 될 것입니다. 그리고 재판관은 증언을 토대로 결정하고 유죄판결을 내립니다. 이것은 악한 사람을 견제하고 고칠 수 있는 바른 길입니다.

281 그렇지 않고 누군가를 비방할 목적으로 여기저기서 뒷말하고 추한 것만 들추어 내며 돌아다닌다면, 아무것도 개선되지 않을 것이고, 그 후에는 누구도 증인이 되려고 하지 않을 것입니다.

282 이런 비방들은 마땅히 그에 상응하는 대가를 치러야 합니다. 그리고 이를 통해 다른 사람들에게 경종을 울려야 합니다.

283 만일 이웃의 잘못된 행동을 바로잡기 위해서나 혹은 진리에 대한 사랑으로 행하려 한다면, 당신은 빛을 부끄러워하며 대낮에 숨어 다니지 않을 것입니다.

드러난 죄는 드러내 놓고 말하라

284 이제까지는 비밀스러운 죄에 대해서만 말했습니다. 그러

나 이제부터는 '드러난 죄'에 대해 말해 봅시다. 죄가 공적으로 드러나면 재판관과 온 세상이 알게 되고, 당신은 공적으로 증언할 수 있게 됩니다. 왜냐하면 모두에게 알려진 이상 뒷말을 하거나 부정직하게 거짓 증언할 수 없기 때문입니다. 예를 들어 봅시다. 우리는 지금 책으로 널리 소개되어 온 세상이 다 알고 있는 교황의 교리와 교황 자신의 문제에 대해 문제 삼고 있습니다. 죄가 공적으로 드러나면 벌도 공적으로 내려져야 마땅합니다. 그래야 모든 사람이 다 알게 되고, 다시는 동일한 죄를 짓지 않도록 견책할 수 있습니다.

네가 대접받고자 하는 대로 남을 대접하라

285 자, 이제 이 계명의 뜻과 내용을 정리해 봅시다. 친구든 적이든 간에 누구에게도 혀로 이웃에게 손상을 입히지 마십시오. 합당한 권위를 가지고 있거나 그를 고쳐 주기 위해서가 아니라면, 아무도 이웃을 나쁘게 이야기해서는 안 됩니다. 그것이 사실이든 거짓이든 간에 말입니다. 우리의 혀는 사람들을 좋게 말해 주고, 이웃의 약점을 덮어 주며, 명예롭게 그것들을 가려 주기 위해서만 사용해야 합니다.

286 이렇게 해야 하는 이유를 그리스도는 복음서에 말씀하셨

고, 그 말씀으로 이웃을 향한 모든 계명을 종합해 주셨기 때문입니다. 즉 "무엇이든지 남에게 대접을 받고자 하는 대로 너희도 남을 대접하라"는 말씀입니다.^{마 7:12}

우리는 모두 한 몸이며 지체다. 그러므로 선한 것을 지향하라

287   우리 육신의 본성조차도 이것을 가르칩니다. 바울은 고린 도전서 12:22-23에서 이렇게 말합니다. "그뿐 아니라 더 약하게 보이는 몸의 지체가 도리어 요긴하고 우리가 몸의 덜 귀히 여기는 그것들을 더욱 귀한 것들로 입혀 주며 우 리의 아름답지 못한 지체는 더욱 아름다운 것을 얻느니 라." 아무도 자기 눈 코 입을 가리고 사는 사람은 없습니 다. 그것들은 우리 몸의 가장 귀중한 지체이기에 그렇게 할 필요가 없기 때문입니다. 그러나 우리가 수치스럽게 여 기는 연약한 지체는 조용히 덮고 가립니다. 손과 눈 그리 고 온 몸까지도 그 약한 지체를 돕기 위해 덮고 가리는 것 입니다.

288   마찬가지로 우리도 서로의 관계 속에서 이웃의 수치와 약 점을 발견하게 될 때가 있습니다. 이때 우리는 이웃의 명 예를 세워 주기 위해 힘을 다해 덮어 주고 섬기며 도와줘 야 합니다. 동시에 우리는 그를 불명예스럽게 만드는 모든

악한 것에 대항해야 합니다.

289 　특별히 공적으로 드러난 악한 행실이 아닌 이상, 이웃을 선하게 말하며 해석하는 것은 언제나 귀하고 으뜸가는 덕목입니다. 어떤 일이 생길 때마다 혀를 악독하게 사용하여 이웃을 음해하고 왜곡하여 심판하는 일을 즐기는 자들이 있습니다. 이런 자들로부터 이웃을 보호하는 일은 매우 고귀한 덕입니다. 이런 악한 자들에게 진노의 목소리를 높여 돌아서게 만들어야 합니다. 이것이야말로 고귀한 하나님의 말씀과 설교자 앞에서 흔히 일어나는 일입니다.

혀는 작지만 큰일을 만든다

290 　그러므로 이 계명 안에는 강력하고 선한 공로가 포함되어 있습니다. 하나님은 이 계명 안에 선한 것을 두시고 이를 지키는 자에게 넘치는 복을 주십니다. 눈먼 세상과 거짓 성자들이 이것을 알았더라면 얼마나 좋았을까요.

291 　교회의 문제든 세상 문제든, 많든 적든 간에 이렇게 작고 약한 혀보다 더 선을 행하거나 더 해악을 끼칠 것은 아무것도 없습니다.약3:5

제9, 제10계명

292 **"네 이웃의 집을 탐내지 말라."**

"네 이웃의 아내나, 그의 남종이나 그의 여종이나, 그의 소나 그의 나귀나, 무릇 네 이웃의 소유를 탐내지 말라."

293 이 두 계명은 부분적으로 우리에게 적용됩니다만, 본디 유대인에게만 주신 것입니다. 유대인들은 이 계명을 도둑질이나 순결을 지키지 않는 죄에 관한 것으로 이해하지 않습니다. 이미 앞선 계명에서 충분히 언급되었기 때문입니다. 유대인들은 하나님의 계명을 외형적으로 수행하기만 하면 완벽히 지킨 것으로 여겼습니다. 바로 이 때문에 하나님은 이두 계명을 재차 덧붙이십니다. (하나님은 드러난 범죄 행위뿐만 아니라) 이웃의 아내나 재산을 탐내는 것, 그리고 이런 일을 도모하려는 마음조차 금지하면서 이것도 죄라고 하십니다.

294 이 계명을 유대인에게 주셨던 특별한 이유가 있습니다. 당시 유대 사회의 하인들은 지금처럼 자유롭지 못했습니다. 일한 만큼 노임을 받을 권리도 없었고, 자기 소유와 육체도 집 안에 있는 가축이나 다른 재화와 동일하게 주인의 재산에 속했습니다.

295 여기서 한 발 더 나아가 봅시다. 집주인은 아내에 대한 전권을 쥐고 있었습니다. 예를 들어, 이혼 증서[71] 한 장이면 아내를 버리고 다른 여자를 취할 수 있었습니다. 이것은 자기 아내뿐만 아니라 자기 마음에 드는 다른 남자의 아내도 이혼시켜 취할 수 있는 합법적 핑곗거리가 되었습니다. 유대인들은 이런 것을 수치스럽다거나 죄로 여기지 않았습니다. 사정이 이렇다 보니, 우리 시대도 마찬가지겠지만, 집주인이 남종과 여종을 해고하거나, 이웃을 이간질해서 사람 빼오는 일 정도는 아무렇지도 않게 생각했습니다.

이웃의 재산을 불법으로 점유하거나 탈취하는 것을 금하는 제7계명과 달리, 이 계명은 합법을 핑계로 이웃의 재산을 빼앗는 행위를 금한다

296 이런 이유로 유대인들은 이 계명을 좀 더 넓은 의미로 이해했습니다. 이것이 옳은 해석입니다. '비록 합법을 가장한 좋은 핑곗거리가 있을지라도, 이웃에게 해를 입히는 일이라면 누구도 이웃의 아내와 종, 집, 뜰, 목장, 초원, 가축을 약탈하려는 생각이나 계획을 세우면 안 된다.' 앞선 제7계명에서는 불법적인 것을 금지했습니다. 타인의 어떤 재

---

71 참조. 신 24:1.

화라도 불법적으로 탈취하거나 취하는 것을 금지하는 조항이었습니다. 이런 경우 당연히 어떤 권리도 주장할 수 없습니다. 그러나 이 계명은 다른 곳에 초점을 두고 있습니다. 이웃의 소유를 갈취했지만 합법이기 때문에 법을 어겼다고 비난할 사람은 하나도 없고, 어쩌면 세상에서 부러운 박수를 받을 수 있을지도 모르겠지만, 그러나 분명한 것은 하나님께서는 이 계명을 통해 그런 행위를 금지한다는 사실입니다.

297 이유는 이렇습니다. 누구도 자기 자신에게 하듯 남에게 베풀 수 있는 사람은 없습니다. 이것은 사람의 타고난 본성입니다. 그래서 각자 자기 능력만큼 베풉니다. 역으로, 상대방은 해주는 대로 기다리게 됩니다.

298 바로 이때, 우리는 (본성보다) 더 경건한 모습으로 치장하고 싶어 합니다. 그래서 대단히 정교한 화장술로 악한 얼굴을 가립니다. 교묘한 술책과 약삭빠른 속임수를 고안하고 시도합니다. 지금 이 순간에도 좋은 방법이 무엇인지 법전을 놓고 고민하며 고안하고 있습니다. 우리는 이런 당돌한 짓을 '악독'이라 부르는 대신 '영리하고 매사에 면밀하다'고 표현하려 합니다.

299 엎친 데 덮친 격으로, 법률가나 변호사들은 법을 왜곡하

고 확대해석해서라도 이런 자들을 돕습니다. 법률가와 변호사들은 이웃의 곤경에는 전혀 관심이 없고, 오직 구실을 만들기 위해 법전을 끄집어내는 일에만 몰두합니다. 이런 일에 재빠르고 간교하게 움직이는 자들을 비꼬는 짤막한 격언이 있습니다. "법은 망보는 자의 편이다." *Vigilantibus iura subventiunt*

300 이 마지막 계명은 세상에 악당으로 선고된 자들에게 주신 것이 아닙니다. 오히려 일종의 '경건한 자'를 위한 것입니다. 이들은 사랑받을 만하고, 정직하며, 흠잡을 게 없다고 칭송받는 사람들입니다. 왜냐하면 앞에 나온 계명들을 범하지 않았기 때문에 죄와 전혀 상관없다고 자신 있게 말하는 사람들이기 때문입니다. 이 점에 있어서 유대인, 상당수의 귀족, 성주와 영주들은 이 계명 앞에 세워집니다. 나머지 부류의 보통 사람들은 한 단계 밑이라고 할 수 있는 일곱째 계명에 속해 있는데, 그 이유는 일반 평민들은 명예나 법적 권리 같은 문제에 별로 관심이 없기 때문입니다.

301 대부분 이런 차이는 이웃의 재산을 빼앗기 위한 소송에서 확연히 드러납니다. 예를 들면, 막대한 유산이나 부동산 문제로 다투거나 쟁론할 때가 있습니다. 이때 유리한 고지를 점령하기 위해 좀 더 많은 법적 증빙서류를 만들고, 이

런 서류로 이득을 취하려 합니다. 정의의 근처에는 가지도 못할 엉뚱한 이론이라도 갖다 붙여 현란하게 꾸미고 치장합니다. 그러고는 불평이나 논쟁이 생기지 못하게 만들어 재산에 대한 안전한 권리를 쟁취합니다.

302　다른 예를 하나 더 들어 봅시다. 어떤 사람이 성이나 도시, 영지 또는 그 외에 다른 어떤 큰 것을 가지고 싶어 합니다. 그래서 친한 연줄을 이용해 뇌물을 주면서 대가성 약속을 주고받습니다. 그러고는 목적물에 대한 합법적 증빙서류를 마련하여 편지와 함께 인장을 찍어 봉인한 후 떳떳하다는 듯 돌아다닙니다.

303　이런 일은 매우 일상적인 상거래에서도 빈번히 나타납니다. 어떤 이가 타인의 손에 든 것을 아주 재빠르게 잡아챕니다. 피해자는 그 이후에나 그것을 알아차릴 수 있게 됩니다. 그러고는 가해자가 피해자를 무시하고 없던 일로 잡아뗀다든지 혹은 이익과 필요에 따라 어떤 다른 일로 협박하여 걱정거리를 만들어 냅니다. 아마도 당하는 사람의 상황은 거의 심각한 (경제적) 위기에 봉착해 있거나 자기 재산을 더 이상 지킬 수 없을 정도로 부채가 많은 경우일 것입니다. 이렇게 된 경우, 부자는 불법이 아닌 합법과 정직을 가장하여 그의 재산의 절반이나 그 이상을 차지합니다.

그래서 "먼저 가져가는 놈이 임자다"라는 말이 있을 정도
입니다.

304   그렇다면 이렇게 교묘하게 이웃의 것을 합법적으로 탈취
할 수 있는 자는 도대체 어떤 사람일까요? 세상은 이런 일
에 대하여 잘못되었다고 흉보지도 않고, 이웃이 손해 본
것으로 여기지도 않습니다. 게다가 고의로 해악을 끼쳤다
고 말하지도 않습니다. 그러나 분명한 것은 그 누구도 이
런 일이 자신에게 일어나기를 바라는 이가 없다는 사실입
니다. 바로 여기서 분명해지는 것이 있습니다. 이런 종류
의 구실과 법적 서류는 바르지 않다는 것입니다.

이웃의 아내를 빼앗는 일과 피고용인을 비인격적으로 대하는 것은 죄다

305   이런 일은 고대 유대 사회에서 여자를 대하던 모습과 아
주 정확히 들어맞습니다. 당시에는 이런 속임수가 만연했
습니다. 만일 어떤 여자가 마음에 들면 수단과 방법을 총
동원하여 남편이 그 여자를 싫어하게 만들거나, 반대로
그 여자가 남편에게 대들게 만들어서 동거가 불가능하도
록 했습니다. 그 후 남자가 증서를 써 주고[72] 서로 갈라서

---

72 고대 유대 사회 이혼법에 대해서는 신명기 24:1 이하를 참조하라.

게 되면 바로 그때 자기에게 오도록 술책을 사용했습니다. 이런 일은 의심할 여지 없이 율법이 지배하던 시대에 흔한 일이었지만, 복음서에서도 발견할 수 있습니다.[73] 마가복음 6장에 등장하는 헤롯왕 기사를 보십시오. 그는 자기 동생이 살아 있는데도 동생의 아내를 취합니다. 그럼에도 존경받을 만하고 경건한 사람인 척 행세했습니다.

306 제발 이런 일이 우리에게는 일어나지 않기를 바랍니다. 신약성경은 이렇게 부부가 갈라서는 것을 금지하고 있습니다.[74] 돈 많은 남의 여자를 자기 아내로 만들려고 간계를 쓰는 남자라면 갈라서십시오. 물론 이런 일은 거의 드문 경우일 것입니다.

소유욕에 사로잡힌 '합법적 도둑'은 하나님이 반드시 벌하신다

307 그러나 이것과 동일한 범주에 속하는 아주 흔한 일이 있습니다. 이웃집에 고용된 사람을 유인하고 빼내오거나 달콤한 말로 탈선하게 하는 일입니다. 이런 모든 일이 여기저기서 일어나고 있습니다. 그러나 어떤 경우에라도 명심해야 합니다. 비록 세상의 눈에 정직하게 비춰질지라도 이웃

---

73 참조. 마 14:3 이하, 막 6:17-20.
74 참조. 마 5:31-32; 19:3-9, 막 10:2-12, 눅 16:18, 고전 7:10 이하.

의 소유를 탐내거나 탈취하려는 마음을 하나님은 싫어하
십니다. 이는 비밀스럽고 음흉한 마음입니다. 속담으로 말
하자면, 사람들에게 들키지 않기 위해 '모자를 뒤집어쓰
고' 조용히 으스대는 꼴입니다. 왜냐하면 비록 당신이 아
무에게 불법을 저지르지는 않았더라도, 실제로는 이웃의
권리를 침해했기 때문입니다. 이런 일을 두고 도둑질이나
사기라고 말할 수는 없을 것입니다. 그러나 하나님이 주신
이웃의 소유를 탐한 것이고, 소유인의 동의 없이 이간질하
여 가로챈 것입니다.

308   세상 사람들과 재판관은 이런 당신을 눈감아 줄 수 있을
것입니다. 그러나 하나님은 결코 그대로 넘기지 않습니다.
그분은 악한 마음과 세상의 속임수를 꿰뚫어 보시기 때문
입니다. 당신이 손가락만한 틈새를 만들면, 세상은 그곳에
대로를 뚫게 될 것이고, 그 길로 부정과 악한 세력이 밀려
들어올 것입니다.

이 두 계명은 '질투'와 '소유욕'으로 이름 붙여진 모든 악을 근절한다

309   이제 이 계명을 아주 쉬운 말로 풀어 봅시다. 첫째, 이웃에
게 손해 입히려고 작정하지도, 그런 일을 방조하지도, 그
런 꼬투리를 주지도 말고, 오히려 내가 받고 싶어 하는 바

를 먼저 베풀고,[75] 이웃의 소유를 지켜 주며, 유익이 더 많 아지도록 도와주라는 뜻입니다.

310 다음으로, 이 계명이 특별히 강조하는 것은 '질투'와 '소유 욕'을 물리치는 데 있습니다. 하나님은 이 계명으로 이웃 에게 해를 끼치는 모든 뿌리와 근원을 제거하고자 하십니 다. 그래서 아주 분명하게 이 말씀을 하십니다. "탐내지 말 라!"[76] 무엇보다도 하나님은 정결한 마음을 원하십니다. 우 리는 살아가는 동안 이 수준까지 도달하지 못할 것입니다. 그렇기에 이 계명은 다른 계명과 마찬가지로 우리가 하나 님 앞에서 얼마나 죄인인지 고발할 것입니다.

십계명의 마감말

하나님은 십계명을 특별한 자리가 아니라 일상에서 실천하라고 주셨다

311 자, 우리는 거룩한 가르침의 표본이자 원천이자 통로로 십 계명을 받았습니다. 이것으로 어떻게 행동하는 것이 하나

---

75 참조. 마 7:12.

76 로마서 7:7에 따르면, 모든 죄의 본질과 총합은 탐심으로부터 시작한다. 죄는 곧 '욕망의 문'인 탐심(Konkupiszenz)에 있다. 이 욕망의 문이 죄인지 아닌지는 지금까지도 논쟁이 끊이지 않고 있 다. 참조. "칭의론에 관한 공동 선언문"(Joint Declaration of Doctrine of Justification), JDDJ, 1999.10.31.

님의 마음에 합한 것인지, 그리고 어떤 것이 선한 행동인지 알게 되었습니다. 세상에서 제아무리 크고 가치 있는 일이라 해도 십계명 없는 선행, 십계명 없이 하나님을 기쁘게 하는 일이라면 아무 소용이 없습니다.

312   자, 눈여겨보시기 바랍니다. 도대체 거대한 수도회에서 성자를 떠받드는 이유는 무엇이며, 성자라고 여길 만한 위대한 업적과 공로는 무엇일까요? 물론 이 시대 수도원에서 일어나는 일들은 거룩하다 칭송받을 만한 일과 거의 상관없거나, 아주 보잘것없는 일이 대부분인 것 같습니다.

313   제 생각에, 하나님의 계명은 어떤 경우에라도 빈틈없이 완수해야 하는 것이 맞습니다. 예를 든다면, 온유, 인내, 원수 사랑, 순결, 선행 같은 것들이 있습니다. 이 모든 덕목들은 필연적으로 십계명의 결과물입니다. 그러나 세상눈으로 보면 이런 덕목들은 별로 중요하지도 않고 가치 없어 보입니다. 왜냐하면 이런 덕목들은 그저 특별한 때, 특별하게 준비된 장소, 특별한 의식, 호사스러운 외모에서 너무 쉽게 부풀려지고 과시됩니다. 그러나 이 덕목들은 그런 것이 아닙니다. 오히려 십계명은 이웃과 만나는 아주 익숙한 일상에서 연습할 수 있는 덕목들입니다. 일상의 덕목이라는

이유 때문에 세상에서는 주목받지 못합니다.

314 그러나 위대한 성자들은 자기 눈과 귀를 바로 이곳에 두었습니다. 그런데 수도원은 여기에 요란한 치장을 덧붙이고, 돈을 쏟아부어 건물을 높이 올렸습니다. 요란스러운 장식에 번들거립니다. 거기서 향을 피우고 노래하고 종을 치며 초에 불을 켭니다. 거기서는 이것들 외에 어떤 것도 볼 수도 들을 수도 없을 지경입니다. 왜냐하면 사제가 금으로 수놓은 미사 예복을 입고 서 있거나, 일반 신자들이 하루종일 교회 안에서 무릎 꿇고 있는 모습을 보고, 아무나 할 수 없는 귀한 일이라며 찬사를 보내기 바쁘기 때문입니다. 그러나 가련한 한 여인이 아이를 돌보고 맡겨진 일을 성실하게 해나가며 살아가는 모습 따위는 아무짝에도 쓸모없다고 말합니다. 수사와 수녀들이 가득한 수도원에서 이런 귀한 일을 찾아볼 수 있나요?

십계명을 무시하는 것도 잘못이지만, 더 높은 가치를 추구하며 사는 것도 잘못이다

315 그렇다면 잘 보십시오. 이런 사실이야말로 '거룩하지 않

은 성자'들이[77] 오만한 저주의 세계로 들어간 것이 아니고 무엇이란 말입니까? 이들은 십계명이 가르치는 것보다 더 높은 수준, 더 가치 있는 것을 찾아 수도원에 들어갔습니다. 이미 언급했습니다만, 그들은 일반인들을 위한 생활과 거룩하고 완전한 사람들을 위한 삶이 구분되어 있다고 설명합니다.[78]

316 이 불쌍하고 눈먼 인간들이 깨닫지 못한 것이 있습니다. 십계명을 완전하게 성취하려면 모든 조항을 온전하게 지켜야 합니다. 그러나 우리가 이렇게 성취하는 것은 불가능합니다. 그렇기에 이 점에서 반드시 명심해야 할 것이 있습니다. 앞으로 살펴보겠지만, 신조와 주님이 가르치신 기도는 이 불가능에 대해 도움을 간구하도록 하며, 끊임없는 하나님의 도움을 받을 수 있도록 합니다. 그러므로 수도사들의 자만은 한마디로, "너를 위해선 단 한 푼도 낼 수 없지만, 나를 위해선 어떤 대가라도 치르겠다"는[79] 말과 다르지 않습니다.

---

77 수도원의 수사와 수녀들을 뜻한다.

78 중세 신학은 인간 삶의 양식을 '이중 윤리'로 설명한다. 십계명은 일반인을 위한 윤리(praecepta)인 반면, 이보다 한 단계 위의 윤리는 '복음적 권고'(consilia)라고 명했다. 예를 들면 일반인이 아닌 수사들이나 할 수 있다고 생각한 독신, 가난, 순명 같은 덕목이다.

79 원문은 "너를 위해 지불할 그로센은 없지만, 나를 위해 기꺼이 10굴덴을 내겠다"이다. 1굴덴은 21그로센의 가치로 환산된다.

317 　제가 거듭 강조하는 이유가 있습니다. 사람들은 하나님의 뜻을 비참할 정도로 오용합니다. 하나님의 뜻을 오용하는 것은 누구에게나 뿌리 깊이 박혀 있는 비참함입니다. 이런 오용에서 벗어나 모두가 바른 용법에 익숙하게 되기를 바랍니다. 우리의 이런 비참한 오용은 오직 십계명을 통해서만 직시할 수 있고 관심을 가질 수 있게 됩니다. 아무리 세월이 지나고 그 어떤 훌륭한 사람이 나타난다 해도 십계명과 같은 가르침은 나오지 않을 것이 분명합니다. 또한 이 가르침은 더함 없이 높아서 사람의 힘으로는 결코 다다를 수 없습니다. 그러므로 이 가르침을 성취한 사람이라면, 세상에서 말하는 모든 거룩한 것과 비교할 수 없을 천상의 인물이거나, 아니면 천사가 분명합니다.

318 　자, 십계명을 붙잡고 그대로 실천해 보십시오. 모든 힘과 정열을 다해 쏟아 보십시오. 그때 비로소 당신은 어디서도 구할 수 없고 비교할 수 없는 거룩하고 선한 공로를 발견하게 될 것입니다.

319 이것으로 (기독교 교리의) 첫 부분에 관한 교훈과 권고는 충분할 것 같습니다. 그렇지만 결론부에서 다시 한 번 본문을[80] 언급해야겠습니다. 이미 첫째 계명에서 다룬 내용입니다. 여기에는 하나님이 얼마나 많은 노력을 우리에게 요구하시는지를 배우고 이를 실천해야 할 이유가 담겨 있습니다.

320 "나 네 하나님 여호와는 질투하는 하나님인즉 나를 미워하는 자의 죄를 갚되 아버지로부터 아들에게로 삼사 대까지 이르게 하거니와 나를 사랑하고 내 계명을 지키는 자에게는 천 대까지 은혜를 베푸느니라."출 20:5-6

321 위에 언급된 본문은 본래 첫째 계명에 덧붙여 있으나, 이 말씀은 나머지 모든 계명에 적용하기 위한 것이기에 나머지 모든 계명은 이 구절에 초점을 맞출 수 있습니다. 이 구절 때문에 제가 자녀교육을 언급했던 것입니다. 사람들에게 이 구절을 알려 억지로라도 자녀들을 가르치고 지키게 합시다. 모든 계명의 항목이 이 부가문과 연결되어 있다는

---

80 참조. 출 20:5 이하.

것을 알게 된다면, 다른 교육은 생각할 겨를이 없을 것입니다.

부가문에 나오는 징벌과 복의 약속이 바로 계명의 요구다

322 앞서 말했듯이, 이 말씀은 위협적인 진노인 동시에 아주 친절한 복의 약속입니다. 우리를 두려움에 떨게 하고 경고하여 하나님의 뜻 안으로 들어오게 하며, 이를 통해 그분의 뜻 가운데 움직이게 합니다. 그러므로 하나님의 말씀을 진지하게 여기고 정신 차려 들으십시오. 그분 스스로 말씀하시기를, "나는 이 계명에 온통 마음을 두고 눈을 부릅뜨고 있다"고 하십니다. 이 계명을 멸시하거나 범하는 모든 자들에게 무거운 형벌을 내리실 것이고, 반대로 이 계명을 높이고 기쁘게 행하며 그대로 따라 사는 사람들에게는 모든 좋은 것으로 풍성하게 갚아 주고 복 내리실 것을 약속하십니다.

323 이 말씀으로 하나님께서 우리를 향해 원하시는 것이 있습니다. 모두가 이런 마음을 가지고 살기를 바랍니다. 오직 하나님만을 두려워하고 그분 앞에 서시기 바랍니다. 이 두려움으로 하나님을 거스르고자 하는 모든 욕망을 내려놓으십시오. 그리고 그곳에서 한 발 더 나아가기 바랍니다.

모든 것 이상으로 오직 하나님만을 신뢰하고 사랑하여, 그 분 마음에 맞는 일을 행하십시오. 하나님은 아버지처럼 당신의 이야기를 친절하게 들어 주시고 모든 은총과 가장 좋은 것으로 당신에게 공급하실 것입니다.

하나님만 두려워하고 신뢰하는 자는 모든 계명을 성취하는 것이다

324 이것이 바로 첫째 계명의 본뜻이고 바른 해석입니다. 이 원천에서부터 나머지 계명들이 나옵니다. "너는 나 외에 다른 신들을 네게 두지 말라"는 계명은 아주 간단히 말해 "너는 나를 유일하고 바른 신으로 삼아, 두려워하고 사랑하고 신뢰하라"는 요구입니다. 누구든지 이런 마음의 태도를 가질 때 모든 계명을 완수할 수 있게 됩니다. 반대로 누구든지 천지에 있는 다른 어떤 대상을 사랑하고 두려워하는 자는 첫째 계명은 물론이요, 다른 계명 모두 지키지 않는 셈입니다.

325 이처럼 성경은 곳곳에서 이 계명을 선포하면서, 하나님을 '두려워하라'는 것과 하나님을 '신뢰하라'는 두 점으로 모든 것을 몰아갑니다. 그 누구보다도 예언자 다윗은 모든 시편을 통해 이것을 노래했습니다. "여호와는 자기를 경외하는 자들과 그의 인자하심을 바라는 자들을 기뻐하시는

도다."^{시 147:11} 다윗은 이로써 전체 계명을 한마디로 설명하려고 한 것 같습니다. "자기 외에 다른 신들을 섬기지 않는 자를 하나님은 기뻐하신다."

제1계명은 모든 계명의 뜻을 완성하는 화관의 고리다

326 이처럼 첫째 계명은 빛나며 그 광채를 다른 계명에게 나누어 줍니다. 그러므로 마치 자물쇠나 화관의 테에 있는 첫 부분과 마지막 부분이 아귀가 맞듯, 일관성을 가지고 전체 계명에서 이 결론이 드러나도록 해야 합니다. 이것을 항상 명심하십시오.

둘째 계명을 예로 들어 봅시다. 하나님에 대한 두려움은 그분의 이름을 저주나 거짓말, 속임수, 여타의 부패, 완악한 일에 오용할 수 없게 만듭니다. 반면에 하나님에 대한 신뢰와 사랑은 그분의 이름을 기도, 찬송, 감사로 바르고 선하게 사용하도록 만듭니다. 이는 모두 첫째 계명에 나온 내용입니다. 마찬가지로 (셋째 계명에서도)⁸¹ 하나님을 향한 두려움과 사랑과 신뢰는 하나님의 말씀을 경솔히 대하지 못하도록 하며, 배우고 청종하며 거룩하게 지키며 존중하

---

81 안식일 준수 계명

는 방향으로 몰아갑니다.

327   그 뒤에 따라오는 이웃 사랑의 모든 계명도 첫째 계명의 범주에 놓여 있습니다. 부모와 주인 그리고 모든 세속적 권위를 존경하고 받들며 이에 순종해야 합니다.[82] 이는 그들 때문이 아니라 하나님의 뜻이기 때문입니다. 어떤 이득을 얻기 위해 부모를 공경하고 두려워하고 사랑하라는 것이 아닙니다. 이는 당신을 자비롭게 품어 주시는 하나님의 뜻이며 요구이기 때문입니다. 이를 경시하면 진노의 심판자를 만나게 될 것이고, 반대의 경우에는 자비로운 아버지를 만나게 될 것입니다.

328   다음 계명들도[83] 동일한 뜻입니다. 이웃에게 고통을 주거나 해를 입히거나 권력을 남용하여 자기 이익을 구하지 마십시오. 이것은 이웃의 육체나 그의 아내, 그의 재산과 명예와 이웃의 권리에도 해당합니다. 뒤따르는 계명은 이것을 계속해서 명령합니다. 비록 당신이 합법적으로 이렇게

---

82 루터는 이웃 사랑 계명의 으뜸으로 제4계명인 부모 공경을 꼽는다. 가장 가까운 이웃인 부모를 공경하지 않으면서 이웃 사랑을 논하는 것은 어불성설이거니와 하나님의 뜻과 상관없는 것으로 보았다. 제4계명 해설에서 그는 육체의 부모, 영적 부모(목회자), 세상적 부모(권세자)로 구분하면서 부모 공경을 하나님이 각 개인에게 주신 소명적 삶의 자리로 가르친다.

83 살인(제5계명), 간음(제6계명), 도둑질(제7계명), 거짓 증언(제8계명), 이웃의 가족과 재산(제9-10계명)에 대한 계명.

할 수 있는 어떤 기회가 주어지더라도 하지 마십시오. 오히려 선으로 갚아 주고 도와주십시오. 당신이 할 수 있는 모든 방법을 동원해서 이를 행하십시오. 이것이 오직 하나님을 사랑하는 것이고, 오직 하나님을 신뢰하며 기쁘게 하는 것입니다. 하나님은 당신에게 모든 좋은 것으로 풍성히 갚아 주실 것입니다.

329 이로써 당신은 첫째 계명이 왜 모든 계명의 머리이며 원천이 되는지 알게 되었습니다. 첫째 계명은 모든 계명 속으로 흘러 들어갑니다. 반대로 모든 계명은 첫째 계명으로 되돌아옵니다. 그러므로 첫째 계명은 처음이요 끝이고, 다른 모든 계명을 하나로 엮어 주는 고리이며 기반입니다.

항상 십계명 앞에 서 있으라

330 단언컨대, 십계명은 젊은 세대에게 유용하고 필요합니다. 이것을 항상 가르치고 권면하고 기억하게 하십시오. 단순히 소 매질하듯 억지로 강요하지 말고, 하나님을 향한 두려움과 경외심으로 하시기 바랍니다. 왜냐하면 십계명은 보잘것없는 인간의 것이 아니라 높으신 주재자의 말씀이기 때문입니다. 그러므로 숙고하여 마음에 깊이 새겨야 합니다. 하나님은 열심을 다해 지켜보고 계십니다. 계명을

경홀히 여기는 자에게는 진노와 징벌로, 지키는 자에게는 복으로 차고 넘치게 갚아 주십니다. 이것을 마음에 새기고 간직하는 사람이라면 당연히 하나님의 뜻대로 살려는 마음이 우러납니다.

331 바로 그 때문에 모든 벽과 구석에, 심지어 옷에도 이 계명을 써 놓으라고 구약에서[84] 명한 것입니다. 이렇게 명하는 목적은, 유대인들이 하듯[85] 전시용이 아닙니다. 항상 눈앞에 두고 마음에 새기라는 것입니다.

332 그리하여 우리의 행위와 모든 삶의 자리 가운데 실천하라는 것입니다. 이는 마치 어디로 가든지 글씨로 새겨진 계명을 볼 수 있게 하여, 시장이나 상거래 행위일지라도 장소와 시간을 막론하고 매 순간 몸에 익히라는 뜻입니다. 집 안이든 아니면 이웃과 함께 있는 밖이든 간에 십계명을 실천할 이유는 충분합니다. 아무도 십계명을 지키러 멀리 나갈 필요가 없습니다.

십계명은 하나님이 주신 최고의 보물이다

333 거듭 말씀드립니다. 이제껏 사람들이 가르치고 우러르는

---

84 참조. 신 6:8 이하, 11:20.
85 참조. 마 23:5.

그 어떤 계급이나 명령, 일보다 십계명은 존귀하고 찬사 받기에 충분합니다. 자, 이제 우리는 담대하게 말할 수 있게 되었습니다. "지혜자와 성자들이여, 모두 나와 보라! 당신들이 보이고 가르친 업적들을 어디 이 십계명에 비할 수 있겠는가! 하나님은 이 계명을 진심으로 요구하시며 무서운 진노와 징벌로 이를 명하신다. 그분은 이 진노와 심판에 머물지 않으시고 한 발 더 나아가, 여기에 모든 선한 것과 모든 복을 차고 넘치도록 부으신다." 그러므로 이것을 하나님께서 우리에게 주신 다른 어떤 가르침보다도 최고의 보화로 여기고 높여야 합니다.

제2부

신조[1]

---

1 원제는 "Der Glaube" 곧 '믿음' 또는 '신앙'이다. 루터는 믿음을 설명하기 위해 사도신조(사도신경)를 사용한다. 참고로, 한국 루터교회에서는 '규범의 규범'(*norma normans*)이라는 측면에서 한 종교의 최고 권위의 책인 성경에만 '경'을 붙이고, 신앙고백은 '여러 규범들 가운데 하나'의 규범, '규범으로 규정된 규범'(*norma normata*)이라는 측면에서 '조'를 붙여 '사도신조'라고 부른다.

1   지금까지 기독교 교리의 첫째 부분에 관해 살펴보았습니다. 하나님이 우리에게 권하는 일과 금지하는 일이 무엇인지 볼 수 있었습니다. 여기서 사도들의 신앙고백 곧 신조가 나오는 것은 당연합니다. 신조는 우리가 하나님께 무엇을 빌어야 하고 무엇을 받을 수 있는지 제시하고 가르칩니다.

2   또한 신조는 십계명을 준행하도록 돕습니다. 이미 말씀드렸듯이, 십계명은 수준이 너무 높아서 인간의 나약한 능력으로 지킬 수 없습니다. 그 때문에 십계명을 배우듯이 신조도 열심히 배워야 합니다. 이를 통해 계명 준수의 힘이 어디서 나오는지, 무엇을 통해 그런 힘을 받을 수 있는지 알 수 있게 될 것입니다.

3   자기 힘으로 십계명을 지킬 수 있는 사람은 아무도 없습니다. 그 때문에 우리가 신조와 주기도를 배우는 것입니다.

4   신조의 유익과 필요에 대해 설명하기에 앞서 이것부터 말
     해야 될 것 같습니다. 교육받지 못한 사람이라고 해도 신
     조는 받아들이고 이해하기에 충분합니다.

하나님이 삼위 하나님이듯, 신조도 세 조항으로 구성되어 있다

5   이제까지 사도들의 신앙고백 곧 신조는 열 두 조항으로
     나누어 설명되어 왔습니다.[2] 물론 성경과 신조에 포함된
     모든 내용을 합친다면 이보다 더 많은 조항이 될 것이고,
     또한 이 모든 것을 몇 마디 말로 간략히 표현할 수 없을
     것입니다.

6   그러나 이것을 아이들도 가르칠 수 있게 분명하고 간략히
     만든다면, 전체 신앙의 내용을 세 가지 항목으로 요약할
     수 있을 것입니다. 이는 하나님의 신성을 세 가지 위격으
     로 설명하는 방법과 같습니다. 첫째 조항은 하나님 아버지
     를 창조주로 설명합니다. 둘째 조항은 그분의 아들을 구원
     자로, 셋째 조항은 성령에 대한 것인데, 이 항목은 거룩함

---

2   일반적으로 루피누스(Rufinus Aquileiensis, 345 – 410)의 전승에 따라 5세기 이후부터 사도
신조를 열두 개 조항으로 나누어 가르쳤다. 그의 "사도신조 주해"(Commentarius in Symbolum
apostolorum)에 따르면, '오순절 성령강림 사건 이후 열두 제자들이 세상으로 선교를 위해 나가기
직전 일치된 설교 규범의 필요성이 제기되었고, 이에 따라 사도마다 한 구절씩 써 놓은 것을 모은 것
이 사도신조가 되었다고 가르친다. 이 전승은 15세기까지 유효했으나 이탈리아의 인문주의자 로렌조
발라(Lorenzo Valla, 1407-1457)의 문헌 비평에 의해 역사적 근거가 없음이 밝혀졌다. 이후 종교
개혁자들은 사도신조를 사도의 작품이 아닌 성경의 바른 요약, 또는 사도들의 신앙 증언과 일치된 것
으로 받아들였다.

을 다룹니다.

7 그러므로 신조를 몇 마디 말로 간단히 요약하면 다음과 같습니다. "나는 하나님 아버지를 믿습니다. 그분은 나를 창조하셨습니다. 나는 아들 하나님을 믿습니다. 그분은 나를 구원하셨습니다. 나는 성령 하나님을 믿습니다. 그분은 나를 거룩하게 만듭니다." 한 하나님, 한 믿음, 그러나 삼위이신 하나님. 그 때문에 믿음은 세 조항의 신앙고백이 됩니다.

8 이제 신조의 내용을 살펴보겠습니다.

제1조

9 **"전능하사 천지를 만드신 하나님 아버지를 내가 믿사오며,"**

10 이것은 아버지 되신 하나님의 본질, 의지, 하시는 일, 업적을 가장 간명하게 표현한 것입니다. 우리는 이미 십계명에서 사람이라면 누구나 **일종의 신**을 섬기고 있다는 것을 배웠습니다. 그래서 우리가 질문해야 할 것은 이제 신의 존재 유무가 아닙니다. 우리가 인식하고 있는 그 신이 사람을 위해 도대체 무엇을 했는지, 그리고 우리가 그분을 어

떻게 예찬하고 묘사하며 설명해야 하는지 질문할 수 있습니다. 이것을 첫째, 둘째 조항이 가르칩니다. 그러므로 이 신조는 제1계명에 대한 그리스도인의 응답이요, 믿음의 고백입니다.

11 만일 어린아이에게 "얘야, 너는 어떤 신을 섬기고 있느냐? 그 신은 어떤 분이니?"라고 묻는다면, 이렇게 답할 수 있을 것입니다. "나의 신은 이렇습니다. 우선 그분은 하늘과 땅을 만드신 내 아버지입니다. 이것을 뺀다면 내가 섬기는 신이라고 할 수 없습니다. 왜냐하면 천지를 지으신 그분이 없다면 아무것도 존재하지 못하기 때문입니다."

하나님 외에 그 누구도 만물을 창조할 수 없다

12 지식인들과 좀 더 교육받은 사람들에게는 세 가지 조항을 보다 충분히 살피고 더 세밀하게 나누어 가르칠 수도 있습니다. 하지만 어린아이들에게는 필요한 핵심만 다루어도 충분합니다. 그것은 창조에 관련된 사항입니다. 그래서 우리는 '천지를 만드신 창조자'라는 말씀을 강조해야 합니다.

13 그렇다면 "나는 전능하사 천지를 만드신 하나님 아버지를 믿습니다"의 뜻은 무엇일까요? 저는 이렇게 답합니다. "이

것은 '나는 하나님의 피조물'이라는 것을 믿는 것을 의미합니다. 즉 그분이 나에게 영육과 생명, 크고 작은 육체의 기관, 모든 감각, 이성과 오성, 그리고 그 외의 모든 것을 주셨고, 지금도 여전히 이 모든 것 곧 먹을 것과 마실 것, 옷과 식량, 아내와 자녀, 종과 집, 들녘 등을 지탱하고 계시는 분을 믿는다는 뜻입니다."

14 게다가 그분은 자신이 만든 모든 피조물을 이용하며 생명을 위해 쓸 수 있도록 허락하셨습니다. 하늘의 해와 달과 별, 낮과 밤, 공기, 불, 물, 땅 그리고 거기서 나오는 모든 소산물과 새, 물고기, 동물, 곡식과 같은 모든 것을 주신다는 뜻입니다.

15 또한 그 외에도 심지어 육적이며 일시적인 축복도 주십니다. 예를 들어 선한 정부, 평화, 안전 같은 것들이 이에 해당합니다.

16 그러므로 우리는 이 조항에서 바로 이것을 배울 수 있습니다. 우리 중 그 누구도 생명을 자기 소유라고 주장할 수 있는 사람은 아무도 없습니다. 또한 그 누구도 앞서 언급한 것들, 그리고 앞으로 언급할 모든 만물의 주인이라고 말할 자격도 없습니다. 만물의 주인이신 '창조주' 하나님이 아니라면 제아무리 작고 하찮은 미물도 생명을 유지할 수 없기 때문입니다.

17 더 나아가 고백해 봅시다. 하나님 아버지는 우리가 가진 모든 것과 보이는 모든 것을 우리에게 주셨을 뿐만 아니라, 매 순간 악한 모든 것과 불행, 재난과 위험으로부터 우리를 지키고 보호하시는 분입니다. 이 모든 것은 마치 우리의 친절한 아버지가 자녀를 모든 악한 것으로부터 지켜 보호하는 것과 같은 그분의 순수한 사랑과 선하심에서 비롯됩니다.

18 여기서 더 말할 것들이 많지만 그 모든 것은 "전능하신 아버지"라는 말에 모두 포함되어 있습니다.

창조자, 보존자, 보호자이신 하나님께 감사하라

19 바로 여기서 결론이 나옵니다. 하나님은 천지에 있는 모든 것을 날마다 우리에게 주시고 보존하고 지켜 주십니다. 그래서 우리는 진실로 그분을 끊임없이 사랑하고 찬양하고 감사드려야 할 책임이 있습니다. 간단히 말해, 하나님께서 십계명을 통해 요구하고 명령하신 그 뜻을 받들어 온전히 그분을 섬기십시오.

20 그런데 이것을 찬찬히 들려주면서 알게 되는 것이 있습니다. 이 조항을 제대로 믿고 있는 사람이 극소수라는 점입니다. 이렇게 된 데는 이유가 있습니다. 우리는 모두 이 믿음을 나가서 전하거나 듣거나 말하기도 합니다. 그런데 이 믿음의 조항이 우리 자신을 향해 무슨 뜻을 담고 있는지 도무지 돌아보지도 고민하지도 않습니다.

21 진심으로 믿었다면 당연히 그대로 행했을 것입니다. 그런데 지금 우리는 마치 우리의 생명, 부, 권력, 명예 따위의 것들이 원래부터 자기 소유인 양 교만 떨고 있습니다. 그렇게 폼을 잡으며 자신을 두려움과 봉사의 대상으로 착각합니다. 이런 것은 저주받은 고약한 세계에서나 있을 법한 일입니다. 이는 술에 만취해 뵈는 게 없는 상태나 다름없어서, 하나님께서 주신 모든 귀한 물질과 선물들을 오직 허영과 탐욕과 육체의 쾌락에만 사용합니다. 그러고서는 하나님의 얼굴을 향해 감사하지도 않고 창조주로 여기지도 않습니다.

22 믿는 자들이라면 이 조항 앞에서 두렵고 떨립니다. 왜냐하면 우리는 매일 눈, 귀, 손, 영과 육, 돈과 우리가 가진 모든

것으로 범죄하기 때문입니다. 특별히 하나님의 말씀을 거역하며 범죄합니다. 그러나 그리스도인에게는 유리한 점이 있는데, 그것은 하나님의 말씀을 섬기며 순종할 책임을 인식할 수 있다는 점입니다.

첫째 조항은 하나님께 받은 것이 무엇인지, 그리고 이를 위해 우리가 책임 져야 할 것이 무엇인지 알게 한다

23 그러므로 이 조항을 마음에 새겨 매일 익힙시다. 비록 시련과 역경이 우리 눈앞에 닥칠지라도 이것을 기억합시다. 이 모든 시련은 하나님께서 우리에게 주신 것입니다. 그러므로 우리가 눈으로 보고 느끼는 시련 너머에 아버지의 심장과 넘치는 사랑이 있음을 믿고 행동합시다. 이로써 우리의 마음은 따스해지고, 감사의 불꽃이 타올라, 우리가 가진 모든 것을 하나님의 영광과 찬양에 쓰게 될 것입니다.

24 이제 아주 평범한 사람들도 배울 수 있는 내용으로 요약해 봅시다. 신조의 첫째 조항이 가진 뜻은 이렇습니다. '우리가 가진 것은 모두 하나님이 우리에게 주신 것이다. 그러므로 우리는 하나님이 주신 것에 대한 책임을 져야 한다.' 이것은 아주 위대하고 탁월한 깨우침입니다. 그러나 깨달

음 이상의 보화입니다. 이미 보았듯이, 하나님은 아버지로서 우리에게 모든 세상 만물을 우리에게 주셨습니다. 그리고 가장 좋은 것으로 이 땅의 모든 생명을 돌보십니다. 이와 더불어 이제부터 듣게 될 내용이지만, 하나님은 그분의 아들과 성령을 통해 영원한 보화를 차고 넘치도록 부어 주십니다.

제2조

25 **"그 외아들 우리 주 예수 그리스도를 믿사오니, 이는 성령으로 잉태하사 동정녀 마리아에게 나시고, 본디오 빌라도에게 고난을 받으사 십자가에 못 박혀 죽으시고, 장사하여 음부에 내리신 지 사흘 만에 죽은 자 가운데서 다시 살아나시며, 하늘에 오르사 전능하신 하나님 아버지 우편에 앉아 계시다가, 저리로서 산 자와 죽은 자를 심판하러 오시리라."**

하나님은 우리에게 만물을 주시며 동시에 당신 자신을 선물로 주신다

26 여기서 우리는 하나님의 두 번째 위격을 배우게 될 것입니다. 앞서 언급했듯이, 하나님은 시간에 매여 있는 모든 만

물을 우리에게 주셨습니다. 이 항목에서는 하나님이 이런 일시적인 것을 넘어서는 것을 온전히 주신다는 점을 살펴볼 것입니다. 이 조항은 매우 풍성하고 품이 넓습니다. 그러나 전체 내용을 한 단어로 시작하여 아이들도 이해할 수 있을 정도로 쉽게 요약하고 응축해 보겠습니다. 어떻게 구원받느냐는 문제는 바로 이 문장에 달려 있습니다. "우리 주 예수 그리스도!" 이 말에 집중해 봅시다.

예수 그리스도가 우리의 새 주인이며 모든 것에서 자유롭게 하신다

27   "둘째 조항에 나온 예수 그리스도를 믿는다는 것이 당신과 무슨 상관이 있습니까?" 어떤 사람이 이렇게 질문하면 간단히 말하십시오. "나는 믿습니다. 예수 그리스도는 진실로 하나님의 아들이며, 나의 주가 되셨습니다." 그렇다면 '주'Herr란 무슨 뜻일까요? 그분이 나를 죄, 악마, 죽음 그리고 온갖 불행에서 건지셨다는 뜻입니다. 왜냐하면 나에게는 (나를 온전히 통치하는) 주인도, 왕도 없었기 때문입니다. 오히려 나는 악마의 세력 아래 있던 포로였습니다. 거기서 죽음으로 저주받았고, 죄와 무지에 사로잡혀 있었습니다.

28   하나님 아버지는 우리를 창조하셨고, 가장 좋은 것으로 우리에게 공급하셨습니다. 그러나 악마가 찾아온 이후로 우리는 불순종, 죄, 죽음 그리고 하나님의 진노와 심판이 가득한 온갖 불행에 빠지게 되었고, 각자 행한 바에 따라 영원한 저주의 유죄판결이 내려질 운명에 놓여집니다.

29   그 심판의 자리에는 권고나 도움, 위로 같은 것은 전혀 없습니다. 그러나 우리를 돕기 위해 하늘로부터 오신 유일하고 영원하신 하나님의 아들이 헤아릴 수 없는 선하심으로 절망과 고통에서 우리를 감싸 주십니다.

30   그러므로 이제 예수 그리스도는 독재자와 감옥 열쇠를 가진 자들은 몰아내고, 그 자리에 생명과 정의, 모든 선한 것과 은총의 주인으로 좌정하십니다. 그분은 가련하게 잃어버린 우리 인간을 지옥의 입구에서 빼내시고, 승리하며, 자유롭게 하셨습니다. 그리하여 아버지의 자비와 은총을 주시며, 그분의 보호 가운데 우리를 당신의 소유로 품어 주셨습니다. 이렇게 하는 목적은 우리를 향한 그분의 통치가 공의, 지혜, 권세, 생명, 은총임을 알리려는 것입니다.

그리스도 예수는 우리를 그분의 통치 가운데 세우신다

31   이것이 이 조항의 대략적인 요약입니다. 아주 간단히 말해

서 '주'라는 단어는 '구원자'라는 뜻입니다. 즉 오직 그분만이 우리를 악마에게서 하나님께로, 죽음에서 생명으로, 죄에서 정의로 옮겨 주시고, 거기서 우리를 보전하신다는 뜻입니다. 이 조항 다음 구절도 역시 이러한 구원을 설명하고 표현합니다. 풀어 말하면, 구원이 무엇인지, 어떻게 이루어지는지, 우리를 구하고 그분의 통치를 이루기 위해 무엇을 지불해야 했는지에 대한 설명이 이어집니다. 주님은 인간이 되셨습니다. 처녀에게서 죄 없이 성령으로 잉태하셨습니다. 이것은 주의 권세로 죄를 다스리기 위함입니다. 더 나아가 봅시다. 그분은 고난받고, 죽으시고, 묻혔습니다. 이는 나를 위해 대속하신 것입니다. 금과 은으로 나의 죄값을 지불한 것이 아닙니다. 그분의 존귀한 피로 값을 치르셨습니다. 이 모든 것을 통칭하여 나의 '주'라고 부릅니다. 이 모든 일 가운데 그분 자신의 유익을 위한 것은 하나도 없었고, 또 그럴 필요도 없었습니다. 그 후에 다시 부활하셔서 죽음을 삼켜 버렸습니다.[3] 그리고 승천하여 아버지의 우편에서 통치권을 넘겨받았습니다. 이제 악마와 그의 모든 세력이 주님께 굴복하는 마지막 날에 이르게 될 것입니다. 그때에 주님은 그분의 발아래 악한 세계와 악마

---

3   참조. 사 25:8.

와 죄를 온전히 가르고 분리하실 것입니다.

우리의 모든 구원은 이 두 번째 조항에 달려 있다

32 물론 이 조항에 담긴 모든 의미들을 어린아이에게 설교하
    듯 짧게 가르치는 것은 무리입니다. 그래서 각각의 주제를
    나누어 일 년 동안, 특별히 절기의 흐름에 맞추어 설교할
    수도 있을 것입니다. 예를 들어 그리스도의 탄생, 수난, 부
    활, 승천 등의 순서로 말입니다.

33 우리가 설교할 때 모든 복음의 성패는 바로 이 두 번째 조
    항을 어떻게 바르게 이해하는지에 달려 있습니다. 왜냐하
    면 모든 구원과 지복은 그분께 달려 있고, 우리가 배우기
    에 넉넉하고 품이 넓기 때문입니다.

제3조

34 "성령을 믿사오며, 거룩한 공회와, 성도가 서로 교통하는 것과, 죄
    를 사하여 주시는 것과, 몸이 다시 사는 것과, 영원히 사는 것을 믿
    사옵나이다."

35 이 조항은 "성화"라는 제목에 꼭 들어맞습니다. 왜냐하면 거룩하게 만드는 성령의 직능을 묘사하고 있기 때문입니다. 그러므로 우선 '거룩한 영'이라는 용어에 집중해야 합니다. 여기에는 이제부터 설명하고자 하는 모든 것이 담겨 있습니다. 이보다 좋은 표현은 찾을 수 없습니다.

36 성경에는 '사람의 영'이라든지 '하늘의 영', '악한 영'과 같이 여러 종류의 '영'이 언급됩니다. 그러나 오직 하나님의 영만 '성령'이라고 부릅니다. 바로 이 영이 우리를 거룩하게 했고, 계속 거룩하게 만들어 갑니다. 하나님을 창조주라 하고 아들을 구원자라 칭하듯, 성령을 '거룩하신 분'Heiliger 또는 '거룩하게 만드는 분'Heilsmacher이라고 부르는 것도 그분의 고유한 사역 때문입니다. 그렇다면 대체 어떻게 거룩하게 될까요?

37 대답입니다. 아들은 아버지로부터 통치권을 이양받아 탄생과 죽음과 부활을 통해 우리를 자기 소유로 삼았습니다. 마찬가지로 성령은 성도의 공동체인 그리스도의 교회와 죄의 용서와 육체의 부활과 영원한 생명을 통해 우리를 거룩하게 만듭니다. 즉 그분은 우리를 거룩한 사귐으로 인도하여 교회의 품에 안겨 줍니다. 그리고 교회의 선포를 통

해 그리스도께 인도합니다.

성령은 우리에게 구원을 선물로 주시며 그리스도께 인도한다

38　만일 성령이 우리의 가슴속 깊은 곳에 선물로 주시는 복
음의 선포^{Predigt}가 없다면, 그리스도에 대한 지식이나 믿음,
그리고 그분을 주님으로 인정하는 일이 누구에게도 생기
지 않을 것입니다. 그러나 이 일은 이미 일어났고, 또한 우
리에게 전해졌습니다. 그리스도는 수난, 죽음, 부활 등을
통해 우리에게 보화를 주셨습니다. 만일 이 일이 가려져서
아무도 알지 못한다면, 그분의 공로는 헛되고 부질없는 일
이 되어 버립니다. 그래서 하나님은 이 보화가 묻히지 않
고 기쁘게 선용될 수 있도록 말씀을 들고 선포하라고 하셨
습니다. 하나님은 말씀 속에 성령을 주십니다. 그리고 성
령은 우리와 가장 가까운 곳에서 친히 설명해 주시며, 구
원이 우리의 것이 되도록 도우십니다.

39　그러므로 (성령의 사역인) '성화'란 주님이신 그리스도께 인
도하는 것, 그 이상도 그 이하도 아닙니다. 이를 통해 우리
자신의 힘으로는 결코 얻을 수 없는 구원을 얻게 됩니다.

40   그러므로 이 조항을 분명히 이해하고 배워야 합니다. 만
      일 누가 "'나는 성령을 믿습니다'라는 말의 뜻은 무엇입니
      까?"라고 묻는다면 이렇게 답변할 수 있습니다. "내가 성
      령을 믿는다는 것은 그 이름처럼, 성령이 나를 거룩하게
      만든다는 것을 신뢰한다는 말입니다." 그렇다면 성령이 어
      떤 방법으로 이런 일을 할 수 있을까요? 다시 말해 그 용
      례와 수단은 무엇일까요?

41   대답입니다. "그리스도의 교회를 통해, 죄의 용서를 통해,
      육의 부활을 통해, 영원한 생명을 통해 우리를 거룩하게
      하십니다."

42   맨 앞에 언급된 '교회'는 성령이 세상 가운데 두신 아주 특
      별한 공동체입니다. 이 공동체는 그리스도인을 태어나게
      하고 하나님의 말씀을 전하는 어머니이기[4] 때문입니다. 성
      령은 말씀을 선포하고 그 말씀으로 우리를 움직이게 합니
      다. 말씀을 통해 사람의 마음을 비추고 불을 붙이며, 머리
      로 깨닫고 가슴으로 받아들여서, 말씀에 기대어 말씀과 함
      께 살게 합니다.

---

4   '교회는 그리스도인의 어머니다'라는 말은 고대 교회로부터 내려온 오래된 전통이다. 카르타고의
    교부였던 키프리아누스(Cyprianus von Karthago, ?-258)는 이렇게 말한다. "교회를 어머니로 믿
    지 않는 자는 하나님을 아버지로 섬길 수 없다"(De ecclesiae unitate 6).

43 성령이 마음속에서 일으키는 말씀의 선포가 아니라면, 모든 것은 부질없는 짓입니다. 이런 일은 마치 교황권에 복종하는 것과 같아서, 자기 신앙을 의자 밑으로 내팽개치는 행위와 같습니다. 그런 설교로는 아무도 그리스도를 주님으로 깨닫지 못하고, 게다가 우리를 거룩하게 만드시는 성령에 대해서도 알아채지 못하게 만듭니다. 다시 말해, 그 누구도 자기의 공적이나 행위로 그 보배를 취할 수 없고, 하나님을 아버지로 받아들일 수도 없으며, 그 때문에 그리스도를 '주'로 믿을 자가 없다는 뜻입니다. 그렇다면 이런 곳에 결여된 것은 무엇일까요?

44 여기에는 성령이 없습니다. 성령이 없으면 말씀이 계시되지도 않고, 말씀을 설교할 수도 없습니다. 그런 곳에는 오직 인간과 악한 영만 남아서, "자기 공로로 복을 얻고 은총에 이를 수 있다"고 가르칩니다.

45 그런 곳은 그리스도의 교회가 아닙니다. 왜냐하면 그리스도가 선포되지 않는 곳에는 성령이 없기 때문입니다. 성령은 교회를 그리스도의 소유로 만들고, 그리스도인을 부르며 모읍니다. 그러므로 성령이 함께하는 교회를 떠나 주님

이신 그리스도께 이를 자가 없습니다.[5]

46   이것으로 간략하게나마 이 조항의 내용 설명이 된 것 같습니다. 그러나 교육받지 않은 일반인들이 보기에 각각의 항목들이 불분명할 수 있으니 짧게나마 조목조목 훑어보겠습니다.

교회는 그리스도인의 공동체 또는 모임이다

47   "거룩한 그리스도의 교회"라는 말은 사도들의 신앙고백에서 '코무니오 상토룸'communio sanctorum 곧 '성도의 교제'Gemeinschaft der Heiligen에[6] 해당하는 말입니다. 라틴어든 독일어든 두 개념 모두 같은 뜻입니다. 다만 초기에 이 문구는 없었습니다.[7] 참으로 유감스럽게도, 이 용어communio sanctorum

---

5   교부 키프리아누스가 가르쳤던 대표적인 문구다. "교회 밖에는 구원이 없다"(Ep.73, 21).

6   보통 교회를 칭하는 라틴어 *communio sanctorum*에서, 루터는 *communio*를 'Gemeinschaft' 또는 'Gemeinde'로 번역했다. 당시 신학에서는 의례적으로 '성도의 교제'(Gemeinschaft der Heiligen)라는 용어가 통용되었지만, 루터는 이를 '공동체'(Gemeinde)로 바꾸어 놓는다. 물론 현대 독일어에서 'Gemeinschaft'와 'Gemeinde'는 의미 차이가 없는 동의어다. 하지만 당시 Gemeinschaft에는 '모임'이나 '공동체'의 의미가 없었다. 참고로 이익공동체를 뜻하는 'Gesellschaft'와 달리, Gemeinde와 Gemeinschaft는 사회적 이익과 상관없는 영적·물질적 소통이 일어나는 공동체를 뜻한다. 보통 *communio sanctorum*을 '성도의 교제'라고 번역하지만, 루터의 말대로 독일어로 옮기기에 난해한 문구다. 한국어 번역으로는 '거룩한 자들의 사귐' 또는 '성도의 거룩한 사귐'도 가능하다.

7   2세기 중후반 또는 3세기 초 사도신조 고대본인 Romanum에는 *communio sanctorum*이라는 문구가 없었다. 이 문구가 생긴 이래로 의미하는 바는, 첫째로 '거룩한 자들의 공동체'(Gemeinschaft der sancti, der Heiligen) 또는 '거룩한 것에 대한 참여' 곧 성례전에 대한 참여를 뜻했을 것으로 추정한다. 이 문구는 약 400년 레미시아나의 주교 니케타스(Nicetas von Remisiana)의 사도신조 해설에 처음 등장한다.

를 '성도의 교제'^{Gemeinschaft der Heiligen}로 번역하는 것은 만족
스럽지 않지만 어쩔 수 없는 일이었을 것입니다. 차후에
라도 의미를 분명하게 드러내기 위해서라도 다른 용어로
대체되어야 할 것입니다. 왜냐하면 '교회'에 해당하는 그
리스어 '에클레시아'^{ecclesia}를 정확히 말하면 독일어로 '모
임'^{Versammlung}에[8] 해당되기 때문입니다.

48 그런데 독일어로 '교회'^{Kirche}라고 할 때 군중의 모임을 떠
올리지 않고, 사람들은 그저 특별히 구별된 건물이나 집을
생각합니다. 물론 집이나 건물에 사람들이 모여 있을 때
'교회'라고 말할 수 있습니다. 왜냐하면 사람들이 모일 때
는 특정한 공간을 필요로 하고, 모임의 성격에 따라 집의
이름이 붙여지기 때문입니다. 교회^{Kirche}는 정확히 말해 통
상적인 '모임'이라는 뜻입니다. 물론 이 단어의 기원은 독
일어에 있지 않고, 그리스어 '에클레시아'^{ecclesia}에 있습니
다. 그리스인들은 자기네 말로 이것을 '퀴리아'^{kyria}라 하고,
라틴어로는 '쿠리아'^{curia}라 칭합니다.[9] 우리 모국어인 독일
어로 하자면 교회란 '그리스도적 공동체', 가장 좋고 명확

---

8 'Versammlung'은 단순한 '모임'이 아니라 특수한 목적을 위해 모인 '집회' 또는 '의회'와 같이
자격을 갖춘 자들의 모임을 뜻한다.

9 언어학자들은 교회를 뜻하는 독일어 'Kirche'가 켈틱 언어인 'kyrk'(울타리 또는 경계선)에서 유
래한 것으로 보고 있다. 초기 아일랜드와 스코틀랜드 선교 때 유입된 것으로 알려져 있다. 그리스어
*kyria ecclesia*는 산발적 모임이 아닌 정기적인 모임을 뜻하며, 라틴어 *curia*는 로마제국 당시 귀족
들의 의회를 뜻한다.

한 표현으로 하자면 '거룩한 그리스도인들'[heilige Christenheit]이라고 할 수 있습니다.

교회는 거룩한 자들의 공동체다

49 '코무니오'[communio]도 역시 단순하게 '교제'[Gemeinschaft]라고 번역하지 말고, '공동체'[Gemeinde]라고 해야 합니다. 이 용어는 그리스도의 교회를 설명하기 위해 붙여진 각주나 해설일 뿐입니다. 여기서부터 우리가 사용하는 독일어로 '거룩한 자들의 교제'[Gemeinschft der Heiligen]라는 말이 나왔습니다. 그러나 실은 독일 사람에게 아주 낯선 말일 뿐입니다. 다시 바로잡아 본다면 '거룩한 자들의 공동체'[Gemeinde der Heiligen] 정도 될 것 같습니다. 즉 '성자들이 모인 공동체'를 뜻하는데, 더 정확히 표현하면 '거룩한 공동체'란 뜻이 됩니다.

50 제가 이 말을 덧붙이는 이유가 있습니다. 제대로 알고 쓰자는 것입니다. 어떤 용어가 관용어가 되어 버리면 바꾸기도 힘들지만, 때로는 한 단어만 바꿔도 이단으로 입방아에 오를 수 있기 때문입니다.

51   다음은 이 조항에 덧붙여진 문장들이 가진 의미와 요약입
       니다.

       나는 이 땅 위에 거룩한 무리와 거룩한 공동체가 있다는
       것을 믿습니다. 성령은 이들을 한 믿음, 한 뜻, 한 생각으로
       인도하여 머리 되신 그리스도 아래로 모으셨습니다. 거기
       에는 다양한 은사가 있으나 소외와 분리됨 없이 조화로운
       사랑이 깃든 곳입니다.

52   나는 이 공동체의 한 부분이고 지체이며, 모든 선한 것에
       함께 참여하고 기뻐합니다. 성령은 나를 교회로 보냈습니
       다. 교회에서 나는 말씀을 들었고, 여전히 계속 듣고 있습
       니다. 이를 통해 나는 교회 공동체와 한 몸이 되었습니다.
       이것은 교회 공동체에 들어오기 위한 첫째 과정이었습니
       다. 교회 공동체에 들어오기 전에 나는 하나님과 그리스도
       를 전혀 모르는 악마의 소유였습니다.

53   성령은 종말이 이를 때까지 거룩한 공동체인 그리스도의
       성도들과 함께하실 것입니다. 교회를 통해 성령은 우리를
       휘감으시고, 말씀으로 인도하며 이끄십니다. 이를 통해 우
       리가 매일 거룩하게 되고, 믿음이 점차 자라나 굳세게 되

며, 성령이 만들어 내시는 열매를 맺게 됩니다.

교회는 용서의 장소다

54   그러므로 우리의 믿음을 한 발 더 내디딥시다. 우리는 교
회 안에 있는 죄 용서를 믿습니다. 이것은 거룩한 성례전
과 죄를 용서하는 사죄 선언, 그리고 모든 복음에 서려 있
는 위로의 선포를 통해 일어납니다. 바로 여기에 성례전과
말씀 선포가 무엇인지, 도대체 복음이란 무엇인지, 그리
스도인의 직무가 무엇인지에 대한 모든 것이 담겨 있습니
다. 또한 죄 용서가 끊임없이 필요한 이유가 있습니다. 비
록 그리스도께서 주시는 하나님의 은혜를 얻고, 하나님의
말씀을 통해 성령 안에서 거룩하게 된다 하더라도, 그리스
도의 교회 공동체 안에 있는 우리는 여전히 목구멍까지 가
득한 정욕에 사로잡혀 있기 때문에 결코 무죄하다고 할 수
없습니다.

55   그러므로 교회는 이것을 분명히 해야 합니다. 바로 이곳에
서 우리의 양심은 죄 용서의 말씀과 표징을 통해 매일 위
로받고 회복되어야 합니다. 이 일은 우리가 살아 있는 한
계속되어야 합니다. 비록 우리가 죄에 사로잡혀 있지만 성

령은 우리를 상하지 않도록 보호하십니다. 왜냐하면 죄 용서의 권세가 있는 교회 공동체 안에서 우리는 성령과 함께 살아가기 때문입니다. 그러므로 교회에는 두 가지 의미가 내포되어 있습니다. 첫째는 '하나님이 우리를 용서하신다'는 것이며, 둘째는 '우리가 서로를 용서하고 짐을 함께 지며 돕는다'는 것입니다.

56 그러므로 죄 용서가 없는 곳이라면 어디나 '교회 밖'입니다. 복음이 있다면 죄 용서가 있다는 뜻이고, 복음이 없다면 죄 용서가 없다는 뜻입니다. 그러므로 죄 용서가 없는 곳은 교회가 아닙니다. 그런 곳에는 진정한 거룩함도 없습니다. 그러므로 누구든지 복음과 죄 용서 없이 자기 행위와 공로로 거룩함을 얻으려는 자가 있다면, 그는 스스로를 교회에서 축출하고 분리시키는 꼴이 됩니다.

성령은 이미 시작된 거룩을 끝내 완성시킨다

57 거룩한 일들은 이미 시작되었습니다. 그리고 매일 점차 커집니다. 바로 이곳에 우리의 소망이 있습니다. 우리의 육체는 사망 가운데 정결하지 못한 모든 것과 함께 장사될 것이지만, 그 육체는 다시 새로운 모습으로 부활하여 영원

한 생명으로 나타날 것입니다. 그때에 완전한 거룩에 이를 것입니다.

58 우리는 아직 중간기에 있습니다. 성령은 말씀을 통해 일하시며, 매일 죄를 용서해 주십니다. 이 일은 우리의 생명이 더 이상 용서가 필요 없고, 온전하고 순전하여 거룩하게 될 그날까지 계속될 것입니다. 그날에 우리는 죄와 죽음과 모든 불행이 제거된 상태로 새로운 생명, 영원히 죽지 않는 생명으로 변화될 것입니다. 그 안에는 순전함과 정의만 가득 차 있을 것입니다.

59 보십시오! 성령이 하시는 일과 직무는 바로 이것입니다. 그분은 거룩함을 이 땅에서 시작하여 매일 증대시키시는데, 두 가지 방편 곧 그리스도의 교회와 죄 용서를 통해 일하십니다. 우리가 썩어 없어질 때 홀연히 성령은 그분의 일을 완수하실 것인데, 끝내 이 두 가지 방법을 통해 우리를 영원히 보전하실 것입니다.

60 "몸^{Fleisch}이 다시 사는 것"이라는 표현은 독일어에서 그리 좋은 어휘 선택이 아닙니다. 독일어로 '플라이쉬'^{Fleisch}라고 말하면 정육점 고기부터 떠올리기 때문입니다. 그래서 바로잡는다면, '육체^{Leib} 또는 시신^{Leichnam}의 부활'로 해야 될

것 같습니다. 그러나 보다 중요한 것은 이 문장이 가진 본래의 뜻이 무엇인지 바로 아는 것입니다.

성화의 사역은 계속 진행 중이다

61 이 조항은 여전히 힘이 있습니다. 창조는 이미 주어졌고, 구원도 이미 예약(결정)되어 있습니다. 그러나 성령의 사역은 종말이 이르기까지 끊임없이 진행됩니다. 이 일을 위해 지상의 거룩한 교회를 모으셨고, 교회를 통해 모든 것을 말씀하고 행동하십니다.

62 성령의 사역이 진행 중에 있는 이유가 있습니다. 그리스도의 공동체를 모으는 그분의 일이 아직 끝나지 않았고, 모든 이에게 죄 용서를 나누어 주지 못했기 때문입니다. 그러므로 우리는 믿습니다. 성령은 말씀으로 우리를 모으고, 죄 용서의 믿음을 주십니다. 우리를 둘러싼 이 믿음은 더욱 커지고 강해질 것입니다. 마지막 그때에 세상의 모든 불행은 사라지고, 우리는 온전하고 영원한 생명으로 변화될 것입니다. 우리는 말씀을 통해 주시는 신앙 안에서 이 일을 간절히 소망합니다.

세 조항의 결론

신조의 세 조항은 하나님의 깊은 사랑을 보여준다

63 자, 보십시오. 당신에게는 지금 매우 짧지만 지극히 풍성한 말씀으로 묘사된 신조가 있습니다. 이것은 하나님의 본질과 그분의 뜻과 그분이 하시는 일에 대한 밑그림입니다. 여기에는 우리의 지혜와 생각과 이성을 뛰어넘는 완전한 지혜가 담겨 있습니다. 온 세계 사람들이 '육'으로 하나님의 존재유무와 그분이 무엇을 하셨는지, 그리고 그분의 생각과 뜻은 무엇인지 알아내려고 했지만 모두 실패했습니다. 그러나 지금 당신은 이 모든 것이 집약되어 있는 신조를 들고 있습니다.

64 이 신조의 세 조항에는 하나님께서 열어 보여주신, 아버지의 마음속 깊은 심연과 말로 형언할 수 없는 사랑이 담겨 있습니다. 그분이 사람을 창조하신 목적은 우리를 구원하고 거룩하게 만드는 데 있습니다. 그뿐만이 아닙니다. 게다가 하늘과 땅에 있는 모든 것을 주셨고 누리게 하셨습니다. 또한 그분의 소유로 삼기 위해 아들과 성령을 주셨습니다.

65 이미 언급했다시피, 주님이신 그리스도를 통하지 않고서

는 결코 아버지의 긍휼과 은총을 깨닫지도 이르지도 못할 것입니다. 그리스도는 거울입니다. 이 거울은 아버지의 마음을 보여줍니다. 그분이 없다면, 아버지는 진노로 가득하고 끔찍한 심판관으로만 보일 것입니다. 또한 성령이 계시하지 않는다면, 그리스도에 대해 무지할 것입니다.

이 세 조항은 그리스도인과 비그리스도인을 구분하는 경계선이다

66   그 때문에 신조는 이 땅 위에 사는 그리스도인과 그렇지 않은 자들을 구별해 줍니다. 교회 밖에는 이교도와 터키인, 유대인뿐만 아니라 바르지 못한 그리스도인과 위선자들이 있습니다. 그런데 그곳에는 신실한 신앙으로 일종의 신을 믿으며 기도하는 사람들도[10] 있습니다. 그러나 이들 가운데 하나님이 사람을 위해 어떤 생각을 품고 있는지 아는 자들은 아무도 없습니다. 그들에게 신은 사랑과 선하심이 아니라 영원한 진노와 저주의 신으로 각인되어 있습니다. 그 이유가 있습니다. 그들에게는 주님이신 그리스도가 없으며, 성령을 통한 은사의 조명을 은총으로 받지 못했기 때문입니다.

---

10   참조. 롬 1:19-21(하나님의 보편계시).

67   이제 여기서 당신이 발견해야 할 것이 있습니다. 신조의 가르침은 십계명과 다르다는 점입니다. 십계명은 우리가 무엇을 해야 할지를 가르칩니다. 그러나 신조는 우리를 위해 하나님이 무엇을 하셨고, 무엇을 주셨는지를 가르칩니다. 십계명은 모든 인간이 날 때부터 가슴에 새겨져 있습니다.[11] 그러나 거기에는 하나님이 '우리를 위해 하신 행동'이 빠져 있습니다. 신조는 다릅니다. 제아무리 똑똑한 지혜자도 이것을 이해할 수 없습니다. 오직 성령만이 가르쳐 주시기 때문입니다.

68   십계명은 그리스도인을 만들지 못합니다. 왜냐하면 하나님의 요구를 지키지 못하면 그분은 우리에게 그저 진노와 무자비한 신으로 남기 때문입니다. 그러나 신조의 가르침은 다릅니다. 은총으로 우리를 순전하게 만들며, 거룩한 길로 인도하며, 하나님을 기쁘게 합니다.

69   여기 주어진 신조의 깨달음은 모든 하나님의 계명의 본질인 기쁨과 사랑을 얻게 합니다. 왜냐하면 하나님은 우리가 십계명을 지킬 수 있도록 항상 동행하며 그분의 능력을 성

---

11 참조. 롬 2:15.

령의 선물로 주시기 때문입니다. 아버지는 모든 피조물을 선물로 주셨습니다. 그리스도는 아버지의 모든 공로를 우리에게 주셨습니다. 그리고 성령은 그분의 모든 은사를 주십니다.

신조는 성경을 이해하는 열쇠다

70 자, 이로써 너무 부담되지 않는 선에서 일반인들을 위한 신조의 기초적인 가르침은 충분할 것 같습니다. 신조의 전체 내용을 이해했다면, 이제 성경의 가르침이 무엇인지 스스로 파악하실 수 있을 것입니다. 이를 통해 계속해서 더 많은 이해가 쌓이고 자라게 하십시오. 왜냐하면 우리가 살아 있는 동안 이것을 설교하고 배우기를 매일 그치지 말아야 하기 때문입니다.

제3부

주기도

1   앞에서 우리는 무엇을 해야 하고 무엇을 믿어야 할지, 가장 귀하고 복된 삶의 근원이 무엇인지 생각해 보았습니다. 이제 세 번째 주제로 '어떻게 기도해야 하는가'에 대해서 살펴보겠습니다.

2   솔직히 우리의 현재 상황은 이렇습니다. 신앙이 있다 해도 십계명을 지킬 수 있는 사람은 아무도 없다는 것입니다. 악마는 세상과 손을 잡고 우리 육체를 사로잡아 무너뜨리기 위해 온 힘을 쏟습니다. 이것을 막기 위해 가장 시급한 일은 하나님의 말씀을 항상 귀에 두고, 이름을 부르며 기도하는 것입니다. 하나님은 우리가 십계명을 완수하고 신앙이 성장되기를 바라십니다. 또한 굳건한 신앙으로 우리 앞에 놓인 인생의 모든 장애물이 제거되기를 원하십니다. 이 일을 위해 알아야 할 것이 있습니다.

3   기도가 무엇이고, 어떻게 해야 할지, 우리 주 그리스도께서 가르치신 기도가 무엇인지 알아야 합니다. 이제 함께 살펴보겠습니다.

기도는 제2계명의 명령이다

4   주기도를 구절마다 설명하기에 앞서, 그리스도와 사도들은 어떤 기도를 했는지 알아볼 필요가 있습니다.[1]

5   기도하는 것은 하나님의 계명이고, 동시에 우리의 의무입니다. 이것이 가장 중요한 내용입니다. 또한 이미 제2계명을 다루면서 들었던 내용입니다. "하나님의 이름을 망령되이 일컫지 말라!" 이것은 거룩한 그분의 이름을 찬양하고, 모든 위급한 순간에 그분의 이름을 부르며 기도하라는 명령입니다. 그분의 이름을 '부르는 것'Anrufen이 곧 '기도'Beten입니다.

6   그러므로 기도는 우상숭배 금지, 살인 금지, 도둑질 금지 계명과 같이 매우 준엄한 하나님의 계명입니다. 기도하든 안 하든 아무 차이가 없을 것으로 생각하지 마십시오. 망상에 빠진 어떤 사람들은 이렇게 말하기도 합니다. "뭐 하러

---

1   참조. 마 7:7, 눅 18:1, 21:36, 롬 12:12, 골 4:2, 살전 5:17, 딤전 2:1, 벧전 4:8 등.

기도해? 하나님이 내 기도를 듣건 안 듣건 알게 뭐야?" 또
는 "뭐, 내가 기도 안 해도 다른 사람이 대신 하겠지." 이런
사람들은 결국 타성에 젖어 더 이상 기도하지 않게 됩니다.
이런 자들이 항상 입에 올리는 핑곗거리가 있습니다. 바로
우리(종교개혁자)가 위선적이고 거짓된 기도를 배격하면서
기도할 필요가 없다고 가르친다는 것입니다.

기도는 위급할 때 하나님을 부르는 것이다

7 이제껏 교회와 여타 다른 곳에서 '기도 모임'을 만들어 큰
   소리로 외치고 같은 말을 반복하며 낭송하는 것을 '기도'
   라고 여겼던 게 사실입니다. 그러나 실제로 이런 것은 기
   도가 아닙니다. 왜냐하면 정확히 말해, 그런 외적인 형식
   들은 어린아이나 학생, 아무것도 모르는 일반인의 노래 연
   습 또는 읽기 연습이나 마찬가지이기 때문입니다. 이런 것
   들은 진정한 의미에서 기도가 아닙니다.

8 '기도한다'는 것은 제2계명에 명시되었듯이, '모든 위급 시
   에 하나님을 부르는 것'입니다. 하나님은 우리에게서 이런
   기도가 터져 나오기를 바라십니다. 기도는 내 취향에 달린
   것이 아닙니다. 그리스도인이라면 기도는 우리 스스로 결
   단하고 실행해야 할 당위^{sollen}인 동시에 무조건 해야 할 필

연적 의무^{müssen}입니다. 이는 마치 부모와 국가에 순종하는 것과 같습니다. 부름과 간구를 통해 하나님의 이름은 높여지고 가치가 높아집니다. 이때 명심합시다. 기도를 중지시키거나 위협하고, 기도를 방해하는 어떤 생각이나 사상들이 있다면, 입 다물게 하고 그것에 대항해야 합니다.

9   비유를 들어 보겠습니다. 아들이 아버지 앞에 나타나 이렇게 말합니다. "제가 순종해야 할 이유가 있나요? 이제 나가서 저 하고 싶은 대로 하면서 살겠어요!" 계명은 이런 것과 아무 상관이 없습니다.

10   부모 순종은 계명이기 때문에, 아들은 아버지에게 순종해야 할 당위와 의무가 있습니다.

11   마찬가지로, 기도 역시 해도 좋고 안 해도 좋은 그런 종류의 것이 아닙니다. 반드시 준행해야 할 하나님의 계명입니다.

기도는 하나님의 명령이다

12   기도는 하나님께서 명하신 준엄한 일입니다. 그러므로 누구든지 '내 기도는 별 쓸모없다'는 식으로 경홀히 생각지 말고, 위대한 덕목이자 계명으로 여기시기 바랍니다.

13   어린아이가 부모 순종을 가볍게 여기지 않도록 하십시오. 대신 항상 이런 생각을 갖게 해야 합니다. "내가 순종하며 행하는 유일한 이유는 이것이 하나님의 계명이기 때문이다. 이 계명 위에 내가 서 있고, 바로 이 계명으로 내가 부름받았다. 내가 나 된 것은 내가 잘났기 때문이 아니다. 하나님의 계명이 나를 가치 있게 만든다. 하나님의 계명 때문에 나는 순종한다." 바로 여기서 기도란 무엇이고, 무엇을 위해 기도해야 할지 깨달을 수 있습니다. 기도는 하나님을 향해 구하는 것이고 그분께 순종하는 것입니다. 이제 잘 생각해 봅시다. "나에게 기도란 어떤 이유가 있어서 해야 하는 것이 아니고, 하나님의 명령이기 때문에 해야 하는 것입니다. 그래서 기도가 가치 있는 것입니다." 우리에게는 모두 기도의 제목이 있습니다. 하나님 앞으로 나오십시오. 순종으로 이 계명을 준행하십시오.

14   그러므로 기도하며 간곡히 권면합니다. 최선을 다해 열심히 기도하십시오. 기도의 계명을 마음에 새기고 어떤 경우에도 가볍게 보지 마십시오. 이제껏 악마의 이름으로 잘못 가르쳤기에 누구도 이것에 대해 주의를 기울이지 않았습니다. 그러다 보니 이런 생각까지 하게 됐습니다. "이만하면 됐어! 하나님이 들으시든 듣지 않으시든, 이 정도 기도

했으면 충분해!" 이런 기도는 요행을 바라는 것이고, 될 대로 되라는 식의 중언부언이며, 아무짝에도 쓸모없습니다.

15 우리의 기도가 잘못되고 방해받는 이유가 있습니다. 다음과 같은 생각 때문입니다. "나는 거룩하지 않아! 나는 별 볼 일 없는 인간이야! 내가 사도 베드로나 바울처럼 경건하고 거룩했다면 나도 기도할 수 있을 텐데." 혹여나 이런 생각이 있다면 당장 내다 버리십시오! 사도 바울에게 적용되었던 계명은 나에게도 똑같은 계명입니다. 제2계명이 사도 바울에게 귀하게 주어졌듯이, 나에게도 똑같이 귀하게 주어졌습니다. 바울에게 주어진 계명이 나에게 주어진 것보다 귀하거나 거룩하지도 않고 더 자랑스러운 것도 아닙니다.

16 그러므로 이렇게 말하십시오. "내가 지금 드리는 기도는 참되고 귀하며 거룩하다. 나의 기도야말로 사도 바울이나 모든 성인들의 기도만큼 하나님께 기쁨이 된다. 그 이유는 바로 이것이다. 그들이 나보다 인격적으로 거룩할지 모르나, 계명에 있어서는 그렇지 않기 때문이다. 기도할 때 하나님은 사람으로 판단하지 않으시고, 당신의 말씀과 그 말씀에 대한 순종으로 판단하시기 때문이다. 모든 거룩한 자

들의 기도가 바로 이 계명 위에 서 있으며, 나의 기도 역시 이 위에 서 있다. 모든 성인들이 드렸던 간구와 기도를 나 역시 드린다."

기도의 출발선은 하나님의 계명에 대한 순종이지 내 가치를 뽐내는 것이 아니다

17   그러므로 기도에 있어서 첫째되고 가장 중요한 부분은, 우리의 모든 기도가 하나님을 향한 순종 위에 서 있어야 한다는 것입니다. 죄인이든 신앙 깊은 경건한 사람이든, 귀인이든 별 볼 일 없는 사람이든 상관없이 자기 자신을 뽐내지 말아야 합니다. 기도는 이런 것과 상관없습니다.

18   그러므로 반드시 명심합시다. 하나님은 농담조로 말씀하시지 않습니다. 그분은 다른 모든 종류의 불순종을 징계하시듯, 우리가 기도하지 않는다면 진노와 징계를 멈추지 않으실 것입니다. 그렇지만 그분이 진실로 원하시는 것은 우리의 기도가 헛되이 사라지지 않게 하는 것입니다. 왜냐하면 응답하실 의도가 아니라면 우리에게 기도의 명령도 하지 않았을 테고, 더욱이 그런 엄한 계명으로 강조하지도 않았을 것입니다.

19   두 번째로, 우리가 더욱 열심히 기도하도록 요구하는 것
은 하나님의 약속 때문입니다. 하나님은 진실로 우리의 기
도에 응답하겠다고 약속하셨습니다. 하나님은 시편 50:15
을 통해 이렇게 말씀하십니다. "환난 날에 나를 부르라. 내
가 너를 건지리니." 또한 그리스도는 마태복음 7:7 이하에
서 이렇게 말씀하십니다. "구하라. 그리하면 너희에게 주
실 것이요……하늘에 계신 너희 아버지께서 구하는 자에
게 좋은 것으로 주시지 않겠느냐."

20   이 약속은 확실히 우리 마음에 기도의 열망과 사랑을 불러
일으킵니다. 하나님께서 말씀으로 밝히 보여주셨듯이, 우
리의 기도는 그분을 기쁘게 하는 일입니다. 게다가 하나님
은 우리의 기도에 분명히 응답하겠다고 보증하셨습니다.
그러므로 이 약속을 가볍게 듣거나 바람에 흩날려 버리지
말고 확신을 갖고 기도해야 합니다.

21   이런 확신을 가지고 기도해 보십시오. "사랑의 아버지, 지
금 여기 제가 나아와 기도합니다. 내 뜻과 내 판단을 따르
지 않게 하시고, 나를 온전하게 하며 거짓이 없으신 당신
의 계명과 약속을 따르게 하소서." 이 약속을 믿지 않는 자

는 자신이 하나님을 진노하게 하고 그분을 거짓말쟁이로 비난하는 것임을 인식해야 합니다.

하나님께서 좋은 기도를 직접 주셨다

22 그 외에도 기도에 힘써야 할 중요한 이유가 있습니다. 기도가 계명과 약속이라는 점 말고도, 하나님께서는 스스로 말씀과 용례를 주시면서 어떻게 무엇을 위해 기도해야 할지 우리 입에 넣어 주셨기 때문입니다. 우선, 하나님께서 얼마나 절실히 우리의 환난을 공감하시는지 아셔야 합니다. 또한 이 계명(주기도)이 얼마나 그분께 기쁨이 되는지, 그리고 그분께서 기도에 분명히 응답하신다는 점을 의심하지 말아야 합니다.

23 이것이야말로 인간이 고안한 그 어떤 기도보다 위대한 점입니다. 왜냐하면 우리의 양심은 항상 의심과 불안으로 가득 차 이렇게 속삭이기 때문입니다. '나 기도했어. 그런데 이 기도가 그분 마음에 들지 안 들지 어찌 알겠어? 그런데 내가 기도를 제대로 하긴 했나?' 이런 이유로 이 땅 위에서 드려진 어떤 기도도 주님이 가르치신 기도보다 고귀한 것은 찾을 수 없습니다. 하나님은 우리의 기도를 진실로 기쁘게 들으십니다. 하나님은 이 사실을 마음으로 듣게 하셨

습니다. 이것이 증거입니다. 그러므로 기도는 세상의 어떤 재물과도 바꿀 수 없는 보물입니다.

기도는 거래가 아니라 요청이며, 구해 달라는 간구다

24   이렇게 기도에 대해 자세히 서술하는 이유가 있습니다. 우리를 둘러싸고 압박하는 현실의 절박함을[2] 깊이 묵상하여 끊임없이 기도하게 하려는 목적 때문입니다. 우리는 기도할 때 바라는 것을 구체적으로 구해야 합니다. 그렇지 않다면 기도라 할 수 없습니다.

25   이 때문에 수도사와 사제들의 기도는 비난받아 마땅합니다. 밤낮 끔찍스럽게 소리 지르며 울어 대고 뭔가를 웅얼거립니다. 그들 가운데는 간절히 구할 생각이라고는 털끝만큼도 없는 자들도 있습니다. 만약에 그런 수도사들이 모인 모든 교회를 모아 본다면, 마음은 고사하고 포도주 한 방울만큼의 진심어린 기도와 고백을 찾지 못할 것입니다. 왜냐하면 그들 중 누구도 하나님에 대한 순종과 약속에 대

---

2   계속해서 '위급', '환난', '절박함' 같은 용어가 사용된다. 모두 'Not'의 번역이다. 인간의 위급성은 곧 기도의 직접적인 원인이다. 루터에게 기도는 곧 위급과 절박함 속에서 뿜어져 나오는 외침이며 하나님을 향한 요구다. 이 기도 속에서 인간은 하나님의 은총에 기대게 되고 은총이 무엇인지 체험하게 된다.

한 믿음으로 기도해 본 적이 없기 때문입니다. 또한 그들은 이른바 '절망'에 직면해 보지 않았기 때문입니다. 기도는 주는 것이 아니라 받는 것입니다. 그런데 그들이 고작 기도하는 것은 하나님과 거래하기 위해 하는 행위가 전부입니다.

참된 기도는 절박한 외침이다

26 그러나 바른 기도라면 절박함이 배어 있어야 합니다. 우리를 짓누르는 그 절박함이 하나님을 향한 부름으로, 외침으로 나타납니다. 그때에 비로소 기도는 자연스러워지며, 어떻게 준비해야 될지 배울 필요가 없게 됩니다. 거기서 기도^{Andacht}가[3] 뿌리를 내립니다.

27 우리뿐만 아니라 누구나 곤궁을 겪습니다. 이 절박함을 주님이 가르치신 기도에서 충분히 찾아볼 수 있습니다. 이로써 주기도는 우리로 하여금 기도를 게을리하지 않도록 일깨우는 역할을 합니다. 누구나 다 부족한 것이 많습니다. 그런데 문제는 우리가 그 부족함을 느끼거나 직시하지 못한다는 데 있습니다. 하나님은 당신의 곤궁을 듣기 원하십

---

3 마음이 한곳에 몰입된 상태 곧 참된 기도를 뜻한다. 이 단어는 '묵상'이나 '기도회'나 '예배'로도 번역되지만, 엄밀히 말해 예배 형식과는 상관없다. 다만, 하나님과 일대일 관계에 몰입된 상태를 지칭한다.

니다. 당신의 요구를 간곡히 호소하며 표현하십시오. 하나님이 그것을 모르기 때문에 이렇게 말하는 것이 아닙니다. 기도를 통해 당신의 마음에 불을 지피고 점점 강한 불로 만들려는 것입니다. 당신의 마음을 덮는 외투는 더욱 넓어지게 될 것입니다. 그리고 당신이 받은 온기만큼 그분의 뜻을 행하게 될 것입니다.

어려서부터 매일 기도하는 습관을 들여야 한다

28 그러므로 어려서부터 매일 기도하는 습관이 몸에 배도록 해야 합니다. 각자의 필요를 해결하기 위해 기도하되, 자신의 일과 감정을 여과 없이 그대로 기도해 보십시오. 또한 타인을 위해 기도하되, 특별히 설교자, 정부 관리, 이웃, 종들에게 관심을 갖고, 그들에게 필요한 것을 놓고 기도하십시오. 이미 말씀드렸다시피, 이런 기도를 할 때 '하나님은 반드시 계명과 약속을 지키시며, 잊지도 경시하지도 않는다'는 것을 항상 기억하기 바랍니다.

29 제가 이런 말을 기꺼이 하는 이유가 있습니다. 저는 사람들이 이렇게 기도하기를 소망하기 때문입니다. 모두가 바르게 기도하는 방법을 배워서 이제는 거칠고 냉랭한 성품이 변하면 좋겠습니다. 이렇게 기도하지 않으면 우리는 매

일 엉뚱한 기도를 하게 됩니다. 악마가 원하는 일이 바로 이것이고, 여기에 온 힘을 쏟습니다. 그러나 바른 기도는 악마를 고통과 비참 속으로 몰아넣습니다.

기도는 악마의 힘을 막는 철옹성이다

30 명심하십시오. 오직 기도만이 우리의 보호막이요 방패입니다. 악마와 우리를 뒤흔들려는 모든 악한 세력들을 대항하기에 우리는 심히 연약합니다. 악한 세력은 우리를 우습게 밟아 부술 정도로 강합니다. 그러므로 깊이 성찰하고 무기를 손에 쥐어야 합니다. 그리스도인이라면 악마에 대적하기 위해 그 무기로 무장해야 합니다.

31 이제껏 일어난 일들을 한번 생각해 보십시오! 복음을 막기 위한 악마의 도구들 곧 대적자들의 살인과 폭동을 막은 가장 큰 자산이 무엇이라 생각하십니까? 진실하게 기도하는 몇몇 사람들이 우리 편이 되어 악한 세력을 철옹성처럼 막아 준 것은 아닐까요? 그렇지 않다면 우리는 전혀 다른 양상을 목도했을 것입니다. 악마가 전 독일을 그의 피로 물들였을지도 모릅니다. 그러나 지금, 기도하는 자들이 당당히 악마를 조롱하고 비웃을 수 있게 되었습니다. 사람이든 악마든 간에, 기도만으로 대적할 수 있습니다. 태만하지

않고 부지런히 기도한다면, 그것으로 충분합니다.

32   신실한 그리스도인들이 "사랑의 아버지, 당신의 뜻을 이
      루소서" 하고 기도할 때에, 하나님은 "그래, 사랑하는 나의
      자녀야! 악마와 세상의 권세에도 불구하고 나는 나의 뜻을
      이룰 것이다" 하고 응답하실 것입니다.

의미 없는 말의 반복은 효과적인 기도와 전혀 상관없다

33   그러므로 기도를 무엇보다 크고 귀한 것으로 여기고 배우
      십시오. 또한 바른 간구^{Bitten}와 중언부언^{Plappern}을[4] 반드시
      구분하십시오. 우리의 목적은 기도를 없애는 데 있지 않습
      니다. 오히려 내던지고자 하는 것은 아무 의미 없이 무작
      정 울어 대며 고함지르는 기도^{Geheul}와 뜻도 없이 웅얼거리
      는 기도^{Gemurmel}입니다. 그리스도께서도 스스로 이런 끊임
      없는 허튼소리를 내던지셨고 금지하셨습니다.[5]

34   이제 주님이 가르치신 기도를 간단명료하게 다루어 보고
      자 합니다. 살아가며 끊임없이 만나게 되는 모든 종류의
      곤궁을 일곱 항목 또는 간구로 요약하여 설명할 것입니다.
      하나하나 매우 중요한 의미가 담겨 있어서 평생 기도의 이

4   뜻도 모른 채 의미 없이 말을 반복하거나 큰소리로 외치는 행위를 가리킨다.
5   참조. 마 6:7; 23:14, 막 12:40.

유를 찾기에 충분할 것입니다.

제1기원

35 **"이름이 거룩히 여김을 받으시오며,"**

하나님 아버지의 이름은 그 자체로 거룩하다

36   이 표현은 다소 모호합니다. 그리 좋은 번역이 아닙니다.
우리 모국어로 바꾼다면 이렇습니다. "하늘 아버지, 오직
당신의 이름만 거룩히 드러나도록 우리를 도와주소서!"

37   여기서 "이름이 거룩히 여김을 받는다"는 것은 무슨 뜻일
까요? 그분은 이미 거룩하지 않습니까? 이 질문에 대한 답
변입니다. 네, 맞습니다. 그분은 본래부터 거룩합니다. 또
한 우리는 세례 받아 그리스도인이 된 이래로 거룩한 하나
님의 이름을 진실로 갖게 되었습니다.[6] 그래서 우리는 '하
나님의 자녀'라는 칭호를 갖게 되었습니다. 그뿐 아닙니
다. 그분은 성례전을 통해 우리와 연합하십니다. 그러므로

---

6   원문은 'Denn Gottes Name ist uns gegeben, seitdem wir Christen geworden und
getauft sind'로, 문장상으로 볼 때 그리스도인이 되는 것과 세례 사건은 동시 사건이다.

이제 하나님의 소유인 모든 만물을 선하게 사용해야 합니다. 그러나 우리는 여전히 하나님의 이름을 오용하고 있고, 거룩하지 못하게 사용하고 있습니다.

하나님의 자녀로서 하늘 아버지의 이름을 높이는 것은 당연한 의무다

38 그러므로 우리는 그분의 이름이 존경받고 거룩하고 존귀하게 여겨지도록 온 정성을 다해 힘써야 합니다. 마치 최고의 보화요 성물을 소유한 것처럼 말입니다. 이제 하나님의 신실한 자녀로서 그분의 이름이 하늘에서 거룩해지기를 기도해야 합니다. 땅에서도 마찬가지입니다. 우리의 관계 속에서, 그리고 온 세계 만물 한가운데서 그분의 이름이 거룩히 되도록 해야 합니다.

39 그렇다면 어떻게 그분의 이름을 거룩히 할 수 있을까요? 답은 명확합니다. 우리의 가르침과 삶이 하나님과 그리스도의 뜻에 일치하면 됩니다. 이유를 말해 볼까요? 주기도에서 우리는 하나님을 '우리 아버지'라고 부릅니다. 이는 우리가 그분의 신실한 자녀라는 뜻입니다. 그러나 동시에 자녀로서 행동하고 져야 할 책임도 있다는 뜻이 됩니다. 게다가 자녀라면 모욕 대신 존경과 찬양을 돌려야 마땅합

니다.

40   우리 삶의 모든 것은 말과 행동으로 구분됩니다. 그래서
      말과 행동으로 우리는 하나님을 모독하기도 합니다.

41   첫째 경우인 '말'은 그분의 이름을 이용하여 거짓과 미혹
      으로 사기 치는 경우입니다. 이런 일은 설교와 교리에서
      빈번히 일어나며, 이때 하나님의 이름이 더럽혀집니다. 이
      것이야말로 하나님의 이름에 대한 가장 큰 모독입니다.

42   여기서 더 나아가 보면, 맹세와 저주 혹은 주문을 읊조리
      며 자기 수치를 감추기 위해 하나님의 이름을 사용하는 것
      도 중대한 오용입니다.

43   두 번째로 고려해야 할 것은 '행동'입니다. 그리스도인이
      요 하나님의 백성임에도 불구하고 악한 삶을 살고 악한 행
      동을 하는 것입니다. 간음하는 자, 술고래, 먹기를 탐하는
      자, 시기하는 자, 비방하는 자들이 여기 속합니다. 이런 행
      동들은 모두 하나님의 이름을 우리의 수치 아래 놓아 모독
      하는 것입니다.

44   이는 마치 악한 자녀가 제멋대로 굴며 말과 행동으로 부

모를 욕되게 하는 것과 같습니다. 우리는 하나님의 신실한 천국 자녀로서 온갖 좋은 것들을 누리고 있습니다. 그런데 이에 합당하지 않은 가르침, 다른 말과 다른 행동을 하며 살아서야 되겠습니까? 그렇게 살고 있다면, 하나님의 자녀가 아니라 악마의 자녀입니다.

입술의 찬양과 존경의 행동으로 하나님의 이름을 드높이라

45   이 간구의 조항을 눈여겨보면, 이것이 제2계명의 요구와 동일하다는 것을 알 수 있을 것입니다. 즉 그분의 이름을 맹세와 저주, 거짓말과 속임수 같은 악한 일에 사용하지 말고, 하나님을 향한 찬송과 영광에 사용하라는 것입니다. 누구든지 하나님의 이름을 덕스럽지 않게 사용하는 자는 그분의 거룩한 이름을 모독하는 것입니다. 과거에는 교회에서 성체함Monstranz과[7] 성유물을[8] 숭배하지 않으면 신성모독이라고 간주했는데, 살인과 간악한 행위를 일삼는 자와 동급으로 여겼습니다. 당시에는 그런 물질 자체가 본질적으로 거룩하다고 생각했고 숭배하지 않으면 부정 탄다고

---

7   성찬식에 사용하는 떡을 담아 놓는 장식 그릇이다.

8   성인들의 유골이나 유품으로, 교회 재원 마련을 위해 중세 교회는 성유물 숭배를 적극적으로 이용했다.

여겼습니다.

46   그러나 주기도 첫 번째 구절은 우리에게 명확히 가르칩니
다. "거룩히 여기라"는 것입니다. 이것은 우리 입의 말과
행동으로 높여 찬양하며 존경을 드리라는 말과 같습니다.

이 간구는 복음이 핍박받고 더럽혀질 때 특별히 중요하다

47   왜 이 간구가 우리에게 절실히 필요할까요? 세상을 둘러
보십시오. 온통 열광적이고 거짓된 교리로 가득합니다. 아
무것이나 거룩한 이름으로 치장하고, 그 이름을 구실 삼아
악마의 교리로 이끌어 갑니다. 그 때문에 우리는 끊임없이
하나님께 부르짖고, 거짓 설교와 바르지 못한 믿음에 대항
해야 합니다. 또한 복음과 우리의 순수한 가르침을 거스
르고 탄압하고 제거하려 하는 주교와 독재자, 열광주의자[9]
같은 모든 것에 맞서야 합니다. 마찬가지로 하나님의 말씀

---

9   루터가 '열광주의자'(Schwärmergeist)라고 부른 부류는 주로 신비적·영적 가치를 과도하게
추종하는 자들이었다. 그들은 성경에 기록된 말씀보다 개인적 신앙, 환상, 영적 감명 같은 주관적 체
험을 신앙의 토대로 삼았다. 역사적으로 보면, 1521년 루터가 바르트부르크 성에 숨어 있을 때로 거
슬러 올라간다. 이 시기에 소위 쯔비카우 출신의 '예언자'로 불리던 직조상인 니콜라우스 스토르크
(Nikolaus Storch), 토마스 드레히젤(Thomas Drechsel), 그리고 한때 멜란히톤의 제자였던 마르
쿠스 스튀프너(Markus Stuebner)가 나타나면서 열광주의 논쟁이 시작되었다고 볼 수 있다. 이들은
성령의 직접계시를 받는다고 자랑했으며, 기록된 말씀보다 내적 말씀(Das innere Wort)이 중요하
다고 여겼다. 그들은 자신들이 받은 직접계시 곧 내적 계시에 따라, 세계 질서가 곧 변혁될 것이고 성
직자와 불신자들이 이 땅에서 제거되며 하나님 나라의 기초가 세워질 것이라고 주장했다. 쯔비카우의
예언자들이 비텐베르크에서 직접적인 영향력을 행사하지는 못했지만, 이들의 가르침은 종교개혁 운
동을 급진적인 방향으로 몰고 갔으며 이후 재세례파의 형성에도 큰 영향을 미쳤다.

을 소유하고도 감사하지 않고, 말씀대로 살지도 않는 우리 자신을 위해서도 기도해야 합니다.

48 당신이 진심으로 간구하면 하나님은 반드시 기뻐하십니다. 그 이유는 하나님은 그 무엇보다 당신의 말씀이 순수하게 가르쳐지고 가치 있게 여겨지는 가운데 존경받고 찬양받는 것을 바라시기 때문입니다.

제2기원

"나라가 임하시오며,"

하나님 나라는 우리가 요청하지 않아도 이 땅에 임한다

49 우리는 첫째 기원에서 하나님의 이름이 무엇인지, 또 어떻게 존경해야 할지에 대해 살펴보았습니다. 하나님은 그분의 이름이 거짓과 악한 술책에 사용되지 않고 거룩하고 고귀한 일에 사용되도록 기도하라고 하셨습니다. 이를 통해 그분은 우리의 찬송과 영광을 받게 될 것입니다. 이에 발맞추어 하나님의 나라가 오기를 우리는 간구합니다.

50 하나님의 이름은 그 자체로 거룩합니다. 그럼에도 그분은

우리가 기도하기를 바라십니다. 마찬가지로, 하나님 나라 역시 우리의 간구가 없더라도 이 땅에 임할 것입니다. 그럼에도 그분의 나라가 우리에게 임하도록 간구해야 합니다. 이것은 우리 한가운데^{unter uns} 그리고 우리 곁에^{bei uns} 하나님 나라의 능력이 나타나도록 해달라는 뜻이며, 바로 우리가 그분의 이름이 거룩해지는 그 나라의 한 부분이 되기를 바란다는 의미입니다.

하나님 나라는 그리스도를 통해 임하며, 성령은 우리를 이 나라에 참여하게 하신다

51 그러면 하나님 나라는 무엇일까요? 대답입니다. 바로 이것 때문에 그분의 아들이며 우리의 주 되신 그리스도께서 이 땅에 오셨습니다. 그리스도는 악마의 권세에서 우리를 구원하셨고, 자유를 누리게 하셨습니다. 또한 의와 생명, 영원한 복의 왕이신 그분이 우리를 인도하여 죄와 죽음과 악한 양심에 대항하며 통치하십니다. 이 일을 위해 하나님은 우리에게 성령을 주셨습니다. 성령은 거룩한 말씀을 통해 우리에게 오십니다. 또한 성령의 능력을 통해 우리 믿음 안에 불을 밝히며 강하게 하십니다.

52 그래서 기도의 첫머리부터 우리를 강하게 해달라고 요청하고, 그분의 이름이 거룩한 말씀과 기독교적 삶을 통해 우리 가운데서 높여지도록 간구해야 합니다. 그분의 소유가 된 우리가 이 기도를 하는 것은, 날마다 진실되게 자라고 인정받으며 이웃에게 인정받으며 세상 속으로 들어가기 위함입니다. 이미 우리 가운데 많은 사람들이 성령의 인도를 따라 은혜의 나라로 들어왔고, 구원의 여정에 참여하고 있습니다. 이로써 우리는 유일하신 왕의 나라에 이제로부터 영원토록 머물 것입니다.

하나님 나라는 이미 말씀과 믿음을 통해 임했고, 하나님이 악마의 나라를 완전히 무너뜨릴 때 완성될 것이다

53 하나님 나라는 두 가지 모습으로 우리에게 나타납니다. 첫째는 임시방편인 말씀과 신앙 가운데 나타나며, 둘째는 영원한 계시 곧 그리스도의 재림을 통해 드러날 것입니다. 그러므로 우리는 이 두 가지 모두를 놓고 기도해야 합니다. 아직 이 나라 안에 들어오지 못한 이들과 이미 들어온 우리가 날마다 성장하는 가운데 영생을 맛보게 하는 하나님 나라가 임하도록 기도합시다.

54 이 모든 것을 간단히 말하면 이렇습니다. "사랑의 아버지,

주께 기도합니다. 우리에게 주님의 말씀을 주소서. 그 복음이 세상 속으로 들어가 바르게 전해지게 하소서. 또한 그 복음이 우리 안에 역사하여 믿음으로 받아들이게 하소서. 그리하여 주님의 나라가 우리 가운데 말씀으로 임하고 성령의 힘으로 움직이게 하셔서, 악마의 나라가 꺾이는 것을 목도하게 하소서. 악마의 나라가 파멸되고, 그의 권세가 더 이상 우리를 주관하지 못하며, 죄와 죽음과 지옥이 완전히 사라지기까지 온전한 의와 영원한 복락 가운데 살게 하소서."

하나님은 그분의 나라 안에 있는 자에게 그분의 모든 소유를 주신다

55 이제 우리는 한 조각의 빵처럼 일시적이고 없어질 것을 위해 기도하는 것이 아닙니다. 값을 매길 수 없는 영원한 보화와 하나님께서 소유하신 모든 것을 위해 기도하는 것입니다. 만일 하나님 자신이 이것을 구하라고 명령하지 않으셨다면 감히 이렇게 간구할 수 없었을 것입니다.

56 그러나 그분은 하나님이십니다. 그렇기에 다함이 없는 영원한 샘처럼 솟아오릅니다. 퍼내면 퍼낼수록 더욱 풍성하게 넘칩니다. 그분이 진실로 원하시는 것은 우리가 더 많이, 더 큰 것을 요청하며 간구하는 것입니다. 반대로 그분

이 진노하시는 것은 믿음 없이 기도하는 것입니다.

57 이것은 비유로도 설명할 수 있습니다. 부유하고 힘센 한 왕이 가난한 거지에게 어떤 크고 귀한 보물이라 해도 무엇이든지 구하는 대로 선물로 주겠다고 했는데, 이 어리석은 거지가 자기가 갖고 있던 작은 접시에 수프나 채워 달라고 했다면 어떠했을까요? 이런 경우, 왕은 자기가 내린 명령을 이 거지가 비웃음거리로 만들었다고 여기며 그를 쫓아낼 것입니다. 그리고 거들떠보지도 않을 것입니다. 우리도 마찬가지입니다. 하나님은 우리들에게 다할 수 없는 풍성한 복락을 주십니다. 그런데 이 모든 것을 무시하거나 믿지 않습니다. 그러고는 고작 빵 한 조각을 구하는 정도의 안전하고 옅은 모험을 합니다. 결국 이것은 하나님을 향한 비난이요 불명예가 될 것입니다.

58 이런 모든 것은 치욕스러운 우리의 불신앙에서 비롯됩니다. 불신앙은 하나님을 신뢰하지 않는 것입니다. 그분만으로 만족하기에는 턱없이 부족하다 말하고, 하나님께로부터 나오는 영원한 복락을 기대하지 않는 것이 불신앙입니다. 그러므로 우리의 불신앙에 대항하여 우리 자신을 굳건히 다집시다. 그리고 하나님 나라를 기도의 첫째 제목으로

삼읍시다. 그리하면 반드시 그리스도께서 가르쳐 주신 모든 것을 풍성히 받게 될 것입니다. "너희는 먼저 그의 나라와 그의 의를 구하라. 그리하면 이 모든 것을 너희에게 더하시리라."마 6:33 하나님은 이처럼 영원하고 없어지지 않을 것을 우리에게 약속하십니다. 그런 분께서 어찌 일시적인 부족 때문에 고통당하는 우리를 내버려 두시겠습니까?

제3기원

59 **"뜻이 하늘에서 이루어진 것같이 땅에서도 이루어지이다."**

60 이제껏 우리는 하나님의 이름이 높여지고 그분의 나라가 우리 가운데 역사하기를 기도했습니다. 이 구절에는 '어떻게 하나님을 섬길 것인지' 그리고 우리는 '어떻게 복을 받을 수 있는지'라는 두 가지 문제가 집약되어 있습니다. 이것은 이미 당신의 모든 소유물을 우리에게 주시기로 하신 약속을 근거로 합니다. 우리는 이 약속을 굳게 잡아 놓치지 말아야 합니다.

61 하나님 나라는 선한 국가의 통치에 비유할 수 있습니다. 국가에는 건축자와 통치자만 있는 것이 아니라 보호하고

방어하는 사람도 필요하고, 깨어 지키는 파수꾼도 필요합니다. 이와 같이 우리도 가장 필요한 것을 놓고 기도합니다. 그때 복음을 구하기도 하고, 말씀을 구하기도 합니다. 또한 우리를 악마의 권세에서 구원하고 우리를 통치하시기를 성령께 기도합니다. 이에 덧붙여 여기서 구해야 할 것이 있습니다. 그분의 뜻이 우리 가운데 이루어지기를 기도하는 것입니다. 우리가 이 나라에서 살려고 한다면 수많은 고통과 시련이라고 하는 놀랄 만한 일들이 벌어질 것입니다. 그것은 앞서 언급한 '하나님 섬김'과 '복 받음'을 저지하려는 악마와의 싸움을 각오하는 것입니다.

악마는 온 힘을 다하여 우리를 하나님께로부터 분리시킨다

62 우리가 악마를 대항하는 방법을 말하면 아무도 믿지 않으려 합니다. 악마는 누군가가 바른말로 가르치거나 믿으면 그것을 참지 못합니다. 왜냐하면 이제껏 하나님의 이름을 핑계 삼아 영광받아 온 악마의 거짓말과 증오가 바른 가르침으로 인해 세상에 폭로되기 때문입니다. 그렇게 되면 수치를 당할 것이고, 게다가 마음에서 쫓겨나 그가 세운 왕국에 균열이 생기게 될 것입니다. 그로 인해 악마는 마치 자기 힘과 권세를 모두 빼앗긴 것처럼 날뛰며 광분합니다.

악마는 자기 수하에 있는 모든 것을 끌어모아 놓고서는, 세상과 우리의 육체를 돕겠다고 미혹합니다.

63 이렇게 하는 이유는 우리의 육체란 것이 본디 부패와 악에 빠지기 쉽기 때문입니다. 그래서 하나님의 말씀을 받고 믿는다 하면서도 악마의 꾐에 약합니다. 세상 역시 뭐라 말할 것도 없이 악합니다. 그래서 악마는 우리를 방해하기 위해 선동하고 부추깁니다. 사고를 일으켜서 움츠러들게 만들고, 거듭해서 자기 세력 아래 우리를 두려고 합니다.

64 이것이 악마가 가진 유일한 목표이고 뜻이며 생각입니다. 이 목표를 이루기 위해 밤낮 잠시도 쉬지 않고, 모든 기술과 잔꾀와 방법을 계속해서 고안해 냅니다.

시련당하는 것과 시련에서 풀려나는 능력 모두 믿음에 달려 있다

65 그러므로 그리스도인이 되려는 자들이 대적자로 삼아야 할 것은 악마와 그가 부리는 사자들과[10] 세상입니다. 이것들이 우리에게 가져올 모든 불행과 시련을 계산에 넣고 확신 가운데 거하십시오. 물론 하나님의 말씀은 진실하고 거룩한 십자가가 없는 모습으로 선포될 수 있습니다. 그렇게

---

10 참조. 마 25:41.

매끈한 설교가 사람들에게 잘 수용될 수도 있습니다. 그리고 그렇게 믿어질 수도 있고, 그런 곳에서 매끈한 열매가 열릴 수도 있습니다.[11] 그렇기에 누구도 이런 눈에 보이는 것으로 만족하지 말아야 합니다. 오히려 이 땅에서 받은 모든 것을 위험스럽게 여겨야 합니다. 돈, 명예, 집, 땅, 아내와 자녀, 육체 그리고 생명까지도 이 땅에서 받은 것입니다.

66   이것들은 우리의 육체와 옛 아담을 아프게 합니다. 왜냐하면 누군가가 우리를 공격하더라도 끝까지 참아내며 지켜야 할 것들이지만, 우리에게서 빼앗아가는 것을 힘없이 두고 볼 수밖에 없기 때문입니다.

하나님의 뜻은 우리의 요청 없이도 우리 가운데 현실이 된다

67   그러므로 이런 경우에도 역시 쉬지 말고 기도해야 합니다. "사랑의 아버지, 악마와 우리 원수의 뜻이 아니라, 또한 우리를 핍박하고 주님의 거룩한 말씀과 주님의 나라가 임하는 것을 방해하는 자들의 뜻이 아니라, 오직 주님의 뜻이 이루어지기를 기도합니다. 우리가 이 일 때문에 당해야 할

---

11 이 부분은 루터의 '십자가 신학'과 직접적으로 연결되어 있는데, 루터의 견해로는 이런 십자가 고난 없는 설교와 신앙은 거짓 설교이자 거짓 신앙이며, 거기서 나온 열매는 참된 신앙의 열매가 아니다.

어떤 고통이든지 우리로 하여금 참고 극복하게 하소서. 그리고 우리의 연약한 육체와 게으름으로 인해 굴복하고 패배하지 않게 하소서."

68 이상 세 가지 요약을 통해 하나님과 관련된 간구가 어떤 것인지 살펴보았습니다. 그런데 정작 우리의 기도를 관찰해 보면, 하나님이 아닌 우리 주위에서만 맴돕니다. 나와 상관없는 일에 대해서는 기도하지 않습니다. 사실 그분의 이름이 거룩하게 해달라든지 그분의 나라가 임하게 해달라든지 하는 기도는 우리의 간구와 상관없는 대목일 수 있습니다. 그러나 이런 우리의 요청 없이도 하나님의 뜻은 이루어지고 그분의 나라는 임합니다. 그 때문에 아무리 악마가 그의 일당과 함께 복음을 근절시키기 위해 폭풍우처럼 맹렬히 덤벼든다 해도 하나님의 뜻은 반드시 성취됩니다. 그러나 우리 자신을 위해서라도 우리는 그분의 뜻이 우리 가운데 이루어지기를 기도해야 합니다. 그렇게 함으로써 악마는 아무것도 성취하지 못하게 될 것이고, 우리는 그 모든 아픔과 시련 앞에서 당당히 일어나 하나님의 뜻에 순종하게 됩니다.

세 번째 간구는 복음을 대항하는 모든 적들을 막아 주는 성벽이다

69 이러한 기도가 복음에 대항하는 모든 악마, 주교, 이단, 독
재자들을 물리치고 타격하여 우리를 보호하고 방어할 것
입니다. 그들이 미쳐 난동을 부리고 우리를 억압하며 멸
절시키려 하더라도, 그들의 뜻과 계략이 그대로 움직이는
지 잘 두고 보십시오. 한두 명의 그리스도인들이 이 세 번
째 기도의 항목을 붙들고 무장하기만 한다면, 그들이 바로
우리의 성벽이 될 것이고 악의 세력에 대항하여 격퇴할 수
있을 것입니다.

70 그러므로 아무리 저들이 당당하고 안전하고 강력하다고
생각되더라도 아무것도 아닙니다. 악마와 모든 원수의 뜻
과 목적은 반드시 실패합니다. 이것이 우리의 위로와 자랑
입니다. 만일 그들이 패배하지 않으면 하나님 나라는 이
땅에 임하지도 않고, 그분의 이름도 거룩히 여김받지 못할
것이기 때문입니다.

제4기원

71 **"오늘 우리에게 일용할 양식을 주시옵고,"**

72   비어 있는 광주리를 떠올려 봅시다. 이 땅에서 살아가야
      하는 우리 몸과 인생이 이와 같습니다. 빈 광주리 같은 우
      리 몸은 일용할 양식으로 채워져야 합니다. 그래서 일용할
      빵을 위해 간구한다는 것은 이 빵이 만들어져 즐길 수 있
      기까지 필요한 모든 것을 위해 기도한다는 의미입니다. 아
      주 짧고 단출한 기도 문구이지만, 실은 매우 넓은 뜻이 담
      겨 있습니다. 다른 편으로 생각해 보면, 이 기도는 일용할
      양식을 방해하는 모든 것에 저항해야 한다는 뜻도 담겨 있
      습니다. 그러므로 생각의 폭을 넓혀야 합니다. 빵 굽는 화
      덕이나 밀가루 반죽만 생각하지 말고, 매일 먹을 빵과 모
      든 생필품을 생산하고 공급하는 넓은 들녘도 포함시켜야
      합니다. 하나님께서 땅 위의 모든 것을 자라도록 복을 주
      셨습니다. 그렇지 않다면 화덕에서 빵을 꺼내 식탁 위에
      올릴 생각도 못할 것입니다.

73   간단히 말해, 이 네 번째 간구는 이 땅에서 생존하기 위해
      필요한 모든 것을 포괄합니다. 삶에 필요한 것은 단순히
      육의 양식이나 옷 같은 것만 해당되지 않습니다. 일상에서
      일어나는 상거래 행위를 비롯하여 사람 사이에 일어나는

모든 삶에 평화와 안식도 필요합니다. 즉 내 가족과 이웃, 또는 시민과 국가 안에서 살아가며 필요한 모든 것이 '일용할 양식'입니다. 그러므로 이 상호 관계가 방해받으면 생명 자체가 위협받습니다. 그런 식으로는 안정된 삶을 영위할 수 없습니다.

74 그렇기에 무엇보다 세상 정부와 국가를 위해 기도할 필요가 있습니다. 왜냐하면 하나님께서 이것을 통해 일용할 양식과 질서를 유지시키기 때문입니다. 물론 하나님께서는 우리에게 모든 선한 것을 풍성히 주십니다. 그러나 만일 하나님께서 굳건하고 안정된 정부를 주시지 않았다면, 이 모든 것이 안전하게 유지되거나 기쁘게 누릴 수 없었을 것입니다. 불화와 전쟁과 다툼이 있는 곳을 보십시오. 그런 곳에서는 매일 먹을 빵을 빼앗기거나, 최소한의 일용할 양식이 위협받는 것을 볼 수 있습니다.

일용할 양식을 구하는 기도에는 안식과 평화를 염려하는 영주를 위한 것도 포함된다

75 그러므로 (이 일을 위해 세움받은) 신실한 영주라면 깃발에 사자를 그려 넣거나 화려하게 치장하는 대신, 그 자리에 빵 한 조각이나 동전을 새겨 넣어 영주와 신하들에게 자

신의 직무를 유념하도록 하는 게 좋을 것 같습니다. 그들의 직무는 보호와 평화입니다. 이 직무를 수행하지 않는다면, 누구도 부드러운 빵을 먹거나 보관할 수 없을 것입니다. 이런 이유로 영주들은 존경받을 만합니다. 동시에 우리는 영주들이 이 직무를 잘 수행하도록 기도할 필요가 있습니다. 왜냐하면 우리가 지금 누리는 모든 평화와 안정이 이 직무를 통해 보호받고 있기 때문입니다. 그렇지 않다면 우리 수중에 있는 단 한 푼도 지킬 수 없게 됩니다. 영주를 위해 기도할 때 한 가지 덧붙일 것이 있습니다. 하나님께서 세상 통치자를 수단 삼아 우리에게 선한 것을 더욱 풍성히 달라고 기도하는 것입니다.

76 자, 앞서 간략하게나마 일용한 양식을 구하는 기도가 무엇인지 설명했습니다. 이 기도는 이 땅에서 살아가기 위해 필요한 모든 것을 포함합니다. 그래서 사람들이 여러 말로 길게 기도하며, 이것저것 목록을 만들어 기도합니다. 예를 들어, 먹을 것, 입을 것, 살 집, 건강한 육체를 달라고 기도하고, 들의 곡식과 열매가 잘 자라 풍성히 수확할 수 있게 해 달라고 기도합니다. 더 나아가 경건한 아내와 자녀, 성실한 종들을 주셔서 집안의 일을 잘 돌볼 수 있도록 기도합니다. 또한 우리 직장, 해야 할 일, 성공과 번영을 위해서도 기

도합니다. 어디 그것뿐입니까? 우리에게 좋은 이웃과 선한 친구를 달라는 등 여러 모양의 제목으로 기도합니다.

77   같은 방법으로 황제와 임금, 그리고 영주와 시의원 통치자와 모든 공직자들을 위해서도 기도해야 합니다. 그들이 맡은 바 책임을 다할 수 있는 지혜와 복을 주시도록 기도하고, 또한 터키와 같은 외적들을 물리칠 수 있는 강건함을 주시도록 기도해야 합니다. 이와 더불어, 모든 시민과 백성이 서로 순종하며 평화와 질서 가운데 상생할 수 있도록 기도해야 합니다.

78   다른 한편으로, 공직자들이 맡겨진 임무를 잘 수행하여 모든 종류의 재난으로부터 우리를 보호하도록 기도할 수 있습니다. 육체의 안위와 생계뿐만 아니라 폭풍우와 우박, 화재, 물 부족, 독과 전염병, 가축병, 전쟁과 피 흘림, 기근과 맹수로부터 보호, 악한 사람들 등 기도할 것들은 무궁무진합니다.

79   이것들을 일반인들에게 강조하는 것은 매우 좋은 일입니다. 이 모든 것은 하나님으로부터 받은 것이고 기도로 구해야 할 것들이기 때문입니다.

80 그러나 무엇보다 이 기도는 가장 큰 적수인 악마에 맞서
는 일입니다. 악마의 가장 큰 목표는 우리가 하나님께로부
터 받은 모든 것을 빼앗고 방해하는 데 있습니다. 악마는
거짓말로 우리 영혼을 속이고, 그의 세력 아래 두려고 최
선을 다합니다. 그런데 악마가 '영적 정부'(교회)만 흔들어
부수려고 힘을 쓰는 게 아닙니다. 존경받는 세상 정부처럼
사람 사이의 평화를 도모하며 일하는 모든 기관을 방해합
니다.[12] 이것이야말로 악마가 그리도 많은 불화와 살인과
폭동과 전쟁을 일으키는 이유입니다. 더 나아가 들녘의 곡
식을 폭풍우와 우박으로 망쳐 놓고, 공기를 오염시켜 가축
을 병들게 합니다. 이 밖에도 셀 수 없이 많습니다.

81 간단히 말해 볼까요? 누구든지 하나님께로부터 빵 한 조
각 받아 기분 좋게 먹는다 치면, 그것조차 악마는 배 아파
합니다. 그러므로 악마의 세력권에 있는 우리가 하나님께
기도하는 것으로 막아내지 못한다면, 분명 들녘에 낟알 하
나, 집 안에 단 한 푼의 돈도 소유할 수 없게 될 것입니다.

---

12 루터는 영적 통치와 세상적 통치를 날카롭게 구별한다. 영적 통치는 복음을 통해 교회가, 세상적
통치는 칼을 통해 정부가 담당한다. 이 둘은 하나가 되거나 혼합될 수도 없고, 서로 대적해서도 안 된
다. 둘은 모두 하나님의 양팔의 기능을 담당하면서, 보완 및 긴장 관계 가운데 하나님의 통치를 이루
어 간다.

더군다나 하나님의 말씀도 없고 그리스도인으로 살려고도 않는 자는 단 한 시간도 버티기 힘들 것입니다.

하나님이 세상에서 손을 거두면 세상은 악으로 가득할 것이다

82 자, 보십시오. 하나님께서는 우리에게 무엇이 필요한지 지대한 관심을 갖고 계십니다. 바로 이것을 알려 주고 싶어 하십니다. 그뿐 아니라, 하나님께서는 우리를 때마다 먹이며 돌보십니다. 그분의 일은 어김이 없습니다.

83 이처럼 풍성한 하나님의 돌보심은 하나님 없이 사는 자들과 악당에게도 동일하게 임합니다. 그러나 이 대목에 하나님의 의도가 숨겨 있습니다. 이 모든 것이 하나님의 손에서 나와 우리에게 주어졌으며, 아버지의 선하신 뜻이라는 것을 깨달아 알고 기도하라는 것입니다. 하나님께서 당신의 손을 거두시면, 종국에는 사람들이 일상에서 매번 보고 느끼던 것들이 끝장나게 될 것입니다.

84 지금 세상이 얼마나 시끄럽습니까? 위조화폐만 해도 그렇습니다. 이것 때문에 모두가 골치를 썩습니다. 물건을 사고파는 일상적인 거래에서부터, 일하고 받은 보수가 위조화폐인 경우도 있습니다. 이 모든 것이 가난한 이들을 더욱 핍박하는 것이고, 하루 먹을 빵을 빼앗는 것이 아니고

무엇입니까? 우리는 이런 것들을 함께 아파해야 합니다. 그들을 위해 기도하며 준비해야 합니다. 교회 공동체의 중보기도에서 가난한 이웃들이 잊히지 않도록 하고, 주님이 가르치신 기도의 구절구절들을 상기할 때 이들을 외면하지 않도록 조심해야 합니다.

제5기원

85 **"우리가 우리에게 죄 지은 자를 사하여 준 것같이 우리 죄를 사하여 주시옵고,"**

우리는 그리스도인인 동시에 죄인이므로 매 순간 하나님의 용서가 필요하다

86 이 구절은 우리의 빈궁한 삶과 연결되어 있습니다. 우리가 비록 하나님의 말씀을 가졌고 또 믿으며, 그분 뜻을 붙잡고 행하며 하나님의 선물과 은총 아래 살고 있을지라도, 죄를 피할 수는 없습니다. 우리는 매번 비틀거리고 흔들리며 삽니다. 이는 세상 안에서 사람과 부대끼며 살기 때문입니다. 그래서 서로 상처를 주고받으며, 참지 못해 화를

내고, 앙갚음하며 삽니다.

87 게다가 사탄은 그렇게 살아가는 우리를 뒤에서 계속 꼬드깁니다. 이제까지 들었던 모든 간구는 다 부질없는 짓이고 불가능하다고 말입니다. 이런 전쟁터 속에서 똑바로 서 있기란 여간 어려운 게 아닙니다.

88 그래서 이때 필요한 것이 "사랑의 아버지, 우리의 죄를 용서하소서!"라는 기도입니다. 이것은 용서해 달라고 기도하기 전에 용서하시지 않기 때문이 아닙니다. 사죄의 복음은 이미 우리에게 주어진 하나님의 선물입니다. 그러므로 용서를 구하는 기도는 이 약속을 근거로 하는 것이고, 기도할 때마다 이 약속을 더 깊이 되새기는 것입니다. 중요한 것은 사죄의 약속을 인정하고 받아들이는 것입니다.

89 그러나 세상 속에 파묻혀 살아 나가는 우리 육체는 하나님을 신뢰하지도 믿지도 않습니다. 그저 계속해서 악한 욕망과 계략에만 눈이 밝아 있습니다. 그래서 자의든 타의든 간에 말과 행실로 매 순간 죄를 짓습니다. 이로써 우리의 양심은 불안해합니다. 그래서 하나님의 진노와 심판을 두려워하며 복음에서 나오는 위로와 신뢰를 잃어버립니다. 그 때문에 계속 매달려 죄 용서를 구해야 합니다. 위로 얻기를 간구해야 합니다. 양심이 다시 회복되기를 기도해야 합니다.

90   하나님은 우리의 교만을 깨뜨리고 겸비하게 하는 기도를
      주셨습니다. 그것은 용서를 구하는 기도입니다. 우리가 이
      기도를 해야 하는 이유가 있습니다. 하나님은 인간들이 내
      세우는 '자기 의'^{menschliche Selbstgerechtigkeit}와 비교할 수 없는 우
      선권^{Vorrecht}을 그분 스스로 쥐고 있기 때문입니다. "나는 경
      건하다!" 하고 큰소리치며 남을 우습게 여기는 사람은 이
      기도의 구절을 눈앞에 써 놓고 스스로 진지하게 돌아보십
      시오. 그러면 당신이나 당신이 우습게 손가락질하는 사람
      이나 별 차이 없다는 것을 깨닫게 될 것입니다. 자, 이제 모
      두 하나님 앞에서 우리 날개를 꺾어 버립시다. 그런 다음
      기뻐합시다. 우리는 용서받았습니다.

91   "용서는 필요치 않다!"고 장담할 수 있는 사람은 아무도
      없습니다. 간단히 말해 하나님께서 우리를 계속 용서하지
      않는다면, 우리는 모든 것을 잃은 것이나 마찬가지입니다.

용서가 있기에 양심은 기뻐한다

92   그러므로 이 간구의 의미는 아래와 같습니다. 하나님께서
      는 매일 쌓여 가는 우리의 죄를 보고 비난하지 않습니다.

그렇다고 간과하는 것도 아닙니다. 대신 은총으로 우리를 대하시고 약속하신 대로 용서하십니다. 그리하여 우리는 기쁘고 당당한 양심을 얻어 하나님 앞에 서게 되고 기도할 수 있게 되는 것입니다. 그런 마음과 신뢰가 없다면 하나님 앞에 똑바로 설 수도 기도할 수도 없을 것입니다. 이런 신뢰와 마음은 죄 용서에 대한 확실한 지식에서만 비롯됩니다.

하나님이 죄인을 용서하셨다는 것은 곧 우리도 이웃의 죄를 용서해야 한다는 뜻이다

93   또한 여기에는 더욱 절실하고 위로가 되는 구절이 하나 더 붙어 있습니다. "우리가 우리에게 죄 지은 자를 사하여 준 것같이"라는 구절입니다. 하나님께서는 우리의 모든 죄를 용서하시겠다는 약속의 선물을 주셨습니다. 그러나 여기에는 단서 조항이 포함되어 있습니다. 우리가 이웃의 죄를 용서해야 한다는 것입니다.

94   우리는 매번 하나님의 뜻을 거슬러 죄를 짓습니다. 그러나 하나님은 이 모든 것을 용서하십니다. 그렇다면 우리도 용서해야 합니다. 우리에게 해를 끼치고 폭력과 부정을 행사하며 악행을 일삼는 이웃이라고 할지라도 말입니다. 왜냐

하면 하나님도 그런 우리를 용서하셨기 때문입니다.

95 당신이 용서하지 않는다면, 당신을 향한 하나님의 용서도 기대하지 마십시오. 그러나 당신이 용서한다면 위로받을 것이며, 하늘로부터 받은 사죄의 기쁨을 당신 자신이 누릴 것입니다.

96 당신이 용서했기 때문이 아닙니다. 값없이 주시는 하나님의 은총 때문입니다. 이것이 바로 복음이 가르치는 하나님의 약속입니다. 하나님께서 이 복음을 강하게 말씀하시면서 용서의 약속 바로 옆에 누가복음 6:37을 진리의 표지판처럼 붙여 놓으셨습니다. "용서하라. 그리하면 너희가 용서받을 것이요"라는 이 구절은 이 기도에 꼭 들어맞습니다. 그러므로 그리스도는 주님이 가르치신 기도 다음에 이어지는 마태복음 6:14 이하에서도 반복해서 말씀하십니다. "너희가 사람의 잘못을 용서하면 너희 하늘 아버지께서도 너희 잘못을 용서하실 것이요."

97 이런 표식이 이 기도에 덧붙여진 이유가 있습니다. 기도할 때 하나님의 (사죄) 약속을 꼭 기억하고, 다음과 같이 생각하라는 뜻입니다. "사랑의 아버지, 이 자리에 나와 주님께 간구합니다. 용서해 주소서. 내 행위와 공로가 아니라 오직 주님의 약속으로 인해 만족하며, 주님만이 이 약속의

확증이라는 것을 기뻐하게 하소서. 그리하여 내가 용서의 선언을 할지라도 이것이 주님의 선언이라는 것임을 확신하게 하소서."

98   세례와 성만찬과 마찬가지로 사죄 선언^Absolution도 주님이 제정하신 외적 표지^das äußerliche Zeichen입니다. 이것은 우리의 양심을 강하고 기쁘게 만듭니다. 언제든 우리 곁에 두고 사용하고 시행하라고 제정하신 것입니다.

제6기원

99   "우리를 시험에 들게 하지 마시옵고,"

은총에서 벗어나지 않도록 기도해야 한다

100   우리는 기도해서 얻은 모든 것을 유지하고 지켜야 합니다. 그러나 이 일이 얼마나 힘든 노력과 땀이 필요한지 충분히 들었습니다. 이 일을 하다가 실패도 할 수도 있고 넘어지기도 합니다. 심지어 용서받아 선한 양심을 얻었고 완전한 사죄 선언를 받았다 해도 그렇습니다. 살다 보면 오늘은 괜찮은데 내일 넘어질 수도 있습니다. 그러므로 지금은 신

실하고 선한 양심으로 하나님 앞에 서 있다고 할지라도 다시 죄에 빠지지 않도록 구해야 하며, 시련과 유혹에 빠지지 않게 해달라고 중단하지 말고 기도해야 합니다.

시험의 첫째 원인은 육에서 비롯된 악한 욕망이다

101   우리처럼 작센 지방에 사는 사람들은 예로부터 시험 Versuchung을 '꾐'Bekörung이라고 불렀습니다. 여기에는 세 가지 종류의 시험이 있는데, 곧 육,[13] 세상, 악마로부터 오는 시험입니다.

102   첫째, 우리는 육체 안에서 살아갑니다. 이 육체는 목구멍까지 옛 아담으로 가득 차 있습니다. 그러니 그 육체가 우리를 매일 음란, 게으름, 폭식, 폭주, 탐욕, 사기로 흥분시키고 유혹합니다. 이웃을 속이고 그들의 등을 갉아먹도록 만듭니다. 간단히 말해, 이것은 우리 본성 깊은 곳에 달라붙어 있는 모든 종류의 '사악한 욕망'입니다. 이 육체의 욕망은 악한 것들을 보고 듣는 것을 즐기게 만듭니다. 그러고는 이내 사람들의 순진한 마음에 상처를 내고 화를 돋우는 방식으로 공동체에 불을 붙입니다.

---

13 여기서 언급된 '육'(Fleisch)은 단순히 육체만 의미하는 것이 아니다. 바울의 용법과 동일한데, 곧 죄에 사로잡힌 인간 존재 자체를 뜻한다.

103   다음은 '세상'에서 오는 시험입니다. 세상은 우리를 말과 행동으로 멸시하고, 분노하게 하고, 참지 못하게 만듭니다. 간단히 말해, 미움, 시기, 적개심, 폭력, 부정, 불신, 복수, 저주, 욕설, 중상모략, 오만불손, 자만, 분에 넘치는 사치, 명예와 권력욕 같은 것들은 세상에서 오는 시험입니다. 왜냐하면 세상에서는 아무도 작은 자가 되려 하지 않고, 높은 권좌에 올라 자기를 드러내는 데만 열을 올리기 때문입니다.

104   이번에는 악마 차례입니다. 악마는 어디서나 불을 뿜고 선동합니다. 그렇지만 가장 두드러진 특징은 양심과 영적인 일에 간섭한다는 점입니다. 그래서 악마는 하나님의 '말씀'과 하나님의 '사역'이라는 두 가지 일을 바람에 날려 버리고 경멸합니다. 그래서 믿음과 소망과 사랑을 찢어 버리고, 우리를 바르지 못한 신앙과 오만불손으로 이끕니다. 아니면 하나님을 의심하고 부인하며 신성모독의 길로 유혹합니다. 이 밖에도 악마가 부리는 참혹한 일은 무수히

많습니다. 이것은 함정이자 덫이며,[14] 혈과 육이 아닌 우리의 마음을 향한 악마의 공격입니다. 악마는 모든 독을 모아 만든 화살촉에 불을 붙여 쏘아 댑니다.[15]

이 세 가지 시험은 우리로 하여금 항상 기도하게 만든다

105 한 가지 시험만 닥쳐도 실로 위험하고 위중한 시련이라는 것은 분명합니다. 그런데 그리스도인이라면 앞에서 말한 세 가지 시험을 모두 참아내야 합니다. 이 풍진 인생을 사는 동안 우리는 여기저기서 사냥감으로 취급되고 공격당할 것입니다. 그러므로 기진맥진한 우리를 하나님께서 도우셔서 죄와 수치와 불신앙에 다시 빠지지 않도록, 항상 부르짖어 기도해야 합니다. 기도하지 않으면 아주 작은 시련도 극복할 수 없기 때문입니다.

유혹이 오는 것은 막을 수 없으나 빠지지 않도록 간구할 수는 있다

106 "우리를 시험에 들게 하지 마시옵고"라는 구절은 하나님으로부터 오는 힘과 능력을 구한다는 뜻입니다. 이 힘은

---

14 참조. 딤전 3:7.
15 참조. 엡 6:16.

시련에 맞서 싸워 이기게 만듭니다. 우리가 육체 안에 살아가는 한, 악마는 시험과 유혹으로 우리를 에워쌉니다. 이것은 누구도 피할 수 없습니다. 이 때문에 우리는 시련당하고 고통받을 수밖에 없습니다. 그러나 우리가 기도해야 할 것은 시험에 빠져 질식당하지 않도록 간구하는 것입니다.

107 시련당하는 것(느낌)과 시련에 동의하고 굴복하는 것은 엄연히 차원이 다릅니다. 시련은 누구나 당합니다. 그러나 사람마다 종류와 정도의 차이가 존재합니다. 이를테면 청소년은 육의 시험을 크게 느끼고, 성인과 노인은 세상의 시험을 크게 느낍니다. 또한 신앙 깊은 그리스도인처럼 영적인 일에 관여하고 있는 사람이라면, 악마의 시험을 크게 느낍니다.

108 '느낌'이 없다면 시련이라고 부를 수도 없을 것입니다. 그러나 분명한 것은, 이처럼 의지에 반하고 피하고 싶은 느낌만으로는 아무도 해칠 수 없다는 점입니다. 그러나 (시험에) '동의한다'는 것은 다릅니다. 이는 맞서 싸울 수 있는 기도의 고삐를 (악마에게) 넘겨주는 일이기 때문입니다.

109 그러므로 우리 그리스도인들은 항상 시험에 대비하여 무
장하고 깨어 있어야 합니다. 누구도 악마가 우리에게서 멀
리 떨어졌다고 말하지 마십시오. 안전하다고 확신하며 안
심할 수 있는 이는 아무도 없습니다. 오히려 우리는 악마의
활시위를 대비해야 합니다. 지금 내가 정결하고 인내심도
있고 친절하며 확고한 믿음 가운데 있다 하더라도, 악마는
급작스레 내 심장을 과녁으로 삼아 활시위를 당길 것이고,
그러면 나는 그 자리에 더 이상 서 있지 못하게 될 것입니
다. 악마는 결코 멈추거나 지치지 않는 원수입니다. 하나의
시련이 그치면 곧바로 또 다른 시련을 만들어 냅니다.

110 이때 어떤 것도 도움이 되지 못합니다. 그러나 바로 그때,
주님이 가르치신 기도는 위로를 얻게 합니다. 마음 깊은
곳에 담긴 이 기도로 하나님께 말을 걸어 보십시오. "사랑
의 아버지, 주님은 내게 기도를 가르쳐 주셨습니다. 나로
하여금 시험에 빠지지 않게 하소서!"

111 당신은 이 기도 후에 피난처를 보게 될 것이고, 시험을 이
길 힘을 얻게 될 것입니다. 반대로 기도하지 않고 당신 생
각과 뜻대로 해결하려 한다면, 당신 스스로 일을 악화시키

는 것이며, 악마에게 더 큰 자리를 내어 주는 꼴이 됩니다. 악마는 매우 간교한 뱀의 머리를 가졌습니다. 그래서 작은 틈새라도 생기면 우선 머리부터 집어넣습니다. 그 후에 몸 전체가 자연스레 따라 들어오게 됩니다. 그러나 기도는 악마를 막아내고 쫓아 버립니다.

제7기원

112 **"다만 악에서 구하시옵소서. 아멘"**

악마는 주기도에 나오는 모든 것을 방해한다

113 이 구절은 그리스어로 "못되고 악한 것들로부터 보호하고 구원하소서"라는 뜻입니다. 주기도는 악마를 이 기도 전체의 주적으로 삼고 있습니다. 그래서 이 구절은 전체 내용을 포괄하는 소리로 들립니다. 왜냐하면 하나님의 이름과 그 이름을 높이는 것, 하나님 나라와 그분의 뜻, 일용할 양식, 기쁘고 선한 양심 등을 위해 기도할 때마다 악마는 이 모든 것을 방해하기 때문입니다.

114 그래서 이렇게 결론 내릴 수 있습니다. "사랑의 아버지, 우리를 모든 불행에서 벗어나도록 도와주소서!"

115 이 짧은 기원 속에는 악마의 통치 아래에서 겪게 될 악한 모든 것이 포함되어 있습니다. 가난, 수치, 죽음, 그리고 셀 수 없이 많은 이 땅의 비극적인 번민과 불행 같은 것들 말입니다. 악마는 거짓말쟁이일 뿐만 아니라 살인자입니다.[16] 그는 끊임없이 우리의 생명을 노립니다. 게다가 우리 육체에 각종 사고와 피해를 입혀 의기소침하게 만듭니다. 그 때문에 사람들은 고개를 푹 숙인 채 절망하게 되고, 그 절망에서 헤어 나오지 못하기도 합니다. 게다가 많은 사람들이 참혹한 재난에 빠져들기도 하고, 그중 어떤 이들은 물에 빠져 자살할 정도입니다.

116 그러므로 우리는 이 원수를 대적하기 위해 쉬지 않고 기도해야 합니다. 하나님이 우리를 지탱하지 않으시면, 악마 때문에 한시도 안전하지 못할 게 뻔하기 때문입니다.

16 참조. 요 8:44.

117 이제 "우리가 당하는 모든 시련을 놓고 기도하라!"는 하나 님의 뜻이 무엇인지 알았을 것입니다. 하나님 외에 그 어 디서도 도움을 기대하거나 찾을 수 없기 때문입니다.

118 그런데 특별한 것은 주기도 맨 끝에 "다만 악에서 구하시 옵소서"라는 구절이 등장한다는 사실입니다. 여기에는 이 유가 있습니다. 모든 못된 것으로부터 보호받고 구원받으 려면 우선 그분의 이름을 (우리의 말과 행실로) 거룩히 높여 야 하고, 하나님 나라와 그 뜻이 우리 가운데 드러나야 되 기 때문입니다. 바로 그 자리에서 하나님은 우리를 죄와 수치로부터 보호하시고, 우리에게 고통을 주고 해하는 모 든 것으로부터 지켜 주실 것입니다.

'아멘'은 약속에 대한 확신의 표현이다

119 간단히 요약하자면, 누구나 위기를 겪을 수 있습니다. 그 러나 하나님은 거기서 가장 가까운 곳에 기도를 두셨습니 다. 그래서 어떤 경우에라도 기도하지 않은 것에 대한 구 실을 댈 수 없게 하셨습니다. 이제 이 기도의 모든 것은 마 지막 '아멘'에 달려 있습니다. 이 말의 뜻은 '의심하지 않

는다', '이 기도는 확실히 하나님께 상달될 것이고, 또 이루어질 것이다'라는 뜻입니다. '아멘'은 의심하지 않는 믿음을 뜻합니다.

120 기도는 요행을 바라는 것이 아닙니다. 하나님은 거짓이 없으신 분입니다. 그분이 약속하신 것이라면 반드시 주시고 이루신다는 것을 알아야 합니다. 이 확신 가운데 거하며 행동하는 것이 의심 없는 믿음입니다. 그러므로 이 믿음이 없다면 바른 기도라고 할 수 없습니다.

121 그러므로 하나님의 약속을 믿지도 않고, 그 약속의 말씀에 진심으로 "예"로 응답하지도 않으면서 자기가 받고 싶은 것을 위해 기도하는 것은 심각한 망상입니다. 그런 기도라면 하나님이 들어 주실 것을 확신하며 기도를 마치는 것이 아니라, 의심만 가득 남겨 두는 것과 같습니다. 이것은 마치 이렇게 말하는 꼴입니다. "저, 실례하지만 좀 묻겠습니다. 하나님이 내 기도를 듣기는 하시나요? 솔직히 말해 그저 나는 죄인에 불과하지 않습니까?"

122 이런 말들은 하나님의 약속에서 나올 수 없는 것들입니다. 그저 자기 공로와 자기를 드러내고자 하는 데서 나오는 것들입니다. 이런 기도는 하나님을 우습게 여기고 거짓말쟁이로 전락시키는 말들입니다. 그 때문에 이런 자들은 아무

것도 받지 못합니다.

123 그래서 성 야고보는 이렇게 가르칩니다. "오직 믿음으로
구하고 조금도 의심하지 말라 의심하는 자는 마치 바람에
밀려 요동하는 바다 물결 같으니 이런 사람은 무엇이든지
주께 얻기를 생각하지 말라."^{약 1:6-7}

124 보십시오! 이것이 바로 하나님의 마음입니다. 그러므로 확
신을 가지고 기도하십시오. 기도는 헛되지 않습니다. 그
어떤 경우라도 우리의 기도를 우습게 여기지 마십시오!

제4부

세례

1   지금까지 기독교 교리 가운데 가장 기본적인 세 부분을 살펴보았습니다. 이제부터는 이것 외에 두 가지(세례와 성만찬)를 더 다룰 텐데, 이것은 그리스도께서 제정하신 성례전에 관한 내용입니다. 그리스도인이라면 최소한 성례전 전체에 관해 간결하고 명료한 가르침을 받아야 마땅합니다. 왜냐하면 성례전 없이 그리스도인이라고 할 수 없기 때문입니다. 그런데 유감스럽게도 이제껏 사람들은 이런 교육을 받아 본 적이 없습니다.

2   첫째 주제는 세례입니다. 우리는 모두 세례를 받고 기독교에 발을 들였습니다. 세례를 올바로 이해하도록 하기 위해 차근차근 설명하려고 합니다. 그러다가 중요한 대목이 나오면 중간에 끊고 자세히 보충해서 설명하겠습니다. 다만 이단이나 분파주의자들이 주장하는 세례와 비교해서 어떻

게 대항해야 할 것인지는 신학자들의 몫으로 남겨 놓겠습니다.

세례는 그리스도께서 제정하신 말씀에 근거한다

3 우선 가장 먼저 알아야 할 것이 있습니다. 그것은 세례의 근거가 무엇인지, 세례와 관련된 진술들이 무엇인지에 관한 문제입니다. 미리 답을 말씀드리자면, 이것은 마태복음 맨 마지막 장으로 연결됩니다. 예수님께서 이렇게 말씀하십니다.

4 "너희는 온 세상으로 들어가라! 거기서 모든 이방인을 가르치고 성부 성자 성령의 이름으로 세례를 베풀라!"[1]

5 마가복음 16:16은 여기서 한 발 더 나아갑니다. "믿고 세례 받는 사람은 구원을 얻을 것이요 믿지 않는 사람은 정죄를 받으리라."

---

1 루터는 여기서 마태복음 28:19을 풀어 설명하고 있다.

하나님의 계명과 제정의 말씀은 보이지 않는 하나님의 사역을 보이는 것
으로 바꾼다. 그것이 성례전이다.

6   이 말씀에서 주목할 대목이 있습니다. 바로 여기에 하나님
     의 계명과 제정의 말씀이 있다는 사실입니다. 이것을 의심
     하지 마십시오. 세례는 하나님의 사역입니다. 이것은 인간
     이 고안해 내거나 조작할 수 없는 일입니다. 이와 똑같은
     예를 들어 볼 수 있습니다. 십계명, 신조, 주기도 역시 사람
     의 머리로 상상해 낼 수 있는 것이 아닙니다. 이것들은 모
     두 하나님께서 스스로 계시하시고 우리에게 주신 것들입
     니다. 세례도 마찬가지입니다. 사람의 작품이 아닙니다. 하
     나님께서 스스로 제정하시고 거기에 진심을 담아 놓으셨
     습니다. 그리고 우리에게 다른 길이 아닌 세례를 통해 구
     원받도록 명령하신 것입니다. 그렇기에 세례는 저에게 자
     랑거리가 아닐 수 없습니다. 그러므로 빨간 새 망토 두르
     는 것처럼 세례를 생각하지 마십시오. 절대로 가볍게 생각
     할 일이 아닙니다.

7   왜냐하면 세례는 가장 중요하고 존귀하며 드높여질 일이
     기 때문입니다. 그런데 요즘 우리에게는 세례가 논쟁거리
     가 되고 말았습니다. 교회 분열을 획책하는 자들이 소리
     높여 주장하기를, 세례는 그저 외적인 형식일 뿐이라는 것

입니다. 그러고는 그런 외적인 형식은 아무짝에도 쓸모가 없다고 말합니다. 그런 자들이 주변에 가득합니다.

8   그러나 어찌되었든 간에 하나님께서 그 형식 안에 말씀과 계명을 담아 놓으셨고, 그 위에 세례를 세우시고 보증하셨다는 점이 중요합니다. 하나님께서 정하시고 명령하신 것을 우습게 여길 수 있습니까? 하나님께서 정하셨다면, 지푸라기 한 올보다 더 보잘것없어 보일지라도 귀하게 여겨져야 마땅합니다.

9   사람들은 이제껏 교황의 편지와 교서, 면죄부, 그리고 교회 당국이 발행하고 보증하는 서신과 인장 찍힌 종이 따위를 아주 굉장한 것으로 받들었습니다. 그렇다면 우리는 세례를 더 높고 귀한 것으로 여겨야 마땅합니다. 왜냐하면 하나님께서 당신의 이름을 걸고 명령하시고 베푸신 사건이기 때문입니다. 이런 이유로 성경말씀은 이렇게 선포합니다. "가서 세례를 베풀라! 그러나 너희 이름으로 하지 말고 오직 하나님의 이름으로 하라!"

인간의 일은 하나님의 일과 비교할 만한 것이 아니다

10   '하나님의 이름으로 세례 받는다'는 것은 사람이 아니라 하나님 자신이 세례를 베푸신다는 뜻입니다. 그 때문에 사

람의 손을 빌려 세례를 줄지라도 이것은 진실로 하나님의 행동이라고 할 수 있습니다. 이 사실에서 각자 아주 간단한 결론을 이끌어 낼 수 있을 것입니다. 세례는 사람이나 칭송받는 성인이 만들어 낼 수 있는 어떤 공로가 아니라, 그런 것과 비교할 수 없는 훨씬 높은 차원의 것입니다. 그 누가 하나님보다 더 큰 일을 할 수 있겠습니까?

11 그런데 바로 이 지점에서 악마는 헛것으로 우리의 눈을 가려 진실을 보지 못하게 하려고 애를 씁니다. 그러고는 하나님의 일에서 떨어져 나가게 하고, 이내 우리를 우리 자신의 공로로 끌고 갑니다. 왜냐하면 이것들이야말로 눈에 돋보여서 아주 값지게 보이기 때문입니다. 그래서 카르투지오 수도사들의 금욕행위들을 대단한 것으로 여기고, 모두 다 자기 공로와 성취에만 관심을 둡니다.

12 그러나 성경은 정반대의 것을 가르칩니다. 아주 멋지게 번쩍이는 수도사들의 모든 공로를 한데 모아 쌓아 올린다고 할지라도, 결국 하나님이 볏짚 한 올 주워 올리는 것만큼도 고상하거나 선하지 못합니다. 왜냐하면 그 일을 행하시는 분이 존귀하시며 최고가 되시기 때문입니다. 여기서 우리는 일 자체보다 그 일을 행하는 이가 누구인가에 방점을 두어야 합니다. 그곳에서 모든 가치가 파생되기 때문입

니다.

13　　그러나 어리석은 이성은 너무 급하게 돌진하여, 하나님의
　　　일을 무가치한 것으로 판단해 버립니다. 우리가 하는 일보
　　　다 빛나지 않다는 이유 때문입니다.

하나님의 말씀은 자연수를 하나님의 물로 변화시킨다

14　　앞서 언급한 것을 토대로 세례가 무엇인지에 관한 바른 이
　　　해와 답을 생각해 봅시다. 우선 세례에서의 물이 단순한
　　　물이 아니라는 사실부터 짚어야겠습니다. 이것은 하나님
　　　의 말씀과 계명이 담긴 거룩하게 구별된 물입니다. 그러므
　　　로 이것은 신성한 하나님의 물입니다. 물 자체가 특별하고
　　　귀해서 그런 것이 아니라, 하나님의 말씀과 계명이 담겨
　　　있기 때문입니다.

15　　그러므로 세례를 우습게 여기는 것은 간악한 행위이며 악
　　　마가 조롱하는 것과 같습니다. 우리 가운데 '새 영'을 받았
　　　다고 떠벌이는 자들이 있습니다.[2] 그들은 하나님의 말씀과

2　종교개혁 시대 때 나타난 열광주의자들을 칭한다. 루터는 이 대목에서 특별히 재세례파나 신비
주의자들을 겨냥하고 있다. 이들은 성령의 이름으로 활동하면서 신앙의 모든 외적인 것은 일종의 외
식으로 제거했다. 게다가 성경의 쓰여진 말씀, 성례전, 교회의 직제와 제도조차도 "외적인 것"이라 하
여 경시했다. 그들에게 중요한 것은 그저 성령의 '직접계시'일 뿐이었다.

그분이 정하신 바는 모조리 제거해 버리고, 그저 샘에서 솟아난 물만 봅니다. 그러면서 침을 튀기며 이렇게 외쳐 댑니다. "도대체 이 한 줌의 물이 무슨 영혼을 도울 수 있단 말인가?"

16 맞습니다. 말씀과 물이 서로 분리되어 있다고 한다면, 물은 그저 물이라는 것을 누가 모르겠습니까? 그러나 하나님께서는 여기에 당신의 말씀을 물과 결합시키고 담아서 분리할 수 없게 하셨습니다. 그렇다면 그 누가 하나님이 정하신 바를 자기 마음대로 흔들 수 있고, 거기서 하나님의 보화를 분리할 수 있단 말입니까? 하나님의 말씀과 계명, 그리고 하나님의 이름, 이것이 물속에 담긴 핵심입니다. 이것이야말로 하늘과 땅에 있는 그 어떤 것보다 크고 고귀한 보화입니다.

하나님의 말씀이 성례전을 만든다

17 자, 이제 차이를 알아봅시다. 세례의 물은 여타의 물과 다릅니다. 자연적인 성질 때문이 아닙니다. 아주 특별하고 고귀한 것이 더해졌기 때문입니다. 하나님은 당신 자신의 이름을 걸고 힘과 능력을 그 안에 두셨습니다. 그렇기에 더 이상 단순한 자연수가 아닙니다. 신성하고 거룩하며 복

된 하늘 물입니다. 그렇기에 사람들이 다함이 없는 찬송으로 찬미해야 할 물입니다. 여기에는 이렇게 말할 수 있는 매우 충분한 하나의 이유가 있습니다. 바로 말씀 때문입니다. 이 말씀은 거룩한 하늘의 말씀이기에 그 누구도 값을 매길 수 없습니다. 왜냐하면 하나님께서는 말씀으로 모든 일을 행하셨고, 또한 그 말씀으로 신적인 모든 일을 행하실 수 있기 때문입니다. 그러므로 성례전이라고 부르는 것의 본질은 말씀입니다.

18 이것을 아우구스티누스는[3] "말씀이 자연의 본성인 물질에 들어와 성례전이 되었다."*Accedat verbum ad elementum et fit sacramentum* 고 가르쳤습니다. 그러므로 성례전은 거룩하고 신성한 그 어떤 것*Ding*이며 표지*Zeichen*입니다.

하나님의 말씀과 물은 서로 분리될 수 없다

19 그러므로 우리가 항상 배워야 할 것은 성례전들과 함께 하

3　어거스틴(Augustin)으로도 불리는 히포(Hippo)의 주교 아우구스티누스(Aurelius Augustinus, 354-430)는 기독교 신학을 넘어 서양철학사에도 지대한 영향을 끼친 인물이다. 젊은 시절 마니교에 심취했고, 신플라톤주의에 조예가 깊던 인물이었다. 그러나 내적 갈등을 겪은 후, 386년 밀라노의 주교 암브로시우스에게 세례를 받고 그리스도인이 되었다. 그의 삶의 궤적은 자신의 저서인 『고백록』을 통해 엿볼 수 있다. 알제리와 로마에서 활동한 그는 바울의 신학적 전통을 계승한 학자로 존경받는다. '이해를 추구하는 신앙'(fides quaerens intellectum)의 입장을 취하는 그의 신학 방법론은 서방 교회 신학뿐만 아니라 루터의 신학을 이해하는 중요한 맥락이다. 루터는 1505년 에어푸르트에 있던 아우구스티누스 수도원에 입회하여 신학적 기반을 쌓았고, 특별히 루터의 칭의론의 핵심 사상인 '은총론'은 아우구스티누스 사상의 연장이며 재해석이라고 할 만하다.

나님께서 명령하고 제정하신 모든 외적인 물질들을 그저 겉모습만 보고 판단하지 말아야 한다는 사실입니다. 호두 껍데기만 보지 마십시오. 하나님의 말씀은 그 안에 담겨 있습니다.[4]

20   이와 같은 방식으로 부모의 지위와 세상 정부에 대해서도 말할 수 있습니다. 눈, 코, 피부, 머리카락, 몸 같은 겉모습만 보고 판단하는 사람들이 있습니다. 그렇다면 그들은 터키인이나 이방 사람이나 매한가지입니다. 이런 자들은 경솔하게 행동하며 이렇게 말할 수도 있습니다. "도대체 내가 저들을(부모와 세상 정부) 다른 사람들보다 더 겸손하게 대할 이유가 뭐지?" 그러나 하나님의 계명은 이렇게 가르칩니다. "네 부모를 공경하라!" 바로 이것 때문에 나는 아비 안에 있는 다른 사람을 봅니다. 그는 하나님의 권능과 영광으로 장식된 옷을 입고 있습니다. 다시 강조합니다. 하나님의 계명은 아비의 목에 금목걸이를 둘러놓았고, 머리에는 면류관을 올려놓았습니다. 바로 이것이 혈육의 부모를 왜 그리고 어떻게 공경해야 하는지를 가르치는 대목입니다.

---

4   하나님은 숨어 계신 채 오직 간접적인 방법을 통해서만 자신을 드러내신다(계시). 그분의 강함은 약함 가운데 숨겨진 채 계시되고, 그분의 영광은 비천함 가운데 숨겨져 있다. 이처럼 하나님은 보이는 것의 반대편에서 인간의 모든 이성을 뛰어넘어 자신을 드러내신다. 이것이 루터가 강조한 '십자가 신학'(Theologie des Kreuzes)의 핵심이다. 참조. 고후 8:9, 빌 2:6 이하.

21   이와 같이, 아니 이것 이상으로 당신은 세례를 존귀하고
      거룩하게 여겨야 합니다. 왜냐하면 말씀 때문입니다. 세례
      는 하나님 스스로 말씀하시고 행동하시면서 존귀하게 만
      든 것입니다. 또한 하늘로부터 임한 기적으로 이것을 확증
      하셨습니다.[5] 혹시 그리스도께서 세례 받으실 때 성령이
      하늘에서 임하고 거룩한 하나님의 영광과 권능이 임하셨
      다는 것을 농담으로 여기십니까?

22   제가 다시 한 번 권면합니다. 이 둘 곧 물과 말씀을 따로
      구분하지 마십시오. 이 둘은 가르거나 분리할 수 없습니
      다. 물과 말씀을 분리하는 순간, 그 물은 주방에서 여종이
      요리할 때 쓰는 물과 별반 다를 바 없기 때문입니다. 만일
      그렇다면 (거룩한 세례를) '목욕물 세례'라고 불러도 이상할
      게 하나도 없을 것입니다. 그러나 세례에는 하나님이 제정
      하신 말씀이 깃들어 있습니다. 그래서 세례는 성례전이며,
      또한 '그리스도의 세례'입니다. 이것이야말로 성례전의 본
      질과 가치를 논할 때 가장 으뜸이 되는 항목이라고 할 만
      합니다.

---

5   참조. 마 3:16-17.

세례의 목적과 효과는 죄와 죽음과 악마로부터 구원받아 그리스도와 함께 영원히 사는 데 있다

23 두 번째 항목입니다. 우리는 지금까지 세례가 무엇인지, 그리고 세례를 어떻게 여겨야 할지 알아보았습니다. 이제는 세례가 어떤 목적으로 제정되었고 그 유익이 무엇인지 생각해 봅시다. 다시 말해, 세례의 효과는 무엇이고, 무엇을 가져다주며, 무엇을 만들어 내는지 배울 것입니다. 여기서도 역시 앞서 언급한 그리스도의 말씀이 우리의 이해를 돕는 데 가장 큰 힘이 될 것입니다. "믿고 세례를 받는 사람은 복되다!"selig werden[6]

24 이 구절은 세례의 모든 질문을 단 한곳으로 집중시킵니다. 세례의 능력, 행위, 효과, 열매, 최종 목적 모두 '복됨'에 있습니다. 그런데 '복'이라는[7] 것은 다른 것이 아닙니다.

25 복이란 죄와 죽음과 악마로부터 풀려나 그리스도의 나라 가운데서 그분과 함께 영원히 사는 것입니다.

26 여기서 당신은 세례 받은 것이 얼마나 귀하고 가치 있는지를 재차 보게 될 것입니다. 왜냐하면 말로 형용할 수 없

---

6 참조. 막 16:16. "믿고 세례를 받는 사람은 구원을 얻을 것이요."
7 이하 '복'이라는 단어는 '구원'으로 바꾸어 쓸 수 있다.

는 보화를 이 세례 안에서 취할 수 있기 때문입니다. 이것이야말로 세례의 물이 단순한 물로 여겨질 수 없는 분명한 증거가 됩니다. 단순한 물은 그리할 수 없습니다. 그러나 하나님의 말씀은 할 수 있습니다. 앞서 말했다시피, 세례의 물에는 하나님의 말씀이 있기 때문입니다.

27   하나님의 이름이 있는 곳이라면 어디든지 생명이 있고 복이 있습니다. 그래서 이것은 거룩하고 복되며, 풍성한 열매를 맺게 하며, 은총이 충만한 물이라고 할 수 있습니다. 세례의 능력은 곧 말씀을 통해 얻게 되는 것입니다. 그래서 바울은 디도서 3장에서 이를 "중생의 씻음"이라고[8] 가르쳤습니다.

오직 믿음만으로 복을 받는다. 그러나 세례에서 알 수 있듯이, 그 믿음은 보이는 외적 표지를 필요로 할 때가 있다

28   이제 우리 가운데서 새로운 영을 받았다고 주장하는 너무나 똑똑한 이들의 말을 들어 봅시다.[9] 그들의 말에 따르면, 오직 믿음만으로 복을 받는다고 합니다. 그러면서 인간의 공로와 눈에 보이는 어떤 것도 믿음으로 판정할 수 없다고

---

8   참조. 딛 3:5.
9   츠빙글리파 또는 재세례파 교도들을 지칭하는 말이다.

말합니다. 이에 대한 우리의 답변은 이렇습니다. 맞습니다. 바로 그것이 앞으로 우리가 더 깊이 다루어야 할 믿음과 다르지 않습니다.

29 그러나 이 '눈먼 소경 인도자'들이[10] 보지 못하는 것이 있습니다. 믿음이란 믿어야 할 무언가가 있다는 점입니다. 다시 말해, 믿음은 의지하고 설 수 있고 발을 디딜 수 있는 무언가가 있습니다. 그런데 그들은 이것을 보려고 하지도 않습니다. 믿음이 물에 매달려 있습니다. 그래서 세례를 믿는다는 것은 물 안에 축복과 생명이 있다는 것을 믿는 것입니다. 단순히 물 때문이 아닙니다. 앞서 강조했듯이 하나님의 말씀과 정하심이 물과 하나되었고, 그분의 이름이 그 안에 서려 있기 때문입니다. 내가 이것을 믿는다는 것은 곧 하나님이 거기 계신다는 것을 믿는 것입니다. 또한 그 안에 두신 말씀의 보화를 보이는 물질로 제공하셔서 우리가 파악할 수 있도록 하셨습니다. 이외에 다른 무엇을 믿겠습니까?

---

10 참조. 마 15:14.

30 그런데 저 사람들은 참 대단합니다. 하나님께 보이는 물질
과 믿음을 결합시켜 놓았는데도 불구하고 이 둘을 따로 분
리시켜 버립니다. 네, 물론 이것은 외적인 것입니다. 이것
으로 사람들은 오감을 통해 느끼고 이해합니다. 그리고 깨
달을 수 있습니다. 모든 복음의 선포도 결국 말을 통해 외
적으로 표현되는 데 있지 않습니까? 간단히 말해, 이 모든
것은 하나님께서 외적 질서를 통해^{äußerliche Ordnung} 우리 안에
서 움직이고 영향력을 행사하고 있다는 것을 뜻합니다. 그
분이 말씀하시는 곳이라면 어디서든, 어떤 목적이든, 어떤
도구를 통하든지, 바로 그곳에서 믿음은 그분을 볼 수 있
어야 하고, 그곳에서 우리는 믿음을 붙잡아야 합니다.

31 여기서 이 말씀을 다시 꺼내 봅시다. "누구든지 믿고 세례
받는 사람은 복되다." 이 말씀은 세례와 연결된 말씀입니
다. 다시 말해, 이 구절이 하나님의 질서가 서려 있는 물을
의미하는 것이 아니고 무엇이겠습니까? 그러므로 누구든
지 세례를 멸시하는 자는 하나님의 말씀을 멸시하는 것이
고, 세례를 명령하시고 붙들어 매신 그리스도와 신앙을 멸
시하는 것입니다.

32   세 번째 항목입니다. 우리는 앞에서 세례의 위대한 능력과
      유익에 대하여 살펴보았습니다. 이제부터는 어떤 사람이
      세례를 받아야 하는지 생각해 봅시다.

33   이 항목에 관한 것도 다음의 말씀에 아주 간명하게 표현되
      어 있습니다. "누구든지 믿고 세례 받는 사람은 복되다."
      오직 믿음만이 사람을 가치 있게 만듭니다. 이는 구원을
      가져오는 거룩한 물을 유익하게 받을 때 일어나는 사건입
      니다. 이렇게 되는 이유는 분명합니다. 물과 함께$^{bei\ und\ mit}$
      깃든 말씀이 이를 가르치고 약속하기 때문입니다. 그렇기
      에 우리는 (이 세례를) 진심으로 믿지 않을 수 없습니다.

34   이런 믿음이 없다면 물은 아무 쓸모없습니다. 비록 그 물
      이 거룩하고 넘쳐흐르는 보화라 해도 소용없습니다. 우리
      생각에 복을 받고, 복을 손에 쥘 수 있는 것은 행위를 통해
      서라고 여깁니다. 하지만 그렇지 않습니다. 왜냐하면 "누
      구든지 믿는 사람은"이라는 이 유일한 말씀이 모든 행위
      의 공로를 거부하고 퇴짜 놓기 때문입니다. 단언컨대, 믿
      음이 아니고서는 아무것도 가져올 수 없고, 아무것도 받을
      수 없습니다.

세례는 하나님께서 우리에게 선물로 주신 보화다. 이것은 오직 믿음 안에서만 깨달을 수 있다

35   그러나 가끔 이런 질문을 받습니다. "세례는 분명 그것 자체로 일종의 행위입니다. 그런데 당신 말대로 행위가 구원에 아무런 영향을 미치지 못한다고 한다면, 도대체 무슨 믿음을 말하는 것입니까?"[11] 답변입니다. "네 맞습니다. **우리의** 행위는 구원과 아무런 상관이 없습니다. 분명히 세례는 우리의 행위가 아니라, 하나님께 속한 하나님의 행위입니다. 앞서 말했듯이, 당신은 그리스도의 세례와 목욕물 세례 사이에 놓인 거대한 차이를 구별해야 합니다. 하나님의 행위는 구원을 위한 일이기에 필요하며, 믿음을 배제하지 않고 오히려 믿음을 요구합니다. 왜냐하면 믿음 없이 구원받을 수 없기 때문입니다.

36   머리에 물만 붓는다고 해서 온전한 세례가 아닙니다. 그렇게만 해서는 세례의 유익을 취할 수 없습니다. 세례를 통해 약속에 담긴 복을 받고 그 유익을 얻기 위해서는 하나님의 명령과 그분의 이름을 진심으로 받아들여야 합니다. 왜냐하면 그 물 안에 하나님께서 정하신 모든 것이 담겨

---

11 앞서 언급한 열광주의자들이 했던 주장으로, "루터가 오직 믿음만으로 구원받는다고 말하지만, 실은 세례라고 하는 행위의 공로를 만들어 놓았다"며 그를 비난하였다.

있기 때문입니다. 이 유익을 받는 것은 자기 힘으로 안 되며, 육으로도 할 수 없습니다. 오직 마음으로만 신뢰할 수 있습니다.

37   그러므로 당신은 분명히 보아야 합니다. 세례란 우리가 만들어 낼 수 있는 행위와 아무 상관 없습니다. 이것은 십자가에 달리신 주 그리스도께서 우리에게 주신 보화이며, 믿음만으로 가질 수 있습니다. 또한 이것은 믿음을 통해 우리에게 보여주시고 취할 수 있도록 말씀 안에 담아 놓은 보화입니다. 그런데 열광주의자들은 "오직 믿음만으로를 가르치면서 그 믿음에 위배되는 설교를 하고 있다"고 우리를 향해 소리치며 왜곡합니다. 다시 말씀드리지만 믿음 없이는 아무것도 못합니다. 믿음이 없다면 아무것도 받을 수 없고 아무것도 누릴 수 없기 때문입니다.

보화가 없는 것이 아니라, 보화를 담을 믿음의 그릇이 없는 것이다

38   이제껏 성례전에 관해 세 가지 항목을 다뤘습니다. 특별히 강조할 것은, 성례전은 하나님이 정하신 것이므로 진정으로 귀히 여겨야 한다는 점입니다. 이것만으로도 세례 받을 충분한 이유가 됩니다. 비록 성례전이 눈에 보이는 단

순한 물질이라고 해도 말입니다. "네 부모를 공경하라"는 계명도 마찬가지입니다. 이 계명과 연결된 것 또한 육적인 혈육에 관한 것입니다. 그러나 하나님의 말씀은 혈과 육이 아니라 하나님의 계명에 초점이 있습니다. 하나님의 계명은 부모가 육체임에도 불구하고 그들을 계명으로 품습니다. 그 계명이 '부모'라고 부르고 섬기도록 명령합니다. "가서 세례를 주라"는 말씀도 마찬가지입니다. 이 말씀이 하나님의 계명이 아니라면, 우리가 세례를 하나님이 정하신 것으로 믿고 행할 이유가 하나도 없습니다.

39 그러나 바로 여기에 계명이 있고 명령이 있습니다. 그리고 세례에는 그 명령과 함께 하나님의 약속이 붙어 있습니다. 그러므로 이것은 하나님께서 명하고 정하신 그 어떤 것보다 고귀합니다.

40 간단히 말해, 세례는 이 세상 그 어떤 것으로도 가둘 수 없는 풍성한 위로와 은총이 됩니다. 이것을 믿기 위해 분명히 아셔야 합니다. 우리에게는 하늘의 보화가 부족한 것이 아니라, 보화를 담고 붙잡을 수 있는 믿음이 부족합니다.

세례는 죽음을 이기는 생명의 묘약이다

41 그러므로 모든 그리스도인은 평생 세례를 배우고 실천해

야 합니다. 그리스도인이라면 믿음에 걸맞는 행동을 끊임없이 이루어 가며 살아야 합니다. 그것은 그리스도와 성령이 주신 은총의 선물로 악마와 죽음을 이기고, 죄를 용서하며 사는 것입니다.

42　그런데 한편으로 우리의 불안한 본성은 이것이 진실인지 의심하고 고민할 수 있습니다. 그러나 그런 의심은 터무니없는 것입니다.

43　잘 생각해 보십시오. 한 의사가 있다고 해봅시다. 만일 그에게 사람을 죽지 않게 하거나 죽은 자도 살려서 영원히 살게 하는 기술이 있다면, 세상 사람들이 얼마나 많은 돈을 쏟아부을까요? 실제로 그렇다면, 부자들로 넘쳐나는 그 의사 가까이에 아무도 갈 수 없을 것입니다. 자, 이제 여기를 보십시오. 이 세례는 대가를 받지 않습니다. 누구에게나 보화의 창고가 열려 있습니다. 그리고 이 세례 안에는 죽음을 삼키고[12] 모든 인간을 생명으로 옮길 묘약이 담겨 있습니다.

12　참조. 사 25:8.

나는 세례 받았다. 내 영혼과 육체는 완전한 구원을 얻었다는 믿음으로 사는 '시련' 가운데 위로가 있다

44 그러므로 우리는 세례를 존귀하게 여기고 그 유익을 바르게 사용해야 합니다. 죄로 인해 괴로워하고 양심의 아픔을 당하고 있을 때, 세례는 우리를 강하게 하며 위로합니다. 그때 이렇게 외칩시다. "나는 세례 받았다! 나는 세례 받았다! 그러므로 단호히 선언한다. 나는 복되다.[13] 세례로 인해 내 영과 육은 영원한 생명을 얻었다."

45 세례 받을 때, 둘이 하나되는 사건이 일어납니다. 우리의 육체에 물이 부어집니다. 그러나 육체는 그 물이 말씀과 결합된 물이라는 것을 이해하지 못합니다. 하지만 영혼은 이것을 파악할 수 있습니다. 이렇게 물과 말씀이 하나되어 세례를 확증합니다.

46 마찬가지로 육체와 영혼 둘 다 복과 영생을 누립니다. 영혼은 말씀을 통해 믿음을 갖습니다. 그러나 육체는 영혼과 연합하고, 육체가 이해할 수 있는 방법으로 세례가 주어집니다. 그 때문에 세례 이외의 그 어떤 보석으로도 우리의

---

13 원문은 'Ich bin selig sein'로, 앞서 본문에서 언급했다시피 루터에게 복이란 "죄와 죽음과 악마에게서 풀려나 그리스도의 나라 가운데 그분과 함께 영원히 사는 것"이다.

육체와 영혼을 장식할 수 없습니다. 왜냐하면 우리는 세례를 통해 완전히 거룩하고 복된 존재가 되었기 때문입니다. 그렇지 않고서는 이 땅의 어떤 것으로도 생명을 얻을 수도 없고, 어떤 선행도 행할 수 없습니다.

이것으로 대략 세례의 본질과 유익과 사용에 대해 충분히 말한 것 같습니다.

유아세례는 하나님 마음에 합한 일이다

47 이제 한 가지 문제를 짚어 보려고 합니다. 악마가 광적인 무리를[14] 이용해서 유아세례를 문제 삼아 세상을 혼란에 빠뜨리고 있습니다. 어린아이들의 믿음에 대해서, 그리고 유아세례가 유효한 것인지 함께 다뤄 봅시다.

48 우선 짧막하게 이 말부터 해야겠습니다. 이 문제의 답은 교육받은 사람들을 위한 것이니 일반인이라면 이 문제를 덮어 두셔도 됩니다. 그러나 당신이 대답을 원한다면 이렇게 답할 수 있습니다.

---

14 원문 'Rotten'을 직역하면 '빨간 것들'이지만, 보통 폭력적인 무리나 도당을 칭한다. 루터가 비유하고 있는 대상은 당시 토머스 뮌처(Thomas Münzer)를 비롯한 재세례파 무리다. 이들은 유아들이 마태복음 16:16("주는 그리스도시요 살아 계신 하나님의 아들이시니이다")의 고백을 스스로 할 수 없기 때문에 믿음을 가질 수 없다고 보았고, 그러한 이유로 유아세례를 거부했다. 이들은 오직 의지적인 신앙고백으로 받는 세례만 유효하게 보았다.

49 　유아세례가 그리스도의 마음에 합한 일이라는 것은 충분히 증명할 수 있습니다. 하나님은 세례 받은 자들을 거룩하게 하시며 성령을 주셨습니다. 그리고 현재에도 많은 이들이 세례 받았던 사람들의 가르침과 삶의 모습을 통해 성령 받았다는 것을 여전히 깨닫습니다. 또한 우리가 성경을 해석하며 그리스도를 깨달을 수 있는 것도 우리 가운데 주신 하나님의 은총입니다. 이 모든 것은 성령이 아니고서는 일어날 수 없는 일입니다.

50 　만일 하나님께서 유아세례를 거부하셨다고 해봅시다. 그렇다면 하나님은 아무에게도 성령을 주시지 않은 것이 되며, 그 어떤 거룩한 것도 허락하지 않은 것이 되어 버립니다. 즉 고대로부터 지금까지 그 어떤 사람도 그리스도인이라고 할 수 없게 됩니다. 그러나 하나님께서는 이 세례를 성령을 통해 확증하셨습니다. 교부였던 베르나르,[15] 제르송,[16] 얀 후

---

15 클레르보의 베르나르(Bernhard von Clairvaux, 1090-1153)는 시토 수도회 창시자로, 기독교 역사의 '마지막 교부'로 불리며 제2차 십자군 전쟁을 주창한 것으로 유명하다. 신학적으로는 예수를 십자가 달려 고난받는 하나님의 아들로 가르치며 그 안에 담긴 하나님의 신비를 강조했기에 신비주의의 대가로도 꼽힌다.

16 십자군 전쟁의 후유증으로 교황권은 급속히 약화되고, 프랑스 국왕의 세력 아래 놓이게 되었다. 1309년부터 1377년까지 68년 동안 7명의 교황이 아비뇽에서 권좌를 계승하면서 로마를 대신했다. 이러한 교회의 대분열을 경험한 프랑스 신학자 장 제르송(Jean le Charlier de Gerson, 1363-1429)은 교회 개혁을 주장하다가 얀 후스처럼 콘스탄츠에서 처형당한다. 그는 "교회는 그리스도를 믿는 모든 성도의 모임이며, 교황은 성도의 대표자"라고 주장하면서, 부패한 교회와 교황권의 제제를 공의회를 통해 해결할 수 있다고 역설했다. 이는 후에 루터의 교회론에 영향을 주고, 그의 3대 논문 중 하나인 『독일 기독교 귀족에게 고함』(An den christlichen Adel deutscher Nation, 1520)에서 공의회 소집을 통해 교황권을 제제할 수 있음을 주장하게 되는 근거가 된다.

스[17] 같은 이들을 통해 그 일을 행하셨듯이, 이 일은 세상 끝날까지 거룩한 그리스도의 교회를 통해 쉼 없이 진행될 것입니다. 그러므로 광신도들 또한 유아세례는 하나님 마음에 합한 일이라고 고백해야 합니다. 왜냐하면 하나님은 스스로 모순됨이 없으시고, 거짓말쟁이와 악당들을 돕지 않으시며, 그분의 은총과 그분의 영을 그런 자들에게 주지도 않기 때문입니다.

51 이것이야말로 배움이 없는 일반인들에게 주시는 가장 강력하고 분명한 증거가 됩니다. 왜냐하면 "거룩한 그리스도의 교회와 성도의 교통"에[18] 대한 고백을 누구도 빼앗거나 뒤엎지 못할 것이기 때문입니다.

세례의 가치는 인간의 믿음이 아니라 하나님의 말씀에 달려 있다

52 여기서 한 발 더 나아가 봅시다. 우리의 관심사는 세례를 받는 자가 가진 믿음의 유무에 달려 있지 않습니다. 믿음 없이 받았다 하더라도 세례가 무효로 돌아가지 않습니다.

53 세례의 중요성은 오직 하나님의 말씀과 계명에 달려 있기

---

17 안 후스(Jan Hus, 1369-1415)는 체코의 종교개혁자로, "교회는 하나님의 선택된 선민 공동체이며, 그리스도 외에는 머리가 될 수 없다"는 가르침으로 교회 개혁을 주장했으나 콘스탄츠 공의회에서 이단으로 몰려 화형당한다. 루터의 교회론과 만인사제론에 힘을 실어 준 교회개혁자로 꼽힌다.

18 참조. '신조' 제3조, "성령을 믿사오며, 거룩한 공회와, 성도가 서로 교통하는 것과……믿사옵나이다."

때문입니다. 이 점은 이제껏 언급한 내용 중에서 그리 세밀하게 다루지 않았지만 모든 진술의 근간이 됩니다. 세례는 단순한 물입니다. 그러나 동시에 하나님의 말씀이 물 옆에, 그리고 함께 존재합니다. 이 말은 곧 세례를 받는 자에게 믿음이 없을지라도 물과 함께 있는 말씀이 세례를 온전하게 만든다는 뜻입니다. 왜냐하면 나의 믿음이란, 세례를 만드는 것이 아니라 오직 세례를 수용하는 것일 뿐이기 때문입니다. (의식을 갖추어) 제대로 된 세례를 받지 못했거나, 그렇게 세례를 주었다고 해도 무효화되지 않습니다. 세례는 우리의 믿음이 아니라 말씀에 매여 있기 때문입니다.

54 　혹여 오늘 이 시간에 악독한 마음을 품은 유대인이 왔을 때, 우리가 진심으로 그에게 세례를 베풀더라도, 이미 말했다시피 그 세례는 여전히 유효합니다. 왜냐하면 그 물은 하나님의 말씀이 깃든 물이기 때문입니다. 그 사람이 이 세례를 하잘것없는 것으로 여긴다 하더라도 여전히 유효합니다. 이것은 그가 세례를 믿든 안 믿든, 성찬 받기에 합당하든 그렇지 않든, 그런 문제와 관계가 없는 것과 같습니다.

세례는 내 신앙 위에 세우는 것이 아니라, 오직 하나님의 제정의 말씀 위에 세우는 것이다

55 자, 이제 당신은 광신도들의 말이 근거 없다는 사실을 깨달았을 것입니다. 이미 언급하며 논했다시피, 아이들이 믿지 않고 받았다고 해도 그 세례는 여전히 유효합니다. 그러므로 누구든지 "아이들은 세례를 다시 받아야 한다"고 말할 수 없습니다. 성만찬도 마찬가지입니다. 어떤 사람이 악한 목적을 품고 분찬된 것을 받았다고 해도 성찬의 효력은 여전히 유효합니다. 또한 성찬에 참여한 자가 그것이 잘못된 것임을 알고 바른 성찬을 받지 못한 것으로 여겼다고 해서, 그 자리에서 다시 받도록 하지도 않습니다. 이런 것이야말로 성례전을 모독하는 일이고, 가장 나쁜 모양으로 부정하게 하는 행동입니다. 우리가 하나님의 말씀과 그분이 정하신 바를 잘못 사용한다고 해서 그 말씀과 정하심 자체가 훼손되고 무효하게 될 것이라는 생각을 어찌 감히 할 수 있겠습니까?

56 그러므로 이전에 내가 믿지 못했을지라도, 이제는 믿음으로 이렇게 말할 수 있습니다. "그때 세례는 참으로 옳았으나 불행히도 내가 그렇게 받지 못했구나!" 나 자신도 그

렇고 세례 받는 모든 사람은 하나님 앞에서 이렇게 말할 수 있어야 합니다. "하나님, 내가 믿음으로 여기에 왔습니다. 그러나 내 믿음과 나를 향한 다른 사람들의 기도 위에 내 신앙을 세울 수 없습니다. 오직 주님의 말씀과 명령 위에 나의 신앙을 세웁니다." 성찬도 이와 동일합니다. 내 믿음에 근거하여 성찬대 앞으로 가는 게 아니라, 그리스도의 말씀에 근거하여 나아가는 것입니다. 내가 강하든 약하든, 이 모든 것을 하나님께 맡깁니다. 확신하건대, 그분은 나를 나아가게 하시고, 먹게 하시며, 마시게 하십니다. 이 모든 것은 나에게 선물로 주신 그분의 몸과 피입니다. 그러므로 그분은 나에게 거짓말을 하시거나 속이지 않습니다.

57   유아세례도 동일합니다. 우리는 이 아이가 하나님을 믿기를 기대하며 데려옵니다. 또한 하나님께서 이 아이에게 믿음 주시기를 기도합니다. 그러나 우리가 그렇게 기대하며 기도하기 때문에 세례를 주는 것이 아닙니다. 그 이유는 오직 하나님이 명령하셨기 때문입니다. 하나님은 거짓이 없으신 분이라는 것을 우리는 압니다. 나와 내 이웃 그리고 모든 인간은 실수도 하고 속이기도 합니다. 그러나 하나님의 말씀은 틀림이 없습니다.

58 그런데 주제넘고 어리석은 이들은 이렇게 말합니다. "바른
신앙으로 받지 않으면, 그 세례는 말짱 도루묵이다." 그렇
게 따지면 이런 논리가 되어 버립니다. "내가 믿지 않으면,
그리스도는 아무것도 아니다." 이런 식이라면 이것도 가능
합니다. "내가 순종하지 않으면, 부모나 권세자도 아무것도
아니다." 이런 논리가 맞다고 보십니까? 내 행위와 상관없
으면 그 대상의 본질과 존재 가치까지 사라져 버립니까?

59 이 질문은 세례에도 그대로 적용됩니다. 잘못 받았어도 세
례는 여전히 세례입니다. 아무리 잘못된 것처럼 여겨지고
죄인에 의해 집례된 것이라고 해도 훼손되지 않습니다. 그
렇기에 다음의 문장은 꼭 들어맞는 말입니다. "오용이 본
질을 훼손하는 게 아니라, 도리어 확증한다."*Abusus non tollit, sed
confirmat substantiam.*[19] 금은 금입니다. 매춘부가 죄와 수치 가운
데 몸에 걸쳤을지라도 그것이 금이라는 사실은 바뀌지 않
습니다.

---

19 법률 용어였던 이 말을 루터는 "재세례파에 관해"(WA 26, 159: "Von der Wiedertäufer")
에서도 인용하며 다음과 같이 설명한다. "금을 도둑맞았다고 해서 금이 지푸라기로 변하는 게 아니
다.……마찬가지로, 고리대금업자가 은을 탈취했다고 해서 은이 종이로 변하는 것도 아니다."

60   그러므로 이렇게 정리할 수 있습니다. 세례는 언제나 유효합니다. 그리고 그 안에 완전한 본질을 보존합니다. 믿음 없는 별종 인간이 받았다고 해도 여전히 유효합니다. 왜냐하면 하나님의 창조 질서와 말씀은 사람에 의해 변하거나 바뀌지 않기 때문입니다.

61   그러나 열광주의자들은 하나님의 말씀과 계명을 보지 못합니다. 세례를 그저 시냇물과 그릇에 담긴 물로만 보고, 공적 권위를 가진 (집례)자를 그저 그런 보통 사람으로만 봅니다. 믿음과 순종으로 보지 않는 한, 그렇게 보일 수밖에 없고, 아무런 가치도 둘 수 없습니다.

62   그 이면에는 비열하고 선동적인 악마가 숨겨져 있습니다. 악마는 공적 권위자의 면류관을 가로채서 그 자리를 차지하려고 합니다. 그리하여 하나님의 모든 행위와 그분의 질서를 왜곡하여 아무것도 아닌 것으로 만들려고 합니다.

63   그러므로 우리는 깨어 무장해야 합니다. 그리고 우리로 하여금 말씀에서 떠나지 않도록 하여 세례를 단순한 상징이라고 말하는 열광주의자들의 환상을 차단해야 합니다.

물속에 잠겼다가 다시 올라오는 행위에 세례의 의미가 담겨 있는데, 이는
옛 아담이 죽고 새 사람으로 매 순간 부활하는 것을 뜻한다

64   끝으로 아셔야 할 것이 있습니다. 우리는 세례를 통해 그
      리스도인으로 받아들여집니다. 그렇다면 세례의 의미가
      무엇인지, 그리고 왜 하나님께서 이런 외적 표지와 보이는
      행동을 통해 성례전을 제정하셨는지를 반드시 알아야 합
      니다.

65   세례 때 행위는 이렇습니다. 물속에 완전히 잠긴 다음, 다
      시 그 위로 올라옵니다.[20] 물속에 잠겼다가 다시 올라오는
      이 두 가지 행위는 세례의 능력과 효과를 암시합니다. 이
      는 옛 아담이 죽고 새 사람으로 부활하는 것입니다.[21] 이
      두 가지는 우리의 전 생애에 걸쳐 계속되어야 할 일입니
      다. 그래서 그리스도인의 삶이란 '매일 세례'와 다르지 않
      습니다. 이것은 단 한 번의 세례로 시작되었고, 매일의 삶
      을 통해 계속 갱신되어야 하기 때문입니다. 즉 인간은 매
      번 옛 아담에 속한 것들을 끊임없이 제거해야 하고, 새 사
      람의 것으로 거듭나야 한다는 뜻입니다.

---

20 루터 당시 유아세례는 아이를 세례대에 담긴 물속에 세 번 완전히 들어가게 하는 침례식
(Immersionstaufe)이 남아 있었다. 이런 관습 외에도 14세기부터는 세 번에 걸쳐서 물을 부어 진행
하는 예식(Infusionstaufe)이 통용되었다.

21 참조. 롬 6:3 이하.

66 그렇다면 도대체 옛 사람이란 무엇일까요? 옛 사람이란 아담에게서 유전된 것입니다. 분노, 미움, 시기, 음탕, 탐욕, 게으름, 오만불손, 의심처럼 모든 악독함에 미쳐 있는 것이 옛 사람입니다. 태생적으로 옛 사람에게서는 선한 것을 하나도 찾을 수 없습니다.

67 그러나 우리가 그리스도의 나라 안에 들어갈 때, 이런 악독함은 매일 작아집니다. 또한 그분의 다스림 가운데 오래 머물수록 그 자리에 온유, 인내, 겸손으로 채워집니다. 그리하여 미움, 시기, 탐욕, 오만불손 같은 것들이 무너져 버립니다.

매일 세례를 통해 새롭게 태어나는 일은 온전함을 위해 평생에 걸쳐 수행해야 할 과정이다

68 이것이야말로 그리스도인 가운데 베풀어지는 물세례의 바른 용도이며, 물속에 잠겼다가 다시 올라오는 행위의 본래 뜻입니다. 이 일이 계속 수행되지 않고 옛 사람에게 고삐를 넘겨주는 순간, 옛 사람은 더욱 강한 모습으로 찾아옵니다. 즉 세례의 삶을 살지 않고 세례에 반하는 삶을 살게 된다는 뜻입니다.

69 그리스도 밖에 있는 자들은 매일 난폭해질 수밖에 없습니

다. 이런 속담도 있습니다. "난폭해질수록 더욱 악해진다." 이것은 진리입니다.

70 일 년 전, 어떤 사람이 의기양양하고 탐욕스러웠다고 가정합시다. 그게 사실이라면, 지금은 훨씬 더 심할 것입니다. 그리고 그런 부도덕한 사람과 함께 아이가 자랐다면, 그 아이 역시 그 뒤를 그대로 따라갈 것입니다. 그렇다고 본성적으로 어린아이가 특별히 부도덕한 것은 아닙니다. 보고 배운 그대로 음란하고 탐욕스럽게 자란다는 것입니다. 그래서 어른이 되면, 부도덕한 아비와 함께 살아온 만큼 악독함은 더욱 강력해집니다.

71 그러므로 세례의 능력으로 제어하고 막지 않으면, 옛 사람은 그 본성대로 거침없이 활개를 치게 됩니다. 반대로 그리스도인이 되면, 옛 사람이 완전히 파멸될 때까지 매일매일 사그라들게 됩니다. 이것이 매일 세례의 물에 잠겼다가 다시 새롭게 되살아나는 것이 의미하는 바입니다.

72 그러므로 제정된 외적 표지는 그 자체로도 효력이 있지만, 그것을 넘어 암시하는 무언가가 있습니다.

73 믿음이 열매로 나타나는 곳에서는[22] 세례가 공허한 상징이

---

22 루터에게 세례란 '새로운 존재로의 시작'을 의미한다. 그러므로 '믿음이 열매로 나타나는 곳'의 의미는 '그리스도의 말씀과 함께하는 새로운 삶'이라는 뜻으로 해석할 수 있다. '매일 세례'란 루터의 세례론에서 독특한 개념이다. 이는 개혁파의 '성화' 개념과는 또 다른 차원이지만, 그리스도인의 '성

아니라 그에 수반하는 효력이 있다는 것을 보여줍니다. 그러나 신앙이 결여된 곳이라면, 그것은 그저 열매 없는 표지일 뿐입니다.

우리가 세례의 배에서 뛰어내릴 수는 있어도 그 배는 절대 가라앉지 않는다. 우리는 '참회'를 통해 그 배로 돌아갈 수 있다

74 여기서 세례의 능력과 의미는 제3의 성례전으로[23] 불리는 '참회'Buße까지[24] 포함하고 있다는 것을 볼 수 있게 됩니다. 사실 참회는 세례와 별반 다르지 않습니다.

75 참회가 무엇입니까? 진정을 다해 옛 사람을 공격하는 것이고, 새로운 삶으로 들어가는 것이 아니고 무엇입니까? 그러므로 참회의 삶을 산다는 것은 세례의 능력이 가득한 길로 들어선다는 뜻이 됩니다. 이 길에는 새 삶의 의미만 주어진 것이 아닙니다. 새 삶을 만들어 내고bewirken 증진시키고anheben 계속하게weitertreiben 합니다.

76 세례 안에는 은총과 영과 능력이 담겨 있습니다. 이것으로

숙해져 가는 삶'이라는 측면에서는 유사하다. 우리에게 형식적 물세례는 한 번으로 족하지만, 그리스도와 함께 죽고 함께 살아나는 부활의 일상은 매일 필요하다. 이것을 루터는 '매일 세례'라고 부른다. 즉 우리의 일상이 그리스도와 함께하는 삶, 그분의 힘으로 깨어진 관계를 회복하고 잇대는 삶이 곧 매일 세례의 삶이다.

23 멜란히톤의 『변증서』(Apologie, 1531)에서는 '참회'를 성례전으로 언급하기도 하지만, 이는 협의적 개념에서 이해한 것이다.

24 회개, 고백성사, 죄의 고백으로 바꿀 수도 있다.

옛 사람을 누르고 새 사람으로 나와 강하게 자랍니다.

77 그러므로 세례는 영원히 보전됩니다. 비록 우리가 부패하고 죄를 지을지라도, 우리에게는 항상 세례의 길이 있기에 옛 사람을 다시 굴복시킬 수 있습니다.

78 그러나 물을 다시 부을 필요는 없습니다. 수백 번 물에 들고 날지라도 결국 한 번의 세례 그 이상도 이하도 아니기 때문입니다. 그러나 한 번 세례의 효과와 의미는 여전히 유지되고 계속됩니다.

79 그러므로 참회는 세례로 다시 돌아가는 것이며, 그 속으로 다시 들어가는 것과 다르지 않습니다. 이를 통해 이전에(세례 때) 시작되었던 것이 갱신되고, 잊혔던 것이 다시 새롭게 됩니다.

80 제가 이렇게 말씀드리는 이유가 있습니다. 앞서 언급했던 바와 같이, 우리는 오랜 세월 동안 세례 안에서 살아왔지만, 세례의 바른 이해에 도달하지 못하는 경우도 있기 때문입니다. 그래서 죄에 다시 빠지거나 넘어질 때, 더 이상 세례가 필요 없어졌다고 생각하기도 합니다. 이것은 세례를 단 한 번으로 끝나는 행위라고 생각하는 데서 비롯됩니다.

81 실제로 성 히에로니무스는[25] 이렇게 서술하기도 했습니다. "참회는 두 번째 널조각이다. 세례의 배가 부서진 다음, 이 것을 붙들고 헤엄쳐 바다를 건너야 한다." 그리스도인으로 살아가면서 우리도 이렇게 생각할 때가 있습니다.

82 그러나 이것은 세례의 용법을 바르게 진술한 것이 아닙니 다. 이런 식이라면 우리에게 세례는 더 이상 필요가 없습 니다. 세례의 배는 절대 파선하지 않습니다. 왜냐하면 이 배는 앞서 말했듯이 하나님께서 정하신 것이지, 우리가 만 든 것이 아니기 때문입니다. 물론 우리가 그 배에서 미끄 러지고 떨어질 수는 있습니다. 그러나 누구든지 이런 일이 생긴다면, 그 배를 똑바로 응시하고 헤엄쳐 그곳에 다시 올라선 다음, 항해를 계속할 수 있도록 떨어지지 않게 단 단히 붙들어야 합니다. 전에 처음 시작했던 때와 같이 말 입니다.

그리스도는 우리의 불신앙에도 불구하고 여전히 신실하게 우리와 함께하 신다

83 자, 이제 우리는 세례가 얼마나 귀하고 탁월한 것인지 알

---

25 히에로니무스(Sophronius Eusebius Hieronymus, 347-420)는 제1차 니케아 공의회 이후의 로마 가톨릭 교회 신학자이자 4대 교부 중 한 사람으로, 라틴어역 『불가타 성경』의 역자로 잘 알려져 있다.

있습니다. 세례는 악마의 목구멍 안에 있는 우리를 낚아챈 다음 하나님의 소유로 만듭니다. 죄를 누그러뜨리고 제거합니다. 그리고 세례는 날마다 우리로 하여금 강하고 새로운 인간으로 거듭나게 하여, 비참함 가운데 있는 우리가 영원한 영광에 이를 때까지 계속 남아 있습니다.

84 그러므로 세례를 매일 입고 살아갈 당신의 옷으로 보시기 바랍니다. 그리고 항상 믿음 안에서 그 열매를 발견하십시오. 그 옷을 입고 옛 사람을 누른 그 자리에서 새 사람이 자라나야 합니다.

85 우리가 그리스도인이 되기를 원한다면, 반드시 그에 합당한 일에 힘을 쏟아야 합니다. 그것으로 그리스도인이 되는 것입니다.

86 그러나 지금 그리스도의 일에서 낙오한 사람이 있다면, 다시 돌아오십시오. 바로 여기에 그리스도와 함께하는 은혜의 보좌가 있습니다.[26] 우리가 죄인일지라도 그분은 우리를 피하지도 거절하지도 않습니다. 오히려 그분께로 다시 오라고 하십시오. 그분의 모든 보화와 선물도 그대로 남겨 두셨습니다. 우리는 한 번의 세례로 죄의 용서를 받았습니다.

---

26 참조. 롬 3:25, 히 4:16.

그리고 그 사죄의 힘은 우리가 생명이 있는 한, 다시 말해 옛 사람을 목에 걸고 있는 한 매일 남아 있습니다.

제5부

성만찬

1   두 번째 성례전도 앞에서 거룩한 세례를 다룬 방식과 동일
하게 세 가지 주제로 설명하겠습니다. 성만찬의 본질이 무
엇인지, 어떤 유익이 있는지, 어떤 사람이 받아야 할지에
대한 내용입니다. 결론부터 말씀드리자면, 이 모든 것은
그리스도께서 제정하신 말씀에 근거하고 있다는 점을 유
념해야 합니다.

2   성례전에 참례하고자 하는 그리스도인이라면 누구든지 이
것을 알아야 합니다. 우리는 성만찬이 왜 필요한지도 모르
면서 성찬대 앞으로 나오는 사람들에게 성찬을 집례하고
베풀고 싶지는 않습니다.

3   성만찬의 근거가 되는 말씀은 다음과 같습니다. "우리 주
     예수 그리스도께서 잡히시던 밤에 떡을 가지사 감사 기도
     하시고 떼어 제자들에게 주시며 이르시되 받아서 먹으라.
     이것은 너희를 위하여 주는 내 몸이라. 너희가 이를 행하
     여 나를 기념하라 하시고 또 잔을 가지사 감사 기도하시고
     그들에게 주시며 이르시되 너희가 다 이것을 마시라. 이
     잔은 죄 사함을 얻게 하려고 많은 사람을 위하여 흘리는
     내 피로 세운 새 언약이니 이것을 행하여 마실 때마다 나
     를 기념하라 하셨으니."[1]

성만찬의 본질은 하나님의 말씀이기에 사람에 의해 좌우될 수 없다

4   우선 세례를 다룰 때와 같이, 성만찬을 중상모략하는 자
     들과 논쟁하려는 것이 아니라는 사실을 밝혀 두어야겠습
     니다. 이제 이 성례전의 핵심이 무엇인지 살펴보겠습니다.
     여기서 으뜸가는 주제는 하나님의 '말씀'과 그분이 정하셨
     다는 점입니다. 다른 말로 하면, 성만찬의 내용은 하나님

---

1   참조. 마 26:26-28, 막 14:22-24, 눅 22:19-20, 고전 11:23-25.

의 '명령'에 속하는 것이며, 그리스도께서 정하신 것이라고 할 수 있습니다. 사람들이 고안하거나 만들어 낸 것도 아니고, 협의하고 숙고한 결과물도 아닙니다.

5 그러므로 이 성찬의 본질과 가치는 당신의 기도, 믿음, 실천의 유무와 상관없이 변하지 않습니다. 이 점은 십계명, 신조, 주기도에서도 동일하게 가르쳤습니다. 그래서 이 고귀한 성례전은 우리가 그 가치를 무시하며 오용한다고 할지라도 절대 훼손되거나 더럽혀지지 않습니다.

6 당신은 어떻게 생각하십니까? 우리의 행위와 믿음이 어떠한지에 따라 하나님은 당신이 정하신 뜻을 굽힐 것이라고 생각하십니까? 아니, 그렇지 않습니다. 이 땅의 모든 만물은 하나님이 창조하셨고, 그분이 정하신 대로 질서 있게 존재합니다. 마찬가지로, 우리가 사용하고 취급하는 모든 것도 동일한 방식 아래 놓여 있습니다.

7 '하나님이 정하셨다'는 점이야말로 끊임없이 추구해야 할 내용입니다. 바로 이것으로, 분열하게 하는 영들의 모든 헛소리를 확실히 반박할 수 있게 됩니다. 그들은 성례전을 하나님의 말씀으로 여기지 않고, 그저 사람이 행하는 일종의 예식으로만 보기 때문입니다.

8   자, 묻습니다. 성만찬이란 무엇입니까? 답변입니다. 이것
     은 우리 그리스도인들에게 먹고 마시라 하신 하나님의 명
     령입니다. 그리스도의 이 말씀이 떡과 잔 안에 그리고 그
     아래에[in und unter] 있기에 '주 그리스도의 참된 몸이요 피'라
     고 우리는 부릅니다.

9   우리가 세례는 단순한 물이 아니라고 한 것처럼, 여기서도
     같은 방식으로 말할 수 있습니다. 이 성례전은 떡과 포도
     주입니다. 그러나 사람들의 일반 식탁에 놓인 단순한 떡과
     포도주가 아닙니다. 이 떡과 포도주에는 하나님의 말씀이
     서려 있고, 그분의 말씀과 묶여 있습니다. 그래서 이것은
     하나님의 말씀입니다. 다시 말씀드립니다. 이 말씀이 성례
     전을 만들고, 성례전이 아닌 것과 구분하는 기준이 됩니
     다. 이것은 단순한 떡과 포도주가 아니라 그리스도의 몸과
     피입니다.

10   "말씀이 물질과 결합하여 성례전이 된다."*Accedat verbum da
     elementum et fit sacramentum.* 아우구스티누스의 이 진술은 아주 적
     절한 표현입니다. 이보다 더 좋을 수는 없습니다. 말씀이

물질을[2] 성례전으로 만듭니다. 그렇지 않다면, 물질은 그저 물질일 뿐입니다.

11 이것은 영주나 황제의 말이나 칙령 따위가 아니라, 가장 높은 만유의 주재자이신 하나님의 말씀입니다. 그렇기에 모든 피조물은 이 말씀 앞에 존경과 두려움과 겸손으로써 무릎 꿇고 순종해야 합니다.

12 말씀은 당신의 양심을 굳세게 만들 것이고, 이렇게 말할 수 있게 할 것입니다. "셀 수 없이 많은 악마와 광신도들이[3] 몰려와 '떡과 포도주가 어떻게 그리스도의 몸과 피가 될 수 있느냐?'고 할지라도 내가 확실히 아는 것이 있습니다. 모든 현인과 학자들의 지혜를 한데 묶어도 거룩하신 대주재의 새끼손가락에도 미치지 못한다는 점입니다."

13 바로 여기에 그리스도의 말씀이 있습니다. "받아서 먹으라. 이것은 내 몸이다", "마시라. 이것은 내 피로 세운 새 언약이다." 우리는 이 지점에 서서, 그분이 말씀하신 것과 다르게 말하고 가르치는 자들을 눈여겨볼 것입니다.

14 그분의 말씀은 진리입니다. 만일 당신이 그 성찬의 요소에

---

2   여기서 물질은 떡과 포도주와 물을 가리킨다.

3   여기서 루터는 스위스의 1세대 개혁자였던 츠빙글리(U. Zwingli, 1484-1531)를 염두에 두고 있다. 츠빙글리는 성찬을 단순한 상징으로 여겼는데, 그것은 마가복음 14:22에 나오는 "이것은 내 몸이다"를 "이것은 내 몸을 의미한다"로 이해했기 때문이다.

서 말씀을 떼어 버린다거나 말씀에 주목하지 않는다면, 그
것은 단순한 떡과 포도주 그 이상도 이하도 아닙니다. 그러
나 말씀이 반드시 거기 있어야 할 당위는 바로 이것입니다.
떡과 포도주는 그리스도의 참된 몸이요 피입니다. 왜냐하
면 이는 그리스도의 입에서 나온 말씀이요 선언이기 때문
입니다. 그분은 결코 거짓을 말하거나 속이지 않습니다.

그리스도의 몸과 피는 그리스도의 몸과 피다

15   여기서 출발하면 이제껏 골치 아팠던 문제들을 쉽게 해결
할 수 있게 됩니다. 예를 들어, 악한 사제가 성례전을 집례
할 수 있는지, 그 떡과 잔을 받아도 되는지 따위의 질문들
입니다.

16   결론은 이와 같습니다. 악당이 성례전을 집례하거나 그 떡
과 잔을 받는다고 해도 바른 성례전이라고 간주할 수 있습
니다. 그것은 여전히 그리스도의 몸과 피이기에 가장 고귀
한 사제가 집례한 것과 동일합니다. 왜냐하면 거룩함의 근
거는 사람이 아니라 하나님의 말씀에 있기 때문입니다. 땅
위의 그 어떤 것도, 심지어 하늘의 천사도 떡과 포도주를
그리스도의 몸과 피로 만들 수 없습니다. 어떤 사람이 이
를 오용할지라도 변화시킬 수 없습니다.

17 하나님의 말씀은 사람의 인격이나 불신앙으로 인해 변질 되지 않습니다. 바로 그 말씀이 거룩한 성례전을 제정하였 고 만들었습니다. 그리스도는 이렇게 말씀하시지 않았습니다. "만일 네가 믿거든 또는 가치 있다고 여겨지거든, 내 몸과 피를 받으라." 그저 "받아 먹고 마시라. 이것은 내 몸과 피다"라고 말씀하셨습니다. 또한 그분 자신이 행하고 제정하시면서 당신에게 "이것을 행하라" 명령하셨습니다.

18 이것은 이 말씀이 여기 떡과 포도주에 임했기에, 당신이 잘났든 못났든 상관없이 그분의 몸과 피를 얻게 되었다는 뜻입니다. 바로 이것을 유념하고 명심하십시오.

19 이 말씀 위에 서 있는 것이야말로, 이제껏 일어났고 앞으로 일어날지 모를 모든 과오와 유혹에 대항하는 우리의 온전한 근거요, 보호 장치이며, 방어막이기 때문입니다.

성만찬의 유익과 목적은 죄 용서에 있다

20 첫째 부분에서 짧게나마 이 성례전의 본질이 무엇인지 생각해 보았습니다. 이제 그 효과와 유익에 대해 살펴보겠습니다. 이것이야말로 우리가 여기서 찾아가며 알아야 할 가장 중요한 대목입니다.

21 이 내용은 이미 앞서 인용했던 구절에 분명히 드러나 있습

니다. "이것은 **너희를 위하여**^{für euch} 주는 내 몸이요 죄 사함을 얻게 하려고 흘리는 내 피라."

22 간단히 말해서 우리는 보화를 얻기 위해 이 성례전에 임하는 것이며, 이를 통해 그리고 그 안에서 죄 사함을 받는다는 뜻입니다. 왜냐하면 죄 용서의 말씀이 바로 여기 있고, 바로 이것을 우리에게 주셨기 때문입니다. 이런 이유로 주님은 "나를 먹고 마시라!"고 하셨고, 이를 통해 나는 그분과 하나가 됩니다. 또한 이것은 나를 위해 제정하신 축복이기에, 죄와 죽음과 모든 불행을 이기게 하는 확실한 증거와 표징이 됩니다.

성만찬은 우리를 새로운 생명 안에서 자라게 하는 선물이다

23 그러므로 이것을 영혼의 양식이라고 부르는 것이 합당합니다. 이를 통해 새 사람은 먹고 강해지기 때문입니다. 세례를 통해 우리는 새로 태어났습니다.[4] 그러나 우리의 살과 피부는 여전히 옛 사람 모습 그대로입니다. 바로 여기서 시련이 생겨납니다. 이 시련은 악마와 세상으로부터 오는 수많은 장애물과 고통입니다. 그로 인해 우리는 탈진하

---

4 참조. 요 3:5, 딛 3:5.

고 낙심하며 자주 넘어집니다.

24 우리에게 이 성례전을 주신 이유가 바로 여기 있습니다. 이
것은 우리가 매일 먹을 푸른 초장이며 양식입니다. 이로써
신앙은 견고해지고 강해집니다. 그것으로 우리가 치르는
신앙의 전투는 패하지 않습니다. 오히려 더욱 강해집니다.

25 왜냐하면 '새' 삶의 본질은 항상 성장하고 나아지는 것이
기 때문입니다.

26 그러나 다른 한편, 무수히 많은 시련도 겪게 됩니다. 악마
는 쉴 새 없이 공격하는 원수입니다. 악마가 노리는 사람은
자기에게 대항하는 사람, '옛 사람'과 싸우고 있는 자들입
니다. 그러나 악마는 억지힘을 쓰거나 무력을 사용하지 않
습니다. 슬그머니 기회를 노리다가 지칠 때까지 온갖 종류
의 술수와 속임수를 씁니다. 그래서 신앙을 포기하게 만들
거나, 손과 발을 묶어 냉담하게 만들고 조급하게 합니다.

27 그러나 우리에게는 이에 대항할 힘과 위로가 주어졌습니
다. 우리의 마음이 그와 같은 시련 가운데 있고 그 무게를
감당하기 어려워질 때, 바로 여기 있는 성찬을 통해 새로
운 힘과 용기를 얻을 수 있습니다.

떡과 포도주가 죄를 용서하는 것이 아니라, 우리를 위해 주시고 흘리신 그리스도의 몸과 피가 용서한다

28   여기서 재차 우리의 잘난 정신은 위대한 가르침과 지혜를 들먹거리며 시끄럽게 알랑거립니다. "어떻게 떡과 포도주가 죄를 용서하고 신앙을 강화할 수 있단 말인가?" 그런데 그렇게 말하는 사람들 역시 우리가 단순한 떡과 포도주를 말하는 것이 아니라는 점을 들었고, 또한 알고 있습니다. 떡과 포도주는 그저 떡과 포도주입니다. 그러나 우리가 여기서 말하고자 하는 것은, 그리스도의 몸이 있는 떡과 그리스도의 피가 있는 포도주에 대한 것입니다. 왜냐하면 이 떡과 포도주에 이 말씀이 함께 있기 때문입니다. 그리스도의 몸과 피, 그 외에는 아무것도 아닙니다. 그렇기에 우리는 이것을 보화라고 부르며, 이 보화를 통해 죄 용서를 얻게 되는 것입니다.

29   이 보화는 다른 무엇도 아닌 "당신을 위해 주시고 흘리신" 말씀을 통해 전해지고 선사된 것입니다. 왜냐하면 당신은 이 말씀 속에서 두 가지를 확언할 수 있기 때문입니다. 떡과 포도주는 그리스도의 몸과 피라는 것과, 이것들은 모두 당신에게 속한 보화요 선물이라는 점입니다.

30   그리스도의 몸은 결코 열매 맺지 못하는 허망한 것이 아님

니다. 또한 효력이 없거나 무익하지도 않습니다. 제아무리 큰 보석덩어리라고 해도 말씀의 틀 안에 있어야 합니다. 그렇게 전해지지 않는다면 우리에게는 아무짝에도 쓸모없고 별 볼 일 없습니다.

31   그러므로 "당신을 위해 주어지고 부어진 그리스도의 몸과 피는 이 안에 없으니, 이 성례전으로 죄를 용서할 수 없다"고 그들이 주장하는 것도 쓸데없는 짓입니다. 물론 십자가 위에서 화해의 사역이 이루어졌고, 이를 통해 죄 용서를 받는 것은 옳습니다. 그러나 이 용서는 다른 방법이 아닌 말씀으로 우리에게 주어진 것입니다. 만일 이 사실이 말씀으로 선포되지 않고 설교되지 않았다면 어떻게 십자가의 사건을 우리가 알 수 있었고, 십자가의 말씀으로 용서받는다는 것을 알 수 있었을까요? 당신은 도대체 어디서 무엇으로 용서를 받았습니까? 이 모든 것은 믿음 때문입니다. 성경과 복음에 확고히 붙어 있는 믿음입니다.

32   바로 이것이 온전한 복음입니다. 그래서 신조는 이렇게 설명합니다. "나는 거룩한 그리스도의 교회와, 죄를 사하여 주시는 것을 믿습니다." 죄 용서의 말씀이 이 성례전에 담겨져 있고 우리에게 주어졌습니다. 우리가 들었던 복음이 바로 이 말씀일진대, 어떻게 이 보화를 거룩한 성례전과

떼어 낼 수 있을까요? 어떤 이들 말대로 이 성례전의 말씀이 무익합니까? 그렇다면 복음 전체를 무익하다고 주장하는 것과 다름없고, 주의 만찬을 향해 하신 말씀도 쓸모없다고 주장하는 것과 다름없습니다.

성만찬을 통해 약속하신 죄 용서의 말씀을 믿는 자가 유익을 얻는다

33 지금까지 우리는 성례전 전체에서 가장 중요한 대목인 본질과 유익에 대해 살펴보았습니다. 다음으로 어떤 사람이 이 성례전의 능력과 유익을 받을 수 있는지 살펴보려고 합니다. 앞에서 다룬 세례에서도 언급했지만, 이 모든 것을 종합해 보면 다음과 같이 간단히 답변할 수 있습니다. 성만찬의 능력과 유익을 얻을 수 있는 사람은 '말씀이 가르치는 것과 말씀이 제공하는 것을 믿는 자'라고 할 수 있습니다. 왜냐하면 이 말씀은 돌이나 나무에 설교한 것이 아니라 그 말씀을 들을 수 있는 자들, "받아서 먹으라!"는 그리스도의 말씀을 듣는 나와 당신을 위해 제정해 주신 것이기 때문입니다.

34 그분이 죄를 용서해 주시고 약속하시는 까닭에, 믿음이 아니고서는 받을 수 없습니다. "이것은 **너희를 위하여** 주며 **너희를 위하여** 흘리는 것"이라고 주님이 말씀하실 때, 이미

우리에게 이 믿음을 요구하신 것입니다. 그래서 이는 "너희에게 내 몸과 피를 주노니 너희 것으로 삼아 죄 용서를 누리라!"는 뜻과 같습니다.

35 그러나 믿지 않는 자는 아무것도 가질 수 없습니다. 그런 사람은 성찬을 무익한 제공물로 여겨 은총의 선물이 제공하는 구원을 만끽하려 하지 않습니다. 믿는 자를 위한 보화가 바로 여기 있습니다. 이 보화가 신앙인들의 문 앞에 놓여 있습니다. 게다가 이 보화는 신앙인의 식탁 위에 펼쳐져 있습니다. 문제는 당신이 취하느냐 취하지 않느냐에 달렸습니다. 다른 말로 하면, 그리스도의 말씀인 것을 참으로 믿느냐 믿지 않느냐의 문제입니다.

성만찬을 위한 최고의 준비는 금식이 아니라 믿음이다

36 이것이야말로 온전한 성만찬을 귀하게 받기 위해 준비해야 할 그리스도인의 가장 중요한 일입니다. 이 보화는 오직 그리스도의 말씀으로만 우리에게 전해지기 때문입니다. 믿음은 말씀과 마음이 하나되는 것이라고 할 수 있습니다. 그렇기에 영원한 이 선물과 보화는 손으로 받아들이거나 머리로 이해할 수 있는 것은 아닙니다.

37 사람들은 금식과 기도는 아이들의 운동 연습과 같은 외적

인 준비라고 말하면서 그리스도의 몸과 피를 받기 위한 옳고 경건한 방법이라고 가르칩니다. 그러나 우리가 그리스도의 몸과 피를 받는 것은 우리 몸이 바라고 이해하는 방식과 매우 다릅니다. 이것은 이 보화를 깨달을 수 있는 우리의 마음속 믿음으로만 가능합니다.

38 이것으로 성만찬에 관한 일반적인 설명이 된 것 같습니다. 보다 자세한 것은 다른 기회를 빌려 설명하겠습니다.

성찬은 필요할 때만 받는 것이 아니라 기회 있을 때마다 받아야 한다

39 앞에서 우리는 성만찬의 바른 이해와 가르침에 대해 살펴보았습니다. 마지막으로, 이제 권면과 충고가 필요할 것 같습니다. 이 위대한 보화를 경솔히 여기지 마십시오. 주의 만찬은 우리 그리스도인들이 매일 나누도록 일상의 중심에 놓인 것입니다.[5] 누구든지 그리스도인이 되고자 하는 자라면, 이 귀한 성찬을 자주 받아야 합니다.

40 많은 이들이 이 성례전을 귀찮게 여기며 타성에 젖은 채 참여하는 것을 우리는 보고 있습니다. 복음은 교황주의자

---

5   멜란히톤의 『변증서』에서는 매 주일과 특정한 교회 축일에 성만찬을 하도록 가르치고 있다(§24: 예배에 관하여).

들이 만든 쓸모없는 것들을 제거했고, 그 이래로 그들의 억지와 계명에서 자유하게 되었습니다.[6] 그런데 복음을 들은 사람들 가운데 상당수가 일 년, 이 년, 삼 년, 세월이 지나면서 성례전 없이 살고 있습니다. 그 사람들은 그렇게 성례전을 불필요하게 여기며 사는 것을 신앙 깊은 그리스도인이라고 생각하는 듯합니다.

41   또 어떤 이들은 성찬을 금지하고 겁을 주기도 합니다. 우리가 성찬에 대한 주림과 갈급함 없이는 받게 할 수 없다고 가르쳤다는 이유를 들어 내쫓기도 한다고 합니다. 또 어떤 이들은 주의 만찬에 참여하는 것은 순전히 개인적 자유라고 하면서 그리 중요하지 않다고 말하기도 합니다. 그저 믿기만 하면 된다는 것입니다. 이런 사람들 대부분은 아주 설익은 사람들이 되어 결국 성례전과 하나님의 말씀을 모두 경멸하게 될 것입니다.

오랫동안 성찬 받지 않은 사람은 그리스도인이 아니다

42   이미 말씀드린 대로, 강제로 성찬을 받게 하는 일은 어떤 경우라도 있어서는 안 됩니다. 그런 것은 일종의 '영혼 살

---

6   제4차 라테란 공의회(1215)에서 규정한 '그리스도인의 의무'에는 최소한 일 년에 한 번(부활절) 성만찬을 받도록 하고 있다(D 812).

육 행위'이기 때문입니다. 그러나 모두 알아야 할 것은, 장기간 성찬을 멀리한 사람은 그리스도인으로 볼 수 없다는 점입니다. 그리스도께서 이것을 우리에게 제정하신 것은 축제의 구경꾼이 되라고 만드신 것이 아니고, 그분을 따르는 그리스도인들에게 "이것을 먹고 마시라. 그리고 기억하라"고 명령하셨기 때문입니다.

43 진실로 이 성례전을 귀하고 가치 있게 여기는 그리스도인이라면, 이것을 받기 위해 항상 용감하게 나올 것입니다. 그러나 그리스도인이 되기를 진심으로 바라지만 제대로 배우지 못하고 신앙이 약한 사람들이 있기 때문에 좀 이야기를 해야겠습니다. 이런 사람들에게는 이 성례전을 받아야 할 이유와 필요성을 상기시켜 주어야 합니다.

44 왜냐하면 믿음, 사랑, 인내의 문제와 마찬가지로, 이것을 충분히 배우고 가르치고 매일 권면하지 못했기 때문입니다. 이것들은 사람들에게 항상 설교되어 무관심과 권태에 빠지지 않게 해야 합니다. 이미 우리 모두 알고 있고 느끼고 있듯이, 악마는 힘이 닿는 대로 사람들을 쫓아다니고 선동하며 모든 기독교적 본질을 방해합니다.

45 이렇게 해야 하는 것은 성경에 기록된 그리스도의 분명한 말씀이 있기 때문입니다. "이것을 행하여 나를 기념하라!" 이 말씀은 우리에게 주신 가르침이며 명령입니다. 그러므로 그리스도인이 되고자 하는 사람이라면 반드시 성만찬을 마음껏 향유해야 합니다. 그리스도의 제자가 되기를 원하십니까? 그렇다면 그분이 하신 이 말씀을 유념하고 지키십시오. 사람의 강제에 못 이겨 하라는 것이 아닙니다. 주 그리스도의 말씀에 순종하고 따라 지키라는 뜻입니다.

46 그런데 혹시 당신이 이렇게 말할지도 모르겠습니다. "'자주 시행하라'는 말씀은 누구를 강요하는 것이 아닙니다. 오직 본인의 자유 의사에 맡긴다는 뜻입니다."

47 제 답변입니다. 옳습니다. 그러나 거기서 주님의 첨언은 '성찬에 참례하지 않아도 된다'는 의도가 아닙니다. 말씀을 다시 보십시오. "자주 행하라"는 말에는 "할 수 있는 대로 시행하라"는 의미가 내포되어 있습니다. 이 구절을 첨언하신 이유가 있습니다. 이 성례전이 유대인의 유월절 만찬처럼 특정한 절기에 매이지 않게 하려는 의도입니다. 유월절 식사의 경우, 일 년에 오직 한 번만 합니다. 정확히 말하면, 보름달이 뜨는 때를 기준으로 새해 첫 십사 일째 되는 날

저녁 시간에 맞춘 식사입니다.[7] 이로써 그리스도께서 말씀하고 싶은 것은 이런 것입니다. "내가 너희를 위해 유월절 또는 저녁 만찬을 제정하노니, 일 년에 한 번만 하지 말고 어느 때 어디서라도 너희가 원할 때, 기회가 닿는 대로 자주 향유하라. 특정한 때, 특정한 장소를 정하지 말라."

48 그런데 시간이 지나자 교황은 이것을 왜곡해 버렸고, 다시 예전 유대인의 유월절 식사와 같이 만들어 버렸습니다.

성찬을 받는 것은 사람의 마음에 들기 위해서가 아니라, 그리스도의 마음에 합한 일이기 때문이다

49 이로써 당신은 성만찬을 마음대로 경멸할 자유가 없다는 것을 보았습니다. 여기서 제가 '경멸'이라는 단어를 사용했습니다. 이것은 장기간 성례전에 참례하지 않는 것과 어떤 특별한 사유도 없으면서 그것을 갈망하지 않는 태도를 말합니다. 만일 당신이 이런 종류의 자유를 원한다면, 차라리 더 이상 그리스도인이 되지 않을 자유를 좇는 편이 좋을 것입니다. 그러면 신앙을 가질 필요도, 기도할 필요도 없습니다. 왜냐하면 이런 것들은 모두 그리스도의 계명

---

7   참조. 레 23:5.

이기 때문입니다. 그러나 그리스도인이 되기를 바라신다면, 최소한 이것을 실천해야 합니다. 그리고 어디서든 이계명에 따라 순종해야 합니다.

50 이 계명은 당신을 움직여 스스로 묻게 만들 것입니다. "나는 어떤 그리스도인인가? 내가 그리스도인이라면 당연히 내 주님이신 그분의 명령을 행하고자 하는 최소한의 갈망이 있어야 할 것 아닌가?"

51 진실로 이런 마음이 우리에게 낯선 것이라면, 사람들은 우리를 그저 교황권 아래 있는 그저 그런 그리스도인으로 볼 것입니다. 그런 사람들은 사람이 만든 계명 때문에 강요당하고 두려워하며 성만찬에 참례합니다. 거기에서는 즐거움도 사랑도 없고, 그리스도의 명령에 대한 존경심이라고는 한 구석도 찾아볼 수 없습니다.

52 그러나 우리는 누구도 강요하지 않고 억지를 부리지도 않습니다. 우리를 섬기라거나 또는 우리에게 잘 보이라는 이유로 성찬에 참례하라고 하지도 않습니다. 당신에게 이것을 자극하고 심지어 강제하는 것은 바로 그리스도께서 이것을 원하시기 때문이고, 그분 마음에 합한 것이기 때문입니다. 당신의 신앙이 사람을 의지하지 못하게 하십시오. 또한 어떤 선한 행위가 필요한 것처럼 강요하지 못하게 하

십시오. 우리가 말하고 권하는 모든 것은 우리를 위한 것이 아니라 당신 자신을 위한 것입니다. 그분은 당신을 부르고 강권합니다. 당신이 이것을 멸시한다면 그 책임을 당신 스스로 져야 할 것입니다.

성만찬에 참여하지 않는 자는 냉담자다

53 여기에 첫째로 꼽히는 자들은 우선 냉담하고 무관심한 사람들입니다. 이런 사람들은 스스로 돌이켜 깨어나야 됩니다. 제가 확실히 경험하였고 다른 사람들도 깨달아 알고 있듯이, 말씀드리건대 이것은 확실합니다. 성만찬과 떨어져 있는 사람은 매일 상스럽게 변하고 냉담해집니다. 그래서 결국 성례전을 공중에 흩어 버리고 맙니다.

54 그렇게 되고 싶지 않다면, 최소한 자신이 하나님과 바른 관계 가운데 있으며 그분 앞에 서고 싶어 하는지 진심으로 양심에 물어야 합니다. 이렇게 할수록 마음은 점점 따스하게 데워질 것입니다. 그렇지 않다면 완전히 냉기가 흐르게 될 것입니다.

55 당신이 이렇게 말할 수도 있을 것입니다. "제가 느끼기에, 저는 성찬 받을 자격이 없습니다. 그런데도 받을 수 있나요?" 답변입니다. 저 역시 이런 유혹이 있습니다. 특히 교황의 옛 제도에 사로잡힌 상태라면 더욱 그러합니다. 그때 사람들은 아주 순전해져야 하고 하나님 앞에서 어떤 흠집도 없어야 한다는 생각으로 번민합니다. 그 때문에 우리는 스스로 수치스러워하며 두려움에 사로잡혀 깜짝 놀랍니다. 그러고서는 자신에게 이렇게 말합니다. "오, 나란 인간은 정말 쓸모없구나!"

56 이렇게 우리의 본성과 이성은 하잘것없습니다. 그런데도 이 위대하고 귀한 선물의 값을 매기기 시작합니다. 그러고는 빛나는 태양을 불 꺼진 등잔으로, 보석을 분노처럼 여겨 버립니다. 이런 본성과 이성을 가진 사람이라면 매 주일, 아니 해가 거듭하더라도 성찬에 나오지 않을 것입니다.

57 또한 당신이 순수하고 순전한 양심이 될 때까지 기다린 후에 성찬을 받으려고 한다면, 결국 성찬대 앞에 서지 못하게 될 것입니다.

58 그 때문에 이런 식으로 우리 가운데 있는 사람들을 구별해야 합니다. 이른바 흉포한 인간은[8] 성찬에서 제외시켜야 합니다. 이들은 스스로 성찬을 거부하고 조롱하며, 하나님 없이 사는 자들입니다. 이들은 죄 용서를 받을 생각도 없고, 원하지도 않으며, 경건해질 마음도 없습니다. 그렇기에 성찬 받을 자격이 없습니다.

59 그러나 그런 자들과 달리 흉포함을 멀리하고 경건해지려고 하는 사람이라면, 비록 약하고 흠이 있을지라도 받게 해야 합니다. 힐라리우스는[9] 이렇게 가르칩니다. "만일 어떤 사람이 공동체를 해하는 범죄를 행했거나 비그리스도인처럼 행동한 것이 아니라면 성찬에서 제외하지 말아야 한다. 생명의 기회를 놓치지 않게 해야 한다."

60 이렇게 말한 이유는 매 순간 우리가 직면하는 육의 연약함에서 자유로운 사람이 아무도 없기 때문입니다.

---

8 원문은 'die freche und wilde Menschen'이지만, 독일어 현대 번역에서는 'Spötter und Gottlose'로 풀어 쓰기도 한다(Detlef Lehmann판). 이는 '조롱하는 자와 신 없이 사는 자'라고 직역할 수 있다.

9 푸아티에의 주교 힐라리우스(Hilarius von Poitiers, 315-367)는 아리안주의 논쟁이 있던 시기, 서방교회 삼위일체론을 대표하는 신학자이자 주교였다.

성찬에 초대된 사람은 자격 있는 사람이 아니라 없는 자, 의인이 아니라 죄인이다

61   믿음이 연약한 사람들이라면 최고의 가치가 바로 여기 있
      다는 것을 배워야 합니다. 그리고 우리가 받는 성례전이
      우리 자신의 자격 여부에 달려 있지 않다는 것을 명심해야
      합니다. 구원받을 만한 자격이 있고 그만큼 거룩한 사람이
      라면, 세례 받을 이유가 없습니다. 또한 죄도 없고 그렇게
      순전하다면, 참회할 필요도 없습니다. 성례전을 받는 이유
      는 오히려 그 반대입니다. 가난하고 불쌍하며 자격이 없기
      때문입니다. 예외인 경우가 있기는 합니다. 은혜에 대한
      갈망도 없고, 용서도 구하지 않는 자, 더 나은 삶을 희구하
      지 않는 자들의 경우입니다.

62   그러나 은총과 위로를 갈구하는 자라면 성례 받기 위해 스
      스로 나올 것이고, 아무도 그 길을 막지 못할 것입니다. 그
      런 사람이라면 이렇게 말하십시오. "저 역시 스스로 그런
      자격이 있다면 좋겠습니다. 그러나 제가 이 자리에 나온
      것은 어떤 자격이 있어서가 아니라, 주님이 저에게 '이곳
      으로 오라' 명령하셨기 때문입니다. 저는 이 말씀에 따르
      는 주님의 제자가 되고 싶어 나왔습니다. 제가 주님께 드

릴 자격은 바로 이것뿐입니다."

63   그러나 이런 고백은 심히 어렵습니다. 사실 그렇게 된 문제는 우리 자신에게 있습니다. 우리는 자신의 문제 때문에 그리스도의 입에서 나오는 말씀에 집중하지 못합니다. 그저 우리가 가진 본성은 자기 자신을 의지하고 거기에 기대어 살려고만 합니다. 그렇지 않을 때는 한 발짝도 움직이려고 하지 않습니다. 이것으로 성찬을 받는 첫 번째 이유에 대해서는 충분할 것 같습니다.

그리스도의 계명과 약속이 성찬 받도록 자극한다

64   두 번째로, 이미 앞서 언급했듯이 우리가 성찬대 앞으로 가는 것은 그리스도의 계명과 약속이 거기 있기 때문입니다. 이것이야말로 우리를 가장 강력하게 끌어당기는 원인입니다. 여기에 은혜로운 말씀이 있습니다. "이것은 **너희를 위하여** 주는 내 몸이다", "이것은 죄 사함을 얻게 하려고 **너희를 위하여** 흘리는 내 피다."

65   바로 이 말씀은 지팡이나 돌을 앞에 두고 하신 설교가 아닙니다. 바로 저와 당신을 위한 것입니다. 그렇지 않다면 그리스도께서 말씀하실 필요도 없었을 테고, 성례를 행하라고 제정하지도 않으셨을 것입니다. 그러니 잘 생각하십

시오. "너희를 위하여"라는 말씀을 잘 새겨서 공허한 말씀
으로 날리지 않기를 바랍니다.

성찬은 죽음의 해독제이자 생명의 약이다

66 그리스도는 하늘의 온전한 보화를 당신에게 제공하십니
다. 그리고 이 보화가 놓인 곳으로 우리를 불러 모으십니
다. 마태복음 11:28 말씀입니다. "수고하고 무거운 짐 진
자들아, 다 내게로 오라. 내가 너희를 쉬게 하리라."

67 이렇게 그리스도는 우리를 극진히, 그리고 친절하게 초대
하고 권유하십니다. 그럼에도 불구하고 남의 이야기처럼
무감각하게 듣고, 오랫동안 어떤 관심도 사랑도 느끼지 못
한 채 냉담자로 머물러 있다면, 그것이야말로 죄요 부끄러
운 일이 아닐 수 없습니다.

68 아무튼 성례전은 해롭거나 피해야 할 어떤 것이 결코 아닙
니다. 오히려 그 반대로, 치료하고 위로하는 약입니다. 이
성례전이 당신에게 생명을 주며 영육 간에 도움을 줄 것입
니다. 영이 치료받을 때 육도 유익을 얻기 때문입니다. 그
런데 왜 성찬을 독약처럼 생각하며 먹는 사람들이 있을까
요? 성찬을 먹으면 죽습니까?

69 이것은 어느 정도 맞는 말입니다. 성례전을 경멸하는 사람들과 기독교적으로 살지 않는 사람들에게 독이나 저주가 되기 때문입니다. 그런 사람들에게 성찬은 의사가 금지한 약물을 환자가 먹고 마시는 것과 같기 때문에 아무런 효능도, 아무런 치료도 일어나지 않습니다.

70 그러나 자신의 약함을 깨닫고, 여기서 헤어나기 위해 간절히 도움을 구하는 사람이라면, 성례전은 그가 안고 있는 독을 치료하는 고귀한 해독제가[10] 됩니다. 당신은 이 성찬을 통해 그리스도의 입에서 나오는 말씀과 죄 용서를 받게 됩니다. 거기에는 하나님의 은총이 깃들어 있으며, 성령의 은사와 보호하심 그리고 죽음과 악마와 모든 불행에 대항하는 힘과 능력, 보호가 함께 주어져 있습니다.

성찬을 받는 세 번째 이유는 우리 자신의 곤궁 때문이다

71 하나님 편에서 보자면, 당신에게 이 성찬은 주 그리스도의 약속과 계명 때문에 전해진 것입니다. 이와 더불어 당신 편에서 볼 때, 당신 스스로 성찬에 대한 절박함과 갈급한 마음이 있어야 합니다. 왜냐하면 성찬을 제공하고 초대

---

10 성찬이 '불사의 약'(Unsterblichkeitsarznei) 또는 '해독제'(Gegengift)라고 이해한 용례는 안디옥의 교부 이그나티우스(Ignatius von Antiochien, ?-110)가 에베소인들에게 보내는 편지에서도 확인할 수 있는데, 이런 사상은 고대 교회 때부터 있었다.

하며 약속하신 이 모든 것은 당신을 위해 그리스도께서 하신 일이지만, 이제 이것을 소유하는 것은 전적으로 당신에게 달려 있기 때문입니다. 그리스도께서 이렇게 말씀하십니다. "건강한 자에게는 의사가 쓸데없고 병든 자에게라야 쓸데 있느니라."^{마 9:12} 여기서 병든 자란 죄와 죽음의 공포, 악마와 육으로부터 오는 시련 가운데 수고하고 무거운 짐 진 자를 말합니다.

72 바로 당신이 이 짐을 지고 있습니까? 약함을 느끼고 있습니까? 그렇다면 기쁜 마음으로 가십시오. 그리고 이 성찬으로 생기를 얻고, 위로를 얻고, 힘을 얻으십시오.

73 성찬 받을 수 있을 만큼 순결한 자격이 될 때까지 기다리고 계십니까? 그렇다면 당신은 영원히 그 자리에 그대로 머물게 될 것입니다.

74 그렇게 기다리는 당신에게 그리스도는 이런 판결을 내리십니다. "네가 순전하고 거룩하다면, 너는 나를 찾을 필요가 없다. 입장을 바꿔, 나 역시 그런 네가 필요 없다." 성찬의 자격이 없는 자는 오직 자신의 연약함을 깨닫지 못하는 자와 죄인 됨을 인정하지 않는 자입니다.

75 그런데 이렇게 말하는 사람도 있을 것입니다. "성찬이 필요하다는 것을 나는 전혀 느끼지 못합니다. 성찬에 대한 갈급함도 없습니다. 그런데 어떻게 이게 도움이 된다는 말입니까?" 답변입니다. 그렇게 느끼고 생각하고 있는 사람들에게 해드릴 수 있는 말은 이런 충고 외에는 달리 도리가 없습니다. 당신에게 살과 피가 있는지 가슴에 손을 얹고 진지하게 물어보십시오. 만일 살과 피가 있다는 것을 확인하셨다면, 이제 바울이 갈라디아인들에게 보낸 편지를 읽어 보시기 바랍니다. 거기 나오는 내용 가운데 육신의 열매가 무엇인지 경청해 보기 바랍니다. "육체의 일은 분명하니 곧 음행과 더러운 것과 호색과 우상숭배와 주술과 원수 맺는 것과 분쟁과 시기와 분냄과 당 짓는 것과 분열함과 이단과 투기와 술 취함과 방탕함과 또 그와 같은 것들이라."갈 5:19-21

76 성찬의 필요를 느끼지 못하십니까? 그렇다 할지라도 성경의 말씀을 믿으십시오. 이 말씀은 속이지 않습니다. 성경은 당신 자신보다 당신의 육에 대해 더 잘 알고 있습니다. 분명합니다. 그래서 사도 바울은 로마서 7:18에서 "내 속

곧 내 육신에 선한 것이 거하지 아니한다"고 고백했습니다. 사도 바울도 육에 대하여 이렇게 말하거늘 하물며 우리야 어떠하겠습니까? 그보다 더 거룩하고, 더 나을까요?

77 이 사실을 느끼지 못한다면 우리의 병은 더욱 심각해질 것입니다. 이는 나병에 걸린 육체와 같아서 아무런 통증도 느끼지 못하고, 결국 곪은 것과 상처는 더욱 악화됩니다.

78 이미 말씀드렸다시피, 당신은 그렇게 완전히 죽은 상태와 다름없습니다. 성경은 이렇게 당신을 판정합니다. 그러므로 이제 성경의 말씀을 믿으십시오. 짧게 말하겠습니다. 당신의 죄와 결함을 느끼지 못하면 못할수록 성찬 받을 이유는 더욱 커집니다. 거기로 가서 도움을 얻고 치료제를 얻으십시오.

성례전이 절실한 이유는 육신뿐만 아니라 세상에서도 기인한다

79 두 번째로, 당신이 세상 안에 있는지 아닌지 진지하게 되돌아보시기 바랍니다. 잘 모르겠다면 이웃에게 한번 물어보십시오. 세상 속에서 살고 있는 게 분명하다면, 죄가 없다든지 아니면 아무런 부족함도 없다는 생각일랑 거두십시오. 경건하며 복음에 합당한 삶은 오직 비밀 없이 다 털어놓는 것으로부터 시작합니다. 그러고 나면 당신에게 얼

마나 많은 적들이 있었는지, 얼마나 많은 것들이 당신을 괴롭히고 부당하게 취급하며 강제해 왔는지 보일 것입니다. 그리고 그런 적들이 당신에게 죄와 악행의 기회를 주었는지 돌아볼 수 있을 것입니다. 이런 경험이 없습니까? 그렇다면 이런 증거를 세상 어디서나 제공해 주는 성경을 취해 읽어 보십시오.

우리를 궁핍하게 만드는 것은 악마의 일이다

80 진실로 당신은 주변 곳곳에서 악마를 발견할 수 있을 것입니다. 당신은 결코 악마를 피할 수 없을 것입니다. 왜냐하면 우리의 주님이신 그리스도 역시 악마를 피할 수 없었기 때문입니다.

81 그렇다면 악마는 무엇일까요? 성경의 말씀대로 하자면, 거짓말쟁이나 살인자와 다르지 않습니다.[11] 거짓말쟁이 악마는 당신의 마음에서 하나님의 말씀을 지워 버립니다. 그러고는 당신이 어떤 위험 가운데 처해 있는지 느끼지 못하게 만들어, 그리스도께 가는 길을 볼 수 없게 만듭니다. 또한 살인자 악마는 잠시도 쉬지 않고 당신의 생명을 노립니다.

---

11 참조. 요 8:44.

82 매 순간 당신을 노리는 수많은 검과 창과 화살을 직시한다면, 당신은 될 수 있는 대로 자주 성례전에 나아오기를 바라고 구할 것입니다. 그러나 사람들은 그렇게 안전한 삶을 살지도 못하고 그저 생각 없이 살아갑니다. 이렇게 된 데는 다른 이유가 없습니다. 우리가 악마가 통치하는 나라인 육과 악한 세상 가운데 살아가고 있다는 것을 믿지도 고민하지도 않기 때문입니다.

오직 하나님만이 시련을 깨닫게 하고 성찬을 향한 갈급함을 선물하신다

83 그러므로 이것을 시험해 보고 제대로 익혀 보십시오. 당신 자신과 주위를 돌아보고 성경에 매달려 보십시오. 그렇게 하고도 아무것도 느끼지 못한다면, 이제는 하나님과 당신의 형제들에게 이 사실을 더 큰 탄식으로 알려야 합니다. 당신이 바른 길을 가도록 권면하며 기도해 줄 것입니다. 당신 마음을 짓누르는 바윗덩어리가 제거될 때까지 중지하지 마십시오.

84 그리하면 당신이 처한 위험이 무엇인지, 그리고 그 어떤 죄인보다 가련한 처지에 놓여 있는지 분명히 발견하게 될 것입니다. 거기서 비로소 이제껏 보지 못했던 당신의 비참한 현실에 대항할 성례전의 필요를 깊이 깨닫게 될 것입니

다. 혹시 당신이 더 크게 깨닫고 성례전에 대한 갈급함이 더욱 커진 것이라면, 그것은 하나님이 주신 은총입니다. 특히 악마는 당신이 잠시라도 하나님 앞으로 가서 안전해지는 것을 원하지 않습니다. 그래서 당신을 손아귀에 넣고 영혼과 육체를 낚아채기 위해 덫을 놓고 괴롭히고 뒤쫓습니다. 이 사실을 깨닫지 못하고 전혀 준비가 되어 있지 않다면, 악마는 분명 당신을 순식간에 비탄과 고통 속으로 몰아넣을 것입니다.

청소년들에게 기독교 신앙의 내용들을 가르치는 것은 의무사항이다

85 길게 권면했습니다. 그런데 이것은 우리 같은 성인과 노인들만을 위한 것이 아니라 청소년들을 위한 것이기도 합니다. 자녀들에게 기독교 교리를 가르치고 이해시키며 양육해야 합니다. 이 목적을 위해 십계명, 신조, 주기도를 청소년들에게 좀 더 쉽게 전할 수 있을 것입니다. 흥미롭고 진지하게 다루어 아이들이 익혀 몸에 배도록 하십시오.

86 나이든 사람들은 여러 모로 기회를 놓쳤습니다. 기독교 교리와 삶을 유지하고 보존하는 일은 오직 우리 후손들을 양육하는 일로만 가능합니다. 그것이야말로 우리에게 맡겨진 직무를 수행하는 첫걸음입니다. 이렇게 해야 아이들의

자녀들도 성공적으로 키울 수 있습니다. 이런 교육을 통해 하나님의 말씀과 기독교는 보전될 것입니다.

87 그러므로 집안의 모든 가장들은 명심하십시오. 의무적으로 하나님의 명령과 계명을 자녀에게 가르치고, 배움의 기회를 제공하기 바랍니다. 아이들이 세례 받고 그리스도의 몸으로 받아들여진 이상 성만찬 공동체의 기쁨을 누릴 수 있도록 해야 합니다. 이것으로 아이들은 어른들을 섬기며 유익을 더할 것입니다. 왜냐하면 이제 아이들 모두가 우리를 신뢰하고 사랑하며 기도하면서 악마의 유혹을 이기도록 어른들을 도울 것이기 때문입니다. 이제 참회에 대한 권면으로 이어가 봅시다.

참회에 대한 짧은 권고[12]

이제껏 강요되었던 참회의 독소 조항이 종교개혁을 통해 제거되었으나, 자발적인 죄의 고백은 여전히 유효하다

1 우리는 참회가 자발적이어야 한다고 항상 가르쳐 왔습니

---

12 "참회에 대한 짧은 권고"는 『대교리문답』 제2판(1529)부터 첨부되었다.

다.[13] 그리고 이제 교황의 독재에서 벗어났습니다. 강제 조항에서 벗어났고, 그리스도 교회에 견딜 수 없을 정도로 부과되었던 모든 짐에서 해방되었습니다. 참회 조항을 준행하지 않으면 대죄로 여겨 왔던 것을 우리 모두는 경험했습니다. 그런데 이런 억지는 여태껏 없었습니다.

2 더군다나 참회 조항을 준행하면 할수록 짐은 더욱 무거워졌고, 죄목을 일일이 열거해야 하는 고해 때문에 양심만 더욱 고문받았습니다. 이런 식의 참회로는 누구도 순전해지거나 온전해질 수 없습니다.[14]

3 게다가 화가 치밀어오르는 것은, 참회가 무엇이며 어떤 유익과 위로가 있는지에 대해서 아무도 가르치지도 알지도 못한다는 사실입니다. 대신 모든 이들에게 강제 조항이 되

---

13 제4차 라테란 공의회(1215) 교령에 따르면, 신자는 자신의 죄를 일 년에 최소 한 번 이상 사제 앞에 나와 고해해야 한다(H. Denzinger, A. Schmönmetzer, *Enchiridion Symbolorum*, 812). 이 교령은 종교개혁 운동에 대한 반동으로 시작된 트리엔트 공의회에서 공식화되었다(1551). "신자는 사제 앞에서 개인적으로 죄를 고백(고해성사)해야 하며, 그때 모든 죄목이 각각 고백되어야 한다"(위의 책, 1679 이하, 1707).

14 참회(Beichte)의 일반적인 의미는 과거의 범죄 사실을 기억하고 현재 죄의 상태에 있음을 느끼는 인식적 요소와, 죄를 지었음을 슬퍼하고 죄가 사해지기를 원하면서 죄를 혐오하는 의지적 요소를 포함하는 개념이다. 중세 교회는 이를 일곱 가지 성례전 가운데 하나로 받아들여 '고해성사'로 규정하였지만, 루터는 『교회의 바벨론 포로』(*De captivitate Babylonica ecclesiae*, 1520)에서 단지 '성례전적' 의미로만 받아들일 뿐이다. 그는 죄의 고백과 용서는 그리스도인에게 필수적이지만 강제 조항이 될 수 없다는 점, 성례전의 물질적 요소가 없다는 점, 세례는 이미 참회의 요소를 포함하고 있다는 점을 들어 성례전으로 인정하지 않았다. 반면에 로마 가톨릭 교회에서 참회는 고해성사(*Sacramentum poenitentiae*)로 불리며, 참회의 표지는 참회자의 성찰(省察), 통회(痛悔), 정개(定改), 고백(告白), 고해신부의 사죄(赦罪), 보속(補贖)으로 구성된다. 이를 고해성사가 집행되는 순서에 비추어 볼 때, 참회자는 먼저 양심적으로 성찰을 하여 지은 죄를 생각해 내고, 그 죄를 깊이 뉘우치는 통회를 하며, 다시는 이 같은 죄에 빠지지 않기로 정개하고 나서 고해신부 앞에 나아가 죄의 고백을 한다. 그러면 고해신부는 사죄를 하고 보속을 정해 준다. 참회자는 받은 보속을 실천함으로써 고해성사가 끝난다.

어 버린 참회는 그 어떤 것과도 비교할 수 없을 정도의 공
포를 몰고 와서, 결국 지옥 같은 고문이 되고 말았습니다.

4 지금 우리는 세 가지 사항이 제거된 상태의 참회를 선물
로 받았습니다. 첫째, 더 이상 두려움 가운데 떨며 억지로
할 필요가 없게 되었습니다. 둘째, 죄목을 일일이 나열해
야 하는 고문에서 해방되었습니다. 마지막으로, 참회에 대
한 무지에서 풀려났습니다. 그리하여 참회를 복되게 사용
하여 위로받고 양심을 강건하게 만들 수 있는 기회를 얻었
습니다.

더 이상 참회가 필요 없다고 주장하는 자들이 있지만, 그것은 복음의 자유
와 아무런 상관이 없다

5 이제 누구나 이 사실을 잘 알게 되었습니다. 그런데 너무
잘 배워서인지 모르겠습니다만, 안타깝게도 '자유'라는 미
명 아래 자기 맘대로 행동하고, "이제 더 이상 참회할 필요
가 없다"고 주장하는 사람들까지 생겨났습니다. 자기에게
편한 것이면 그리도 빨리 취합니다. 그러고는 복음은 포근
하고 부드러운 것이라면서 그 편에 모든 것을 갈무리해 버
립니다. 그러나 제가 다시 말씀드립니다. 이런 돼지 같은
놈들은 복음의 편에 서 있지도 않고, 복음의 자리에서 한

구석도 차지할 가치가 없습니다. 그러니 그런 자가 있다면 교황 아래 남아 있도록 쫓아 버려서, 이전보다 더 많이 고해하고 더 많이 금식하게 하여 고통받게 해야 마땅합니다. 왜냐하면 복음을 믿지도, 그에 합당한 삶을 살려고 하지도 않는 자, 그리스도인으로 마땅히 해야 할 일을 하지 않는 자라면, 그 유익을 누릴 자격도 없는 것이 당연하기 때문입니다.

6 그렇게 하지도 않고, 복음에 상응하는 대가도 치르지 않으면서 그저 유익만 누리려고 합니까? 그런 사람에게라면 아무것도 설교하지 않으렵니다. 그리고 우리가 누리는 이 자유를 함께 나누고 싶지도 않습니다. 그런 자들이 앞에 있다면 차라리 군주처럼 강압적인 힘을 행세하는 교황이나 그런 부류들에게 넘겨 버리고 싶습니다. 왜냐하면 복음에 순종하지 않는 그런 천박한 근성을 가진 사람들은 하나님이 부리는 악마나 사형집행인 같은 이들의 종이나 매한가지이기 때문입니다.

7 그러나 복음을 기꺼이 받아들이려는 사람에게라면, 이 고귀하고 위로하는 복음의 보화를 그냥 지나치지 않도록 우리는 계속 설교하고 자극하고 붙들 것입니다. 우리가 아주 평범한 사람들에게 참회를 가르치고 권면하는 목적이 바로 이것입니다.

8   우선 이것부터 말씀드려야겠습니다. 제가 다른 글을 통해
     논했듯이, 우리가 여기서 다루고 있는 참회에 두 가지를
     덧붙여야겠습니다. 용서를 구하기 위해 하나님께 또는 이
     웃에게 고백하는 행위입니다.[15] 이 둘은 통상 우리가 '죄의
     고백'으로 칭하는 것보다 훨씬 큰 개념입니다. 이것은 이
     미 주님이 가르치신 기도에 포함되어 있습니다. "우리가
     우리에게 죄 지은 자를 사하여 준 것같이 우리 죄를 사하
     여 주시옵고."[16]

9   네, 분명히 주님이 가르치신 기도의 전체 내용은 바로 이
     고백입니다. 왜냐하면 우리의 모든 기도는 내가 소유하지
     못한 것, 죄를 지으며 행해야 할 바를 하지 못한 것을 고백
     하며 은총과 자유롭고 기쁜 양심을 구한다는 측면에서 하
     나님께 참회하는 것이기 때문입니다. 그러므로 이런 참회
     는 우리가 살아 있는 한 항상 새롭게 갱신되어야 합니다.

---

15 가톨릭 신학에 의하면, 죄의 고백과 용서는 오직 사제를 통해서만 가능하다(H. Denzinger, A.
Schmönmetzer, *Enchiridion Symbolorum*, 1680). 여기서 '마음의 고백'(루터)은 유효하지 않다.
참조. Philipp Melanchthon, 『아우구스부르크 신앙고백서』(*Confessio Augustana*, 1530), 제25
항: 참회.

16 원문은 본문에 기술된 통상적인 번역 외에 다음 번역이 가능하다. "우리의 죄를 용서해 주소서.
그와 같이 우리도 우리에게 죄 지은 자를 용서하겠습니다"("Vergib uns unsere Schuld, wie wir
vergeben unsern Schuldigern"). 두 문장이 이어진 순서에 유의해서 음미할 만하다. 우리가 이웃
의 죄를 용서한 것이 하나님 앞에서 용서받는 조건이 된다는 뜻은 아니다. 오히려 신학적으로 하나님
의 용서에 근거하여 이웃을 용서하는 것이다. 그렇기에 여기서 강조하는 것은 하나님을 향한 죄의 고
백과 용서는 이웃을 향한 방향과 동시에 균형을 이루어야 한다는 데 방점이 있다.

바로 그 안에 기독교적 삶의 진수가 들어 있습니다. 이것이야말로 우리가 스스로 죄인임을 인식하고 은총을 구하는 것이기 때문입니다.

교회 공동체 앞에 하는 공적 참회와 더불어 동료에게 자신의 죄를 고백하고 용서받을 수도 있다

10 동시에 논해야 할 것은, 자기 이웃에게 고백하는 것입니다. 주님이 가르치신 기도에 언급되었듯이, 하나님 앞으로 나아가 용서를 받기 전에 우리는 서로 죄를 자백하고 용서해야 합니다. 우리는 모두 서로 빚진 자들입니다. 그렇기에 우리는 공적인 자리에서 죄를 고백해야 합니다. 누구도 이 일을 부끄러워할 필요가 없습니다.

11 "한 사람이 경건하면 모두가 경건하다"라는[17] 격언이 있습니다. (이 말은 한 사람이 죄인이면 모두가 죄인이라는 뜻이기도 합니다.) 그러나 우리 중 하나님과 이웃에게 마땅히 해야 할 바를 온전히 행할 수 있는 자는 아무도 없습니다. 이 때문에 죄의 공적 고백 이외에도 특별한 죄의 고백이 아직 한 가지 더 있습니다. 예를 들어, 어떤 사람이 타인에게

---

17 원래 이 격언의 후반부에는 아래 문장이 뒤따른다. "그 사람이 죄인이면 모두가 죄인이다."

분노를 자아냈을 때 그의 용서를 구할 필요가 있는 경우입니다.

12 우리는 이것을 주님이 가르치신 기도 안에 포함된 두 종류의 사죄 선언에서 찾을 수 있는데, 하나님 앞에서 용서받는 것, 그리고 우리가 우리 이웃에게 죄 지은 것을 용서받는 것입니다. 물론 여기에는 우리가 우리 이웃에게 용서를 베풀고 화해해야 한다는 조건이 붙어 있습니다.

개인의 참회는 사제 앞이 아니라 그리스도의 형제자매 간에 하는 고백이다

13 매일 공개적으로 드러내 놓고 해야 할 일반적인 참회 외에, 지금부터는 사적으로 행하는 은밀한 참회에 대해서 언급해야겠습니다. 이것은 피차간 말 못할 일이 있거나, 아니면 양심에 거리끼는 문제가 있을 때, 다시 말해 공개적으로 이 문제를 다루고 해결할 만한 충분한 믿음이 없어 괴로울 때 하는 방법입니다. 바로 그때, 또는 언제라도 좋으니 기회가 닿는 대로 한 명의 형제를 찾아가 마음의 짐을 털어놓고 권면과 위로와 새 힘을 얻으십시오.

14 이 방법은 앞서 언급한 두 종류의 방법처럼 특정한 계명에 명시적으로 포함된 것은 아닙니다. 그러나 필요할 때, 또는 누구라도 요청하면 언제든지 사용할 수 있습니다. 왜냐

하면 그리스도께서 그분을 따르는 사람들에게 "너희의 죄를 서로 용서하라"고 직접 명령하셨기 때문입니다.[18] 그러므로 누구든지 마음으로 죄를 깨닫고 위로받고 싶다면, 바로 여기서 피난처를 찾을 수 있습니다. 여기서 하나님의 말씀을 발견하고 들으십시오. 하나님께서는 한 사람의 형제를 통해 당신의 죄짐을 풀게 하고 그에 대한 용서를 선포합니다.

참회는 죄의 고백이자 사죄 선언이다

15   자, 당신은 이제껏 말한 것들 속에서 참회의 두 가지 특징을 발견했을 것입니다. 첫째, 참회는 '우리의 일'이라는 점입니다. 나는 내 죄를 괴로워합니다. 그리고 내 영혼은 위로받고 새 힘 얻기를 간절히 구합니다. 이것은 우리에게 속한 일입니다. 참회의 두 번째 속성은 '하나님께서 하시는 일'이라는 점입니다. 사람의 입에 하나님의 말씀을 주시고, 그 말씀으로 우리가 죄에서 풀려났다는 것을 선포하십니다. 이것이야말로 참회를 최상의 가치로 영화롭게 만듭니다.

---

18 참조. 마 18:18, 요 20:23.

16   이제껏 사람들은 '우리의 일'에만 방점을 두었고, 그 이상은 생각도 안했습니다. 그저 우리가 죄를 고백하는 것만 참회의 모든 것인 줄 알았습니다. 가장 중요한 두 번째 부분은 무시했고, 거기서 하나님께서 하시는 일에 대해서는 아무도 설교하지 않았습니다. 이것이야말로 가장 위대한 하나님의 일인데 말입니다. 결국 우리는 하나님 앞에서 우리 죄를 계산하기만 하면 훌륭한 참회가 되는 줄 착각했습니다. 그런 식으로 하자면, 죄의 목록을 조목조목 고하지 못하면 불완전한 참회가 되고, 거기서 주어지는 사죄 선언도 유효하지 않게 됩니다. 그러면 당연히 그런 식으로는 죄를 용서받을 수 없다는 결론이 됩니다.

17   그래서 그런 완벽한 참회가 가능한지에 대해 누구나 의심할 수밖에 없게 되어 버렸습니다. 양심은 위로를 얻지 못하고, 사죄 선언에 대한 확신도 가질 수 없게 되었습니다.[19] 그 때문에 그렇게도 유용한 참회가 쓸모없어져 버렸고, 게다가 영혼은 아주 끔찍할 정도로 지독하게 피폐되어 버렸습니다.

---

19 중세 로마 가톨릭에서는 고해하는 사람은 반드시 자기 죄의 목록을 낱낱이 고해야 한다고 가르쳤다. 그렇지 않으면 그의 참회는 적법성을 잃게 된다(D 1679f.). 또한 일 년에 한 번 이상 의무적으로 사제 앞에서 고해할 것을 교리로 규정했다(D 812). 이런 논리에 따르자면, 죄를 용서받는 것은 인간의 행위에 의존하게 되어 버린다. 따라서 종교개혁자가 주장한 '은총으로 죄인이 의롭게 된다'는 칭의론에 위배된다.

18 그러므로 두 가지를 확실히 구분하고 구별해서 보아야 합니다. 우리의 일은 보잘것없으나 하나님의 일은 높고 위대하다는 것을 주목합시다. 참회하러 오면서 무슨 위대한 일을 하는 것인 양 하지도 말고, 자기가 하나님께 무언가를 제공하러 온 것처럼 행동하지도 마십시오. 그저 하나님이 주시는 것을 수용하고 받아들이기만 하면 됩니다. 당신이 얼마나 선하고 악한지 스스로 점수 매기지도 말고, 그런 말을 하려면 참회하러 오지도 마십시오.

19 다음은 당신이 그리스도인이라면 잘 알고 있을 내용이고, 그리스도인 아니더라도 이런 것이 참회가 아니라는 것쯤은 더욱 잘 알고 있을 것입니다. 참회에서 중요한 것은 당신의 곤궁을 탄원하는 것, 그리고 하나님이 당신을 도우신다는 것, 그리하여 그분이 당신의 마음과 양심을 가뿐하게 만들어 준다는 사실입니다.

참회란 사죄하시는 하나님의 말씀을 듣기 위한 것이다

20 덧붙여 말씀드립니다. 그 누구도 계명을 구실로 당신에게 강요할 수 없습니다. 대신 이렇게 말하는 게 맞습니다. "이

미 그리스도인이거나 그리스도인이 되고자 하는 사람이라면, 여기서 참으로 신뢰할 만한 말씀을 듣게 될 것입니다. 그곳(참회의 장소)으로 가십시오. 거기서 최고의 보화를 얻게 될 것입니다." 그리스도인도 아니고 이런 위로를 얻을 마음도 없습니까? 그렇다면 우리는 당신을 (교회법이나 관습을 구실로 내세워) 강요하는 다른 이에게[20] 맡길 수밖에 없습니다.

21 이제껏 우리는 쓸모없는 많은 것들을 제거했습니다. 그중에서도 가장 큰 것은 교황의 포악한 독재, 교회 악습과 강제적 조항들입니다. 누차 말씀드렸다시피, 우리가 가르치는 것은 이렇습니다. "기꺼운 마음이 아닌 채 (억지로) 사죄 선언 들으러 참회하러 가는 사람이 있다면, 차라리 말리십시오. 또한 자기의 지고한 신앙을 자랑하려고 참회하러 가는 사람이 있다면, 그런 사람도 역시 돌려보내십시오."

22 그럼에도 불구하고 우리가 드리는 권면은 이렇습니다. 당신은 반드시 참회해야 합니다. 그리고 참회하며 당신의 곤궁을 가감 없이 드러내야 합니다. 그러나 그것이 '당신의 일'을 드러내는 공로가 되어서는 안 됩니다. 참회의 목적은 듣는 데 있습니다. 거기에는 당신의 죄를 용서하겠다

---

20 여기서 '다른 이'는 교황을 뜻한다. 로마 교회는 고해 의무를 최소 일 년에 한 번 이상 수행할 것을 교회법으로 규정하고 있다.

고 선언하시는 하나님의 말씀이 있기 때문입니다. 다시 강조합니다. 이 사죄 선언의 말씀을 고귀하고 위대한 보화로 여겨, 온 마음과 감사로 받아들이시기 바랍니다.

23 누구의 강요 때문이 아니라 속에서 우러나오는 절실함으로 참회에 임해야 한다는 것을 상세히 설명했습니다. 여기서 중요한 것은 참회를 억지나 강요의 수단으로 오용하지 말라는 것입니다. 참회하는 자는 누구든지 자기 양심에 따라 움직여야 합니다. 왜냐하면 양심은 불안과 공포를 몰아내고, 오직 기쁨 안에서 참회할 수 있게 만들기 때문입니다. 참회하는 자는 가난하고 불쌍한 거지처럼 바로 그 자리에서 적선을 바라며 돈과 옷이 자기에게 나눠지기를 바랍니다. 그 사람에게 필요한 것은, 잘못했으니 두들겨 맞고 쫓김당할 몽둥이가 아닙니다. 그런 것이 거기 기다리고 있다면, 참회자는 자신이 현재 가진 것마저 빼앗길까 봐 그 자리에서 힘껏 도망칠 게 분명합니다.

24 솔직히 말해, 자기가 얻어 갈 것이 하나도 없는 곳인데 아무 이유 없이 거기로 달려갈 거지가 어디 있겠습니까? 지금 우리도 하나님의 계명을 이런 식으로 준행하고 있다

면, 그것은 마지못해 하고 있다는 증거가 아닐까요? 배고 픈 거지가 아무것도 가져갈 것도 없고, 그저 자기의 가난 과 비참한 현실을 맞닥뜨리게 될 곳이라면, 거기 갈 이유 가 하나도 없습니다. 우리도 마찬가지입니다. 그런 식이라 면 그 어떤 기쁨도 위로도 생길 리 없고, 하나님의 계명에 대한 적개심만 점점 더 커질 게 분명합니다.

25 이제껏 교황의 설교자들은 이런 식으로 풍성한 연보와 엄 청난 보물들을 긁어모았지만, 그런 사실은 입 밖에도 내지 않았습니다. 단지 참회하라고 강요하면서 그저 사람들로 하여금 그들이 얼마나 불결하고 부정한지 보여주는 데로 몰아붙였을 뿐, 그 이상의 목표는 없습니다. 그렇다면 누 가 좋아서 그런 곳에 참회하러 가겠습니까?

26 우리는 참회가 그런 것이라고 절대 말하지 않습니다. 참 회는 우리가 얼마나 죄로 가득 차 있는지 보여주는 거울 이 아닙니다. 그 반대입니다. 우리는 참회에 대해서 이렇 게 권면합니다. "당신의 상황이 딱하고 비참합니까? 그렇 다면 참회의 장소로 가십시오. 거기서 당신을 위해 준비된 치료제를 사용하십시오."

27 자신의 비참과 곤궁을 느끼고 있다면, 누구든지 그곳으로 기쁘게 달려가십시오. 거기서 당신이 구하는 것을 얻게 될

것입니다. 이것을 가볍게 여기는 사람은 그냥 제 갈 길로 가도록 내버려 두십시오. 다만 이것은 아셔야 합니다. 우리는 그런 사람을 그리스도인으로 간주하지 않습니다.

참회를 경시하는 자, 그리스도인이 아니다

28 참회란 이렇듯 훌륭하고 고귀하며 위로받기에 충분하다는 것을 살펴보았습니다. 여기에 덧붙여 권면하겠습니다. 큰 시련을 당할 때, 이 귀한 선물을 잊지 마십시오. 당신은 그리스도인입니까? 그렇다면, 제 말의 강권이나 교황의 명령조차 당신에게는 불필요합니다. 오직 필요한 것은 당신 스스로의 열심입니다. 그리고 자신에게 와서 이런 특권을 나누어 주기를 요청하는 것입니다.

29 그런데 반대로, 참회를 우습게 여기면서 참회하지 않는 것을 자랑하고 있습니까? 그렇다면 우리는 이렇게 판결합니다. "당신은 그리스도인이 아닙니다. 게다가 성만찬의 기쁨을 함께 누리러 올 필요도 없습니다." 왜냐하면 그리스도인으로서 경멸해서는 안 될 것을 경멸했으며, 당신 스스로 죄 용서가 필요 없다고 보여주었기 때문입니다. 또한 이것은 당신이 복음을 경멸한다는 분명한 증거가 됩니다.

교회가 교인에게 참회를 강요할 것이 아니라, 그 반대로 그리스도인이라
면 교회에 참회를 시행해 달라고 요구해야 한다

30   간단히 말해서, 우리는 누구에게도 강요하지 않습니다. 물
       론 우리의 설교와 권면을 듣고도 따르지 않는 사람들이 있
       습니다. 이런 사람에게는 우리가 할 수 있는 일이 아무것
       도 없습니다. 이런 사람은 복음의 작은 조각도 가져갈 수
       없습니다. 당신은 그리스도인입니까? 그렇다면 참회를 쓸
       데없는 것이라고 말하지 못할 것입니다. 오히려 수백 킬로
       미터 떨어져 있다 해도 기쁘게 달려올 것이고, 우리에게
       (참회에서 나올 사죄의) 복음을 재촉하게 될 것입니다.

31   이제 강요의 방향이 변해야 합니다. 우리에게 '참회하라'
       는 계명이 주어졌습니다. 이제 당신은 누구의 강요도 없이
       자발적으로 이 자리로 나와야 합니다. 우리는 아무에게도
       강제적인 참회를 요구하지 않습니다. 그러나 교인들이 우
       리에게 와서 설교와 성례전을 베풀어 달라고 재촉하는 것
       처럼, 이제 당신이 우리를 재촉해야 합니다.

그리스도인이라면 사죄 선언을 요구해야 한다

32   제가 이렇게 참회에 대하여 권면하는 이유는, 그리스인으

로 사는 것이 무엇인지 알려 주고 싶은 것 그 이상도 이하도 아닙니다. 만일 제가 당신을 어딘가로 데려간다면, 아마도 저는 참회의 장소로 당신을 인도할 게 분명합니다. 경건한 그리스도인이 되기를 바라고, 죄에서 풀려나기를 바라며, 기쁜 양심 얻기를 희망하는 사람이라면, 누구든지 이것에 갈급하기 마련입니다. 이런 사람들은 더위와 기갈에 쫓기던 사슴이 물로 달려들듯 떡을 향해 달려들게 될 것입니다.

33 시편 42:1 말씀과도 같습니다. "사슴이 시냇물을 찾기에 갈급함 같이 내 영혼이 주를 찾기에 갈급하니이다." 이는 나의 양심이 두려움과 공포 가운데 있을 때, 시원한 샘을 갈망하는 사슴처럼 사죄 선언과 성례전과 같은 하나님의 말씀을 갈망한다는 뜻입니다.

34 자, 여기까지 바른 참회가 무엇인지 살펴보았습니다. 그러니 이제는 참회하러 올 때 기쁨과 사랑 가운데 달려오십시오. 그러면 우리가 기대했던 것 이상을 누릴 수 있게 될 것입니다. 교황주의자들일랑 자기들끼리 고생하든지, 아니면 다른 사람에게 고통받든지 그대로 내버려 두십시오. 이들은 이 보화를 우습게 여기고 거들떠보지도 않는 사람들입니다.

35 그러나 우리는 하나님께 손을 높이 들고 찬송하며 감사해

야 할 것입니다. 하나님께서 우리에게 이 복된 깨달음과 은총을 허락하셨기 때문입니다.